별·드·는·마·루·에·서·만·난

# 그림책과 작가 이야기

# 그림책과 작가 이야기

뜰·드·는·마·루·에·서·만·난

서남희 지음

열린어린이

## 볕 드는 마루에서 만난 그림책

어렸을 때
늘 방 두 개를 갖고 싶었습니다.
방 하나에는 책이 가득하고
다른 방에는 먹을 게 가득하고
방과 방 사이 마루에서
햇빛과 그늘의 화해를 골고루 느끼면서
엎드려 뭔가 먹으며
책을 읽고 싶었지요.

먹어도 먹어도
책도 고프고
배도 고팠던
가난한 시절……

그 시절 저희 집에는
안방과 아버지 방 사이에 마루가 있었죠.
마당의 라일락 나무와 밤나무잎들이
바람에 흔들리는 소리를 들으며

아버지 방에서 뽑아온 책들을
읽곤 했습니다.

우리 형제들은
엄마가 동물모양 과자를 한 봉지 사와
네 명에게 골고루 나누어 주면
다들 책꽂이로 흩어지곤 했었지요.
그 과자를 먹으면서
책을 읽으려고…….

어린이 책은 없었고
서유기, 삼국지, 수호지
다 엄청 두껍고 3-10권 정도의
길고 긴 책이었지만
읽어도 또 읽어도
새롭기만 했습니다.

이제 어른이 되어
내 공간을 가지고
늘 침대에서 책을 읽어 대지만
어린 시절 바랐던
방 두 개와 마루는
여전히

저의 꿈으로 남아 있습니다.
(한때 제가 인터넷에 마련했던 작은 공간, 'The Cozy Corner, 편안한 구석 자리'의 '볕드는 마루'에 올렸던 글입니다. 아, 문득 그리운 웹 친구들이여~)

어렸을 때의 그 마루에서는 백 퍼센트 '어른책'을 읽다가, 아이를 키우면서 엄마로 조금씩 자라던 시절, 동네의 작은 도서관을 볕드는 마루 삼아 뒤늦게 '그림책'의 책장을 넘기게 되었습니다. 색깔, 모양, 숫자 등을 알려 주는 간단한 개념 그림책부터 시작해서 아이의 심리를 다정다감하게 묘사한 잔잔한 그림책, 어린이 독자는 뒤로 밀어 놓고 작가 자신의 내면을 선화처럼 드러낸 그림책, 환상 세계로 휙 끌어당기는 그림책, 익살스럽게 이야기를 펼치는 그림책 등 참으로 다양한 그림책들을 언제든 그 마루에서 배를 깔고 엎드려 읽어 볼 수 있었지요.

제 마음속 깊은 곳에 자리잡고 있던 '지침'—그림책이란 교훈적이며 도덕적이어야 한다는 막연한 생각은 다양한 그림책들을 보면서 점차 사라졌습니다. 아이들'도' 느끼는 '분노'라는 감정을 거침없이 드러낸 책들도 있고, 사람들 속에 들어있는 선과 악의 씨앗을 섬세하게 표현한 책들도 있었습니다. 결국 그림책이란, 작가의 생각을 그림으로 드러냈다는 것뿐이지 그 독자가 반드시 어린이일 필요는 없다는 생각을 하게 되었지요.

이제 그동안 『열린어린이』에 올린 다른 나라 그림책들과 작가 이야기를 다시 읽고 정리해서 책으로 엮게 되었습니다. 애써 주신 『열린어린이』의 여러 분들과 코지코너의 웹 친구들, 소중한 책들을 빌려 주신 이은미, 이미혜, 최선희 님, 독일어 번역을 도와주신 은에스더 님, 함께 부대끼며 자라는 사랑하는 식구들에게 감사의 마음을 전하고 싶습니다.

2005년 5월 서남희

# 천 가지 다른 해석을 위해

얼마 전에 '책 읽는 엄마, 책 읽는 아이' 도서관에 잠깐 들렀을 때, 책을 고르던 어느 분께 사서 선생님이 저를 소개해 주었어요. 그런데 그 분이 말씀하시더군요. "저, 선생님 책을 밑줄 쳐가면서 읽었어요……." 쑥쓰러워서 그 순간 "아~ 네." 하고 말았지만, 속으로는 심장이 쿵, 내려앉으며 어마어마한 책임감에 어깨가 무거워졌었지요.

처음에 글을 쓸 때, 저는 무엇보다도 '쉽게 쓰자.'고 마음먹었어요. 전에 대학원 논문 쓸 때, '전문가라고 자칭하는' 극소수의 집단만이 읽고 서로 인용해 주는 어려운 글에 질린 적이 있었거든요. 그리고 무엇보다도, 함부로 비판하지 않겠다고 다짐했지요. 일단 이 글의 성격을 서평이 아니라 작가 및 그림책 소개 글이라고 정했고, 제가 좋아하는 책들과 작가를 고르고 골라 쓰는 까닭에 그다지 비판할 것도 없었어요. 정말 마음에 들지 않는 책들은 아예 밀어놓았으니까요.

"대한민국은 2008년 2월 25일 이후 섬이 되었다. 이제 사면이 바다다. 동해, 서해, 남해, 그리고 오해."라는 '딴지일보'의 명쾌하면서도 씁쓸한 표현이 있지요. 작가에 대해 인터넷 바다를 찾고, 그림책을 되도록 많이 찾아 읽으면서 저는 오해 대신 이해를 하려 했어요. 아이를 키우면서 결과보다는 과정을 인정해 주어야 함을 깨달았는데, 그림책을 보면서도 이것을 만들게 된 과정은 무엇이었을까를 생각하며 작가가 살아온 길을 읽다 보면 애정과 이해심이 몽글몽글 올라오더군요.

그림책은 보는 이에 따라 해석이 많이 다르지요. 작가에 대한 배경 지식을 알면 왜 이러저러한 요소가 들어갔는지 명확히 보이기도 하고, 복선들도 잘 보이지요. 작가를 정리해서 소개한 이 책은 그런 면에서는 어느 정도 도움이 되겠지요. 그러나 사실, 배경 지식을 모르면 또 어때요?

일산의 주엽어린이도서관에서 데이비드 위스너의 『이상한 화요일』에 대해 강연할 때, 어느 분이 그러셨어요. 배경을 모르는 상태에서 아이와 읽을 때 그냥 눈에 보이는 장면만 보고 말았으니 헛 읽은 거냐고. 저는 그런 것들을 못 알아채도 별 상관은 없다고 말씀드렸어요. 내가 보고 느끼는 게 가장 중요하니까요. 에릭 로만도 만약 천 명의 독자가 자기의 글자 없는 그림책을 읽고 천 가지 다른 해석을 내 놓으면 좋은 일이 아니냐는 말을 했답니다.

그 천 가지 다른 해석 중에 들어갈 해석을 하기 위해 그림책 세계에 막 발을 들여 놓으신 분들이나 그림책을 좋아하시는 분들이 찾아 주신 덕에 고맙게도 『그림책과 작가 이야기』가 개정판을 만들게 되었어요. 그간 참고 사이트 주소도 많이 바뀌어서 뒤에 나온 목록을 거의 모두 수정하게 되었고, 작가 중에서 심스 태백, 앤서니 브라운, 데이비드 위스너, 에릭 로만은 좀 더 내용을 보강했어요. 이 책이 연결고리가 되어 지난 5월에 앤서니 브라운을 인터뷰했던 것도 큰 기쁨이었지요.(인터뷰가 들어 있는 웹 페이지는 참고 사이트에 올려놓았어요.)

2009년부터 다시금 월간 『열린어린이』에 연재하고 있는 「그림책과 작가 이야기」도 정성을 다해 쓰겠습니다. 언젠가 그것도 책으로 묶여 여러분과 만날 수 있으면 좋겠네요.

2009년 7월 서남희 dream

## 차례

작가의 말 · · · 볕 드는 마루에서 만난 그림책 · · 5
천 가지 다른 해석을 위해 · · 8

## 1_ 빙글빙글 돌아 봐, 통통 뛰어 봐

헬렌 옥슨버리 · · · · 그림책으로 만드는 새로운 무대 · · 14
헬메 하이네 · · · · 재기 넘치는 직관의 힘! · · 24
심스 태백 · · · · 익살 한 바구니, 재치 두 바구니 · · 30
에릭 칼 · · · · 색색가지로 빛나는 아이디어 · · 44
오드리 우드 · · · · 새로운 길을 찾아 휘휘 돌아~ · · 52
로렌 차일드 · · · · 스카이 콩콩 타고 통통 · · 60

## 2_ 숨어 있는 마음, 드러나는 마음

존 버닝햄 · · · · 따뜻한 관심을, 편안한 사랑을 · · 76
토미 웅게러 · · · · 선과 악의 씨앗을 찾아서 · · 84
앤서니 브라운 · · · · 상징과 비유의 수수께끼를 풀어라 · · 94
모리스 센닥 · · · · 들끓는 화를 어이하리 · · 110
레오 리오니 · · · · 아주 특별한 영혼의 양식 · · 122
에즈라 잭 키츠 · · · · 내 발자국이 궁금해 · · 130
유리 슐레비츠 · · · · 숨을 깊이 내리고 다가간 여백의 세계 · · 138
로버트 맥클로스키 · · · · 작고 섬세한 소리에 귀 기울이면… · · 146

## 접힌 날개, 활짝 편 날개

윌리엄 스타이그 · · · · 할아버지 얘기 들어 볼래? · · 156
데이비드 위스너 · · · · 날자, 다시 한 번 날아 보자구나 · · 162
에릭 로만 · · · · 백지만 보면 기가 죽어 · · 172
콜린 톰슨 · · · · 영원히 상상하는 법 · · 190
얀 피엔콥스키 · · · · 책을 펼쳐라, 집이 열린다 · · 204

## 나의 이야기, 세상 이야기

패트리샤 폴라코 · · · · 내 이야기 들려줄까? · · 214
리오와 다이앤 딜런 · · · · 백짓장보다 무거워, 같이 들어 줘 · · 222
마샤 브라운 · · · · 나도 그림자가 될래 · · 230
몰리 뱅 · · · · 마음속 화산이 쾅! · · 238
에드 영 · · · · 야성의 냄새를 맡다 · · 246
피터 시스 · · · · 완전주의자 혹은 섬세한 아버지 · · 252
바바라 쿠니 · · · · 더 아름다운 세상을 위하여 · · 260

작가별 작품 목록과 참고 사이트 · · 272

# 빙글빙글 돌아 봐, 통통 뛰어 봐

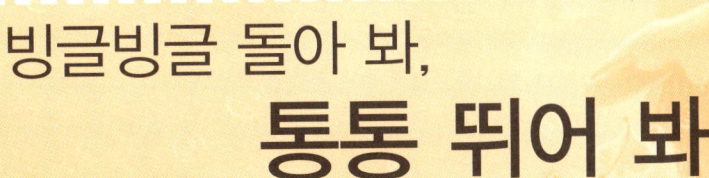

# 그림책으로 만드는 새로운 무대

## 헬렌 옥슨버리

1938년 영국의 이프스위치에서 태어났습니다. 뒤에 센트럴 아트 스쿨에서 무대 디자인을 공부했고, 연극과 영화, TV 방송 분야에서 일했습니다. 영국의 유명한 그림책 작가 존 버닝햄과 결혼한 뒤 그림책 작가가 되었습니다. 등장인물들의 마음을 섬세하게 담은 그림과 유머러스한 이야기로 재미있고 따뜻한 그림책들을 보여 주었지요. 특히 아기들이 보고 친해질 수 있는 그림책을 많이 만들었습니다. 케이트 그린어웨이 상, 스마티즈 상 등을 받았습니다. 『꽝글왕글의 모자』『옛날에 오리 한 마리가 있었는데』『아기늑대 삼 형제와 못된 돼지』『곰 사냥을 떠나자』『빅 마마, 세상을 만들다』와 아기들을 위한 책인 '난 할 수 있어'시리즈를 비롯하여 *Say Goodnight, Clap Hands, So Much* 등의 책을 만들었습니다. (표제 그림 : 『곰 사냥을 떠나자』, 시공주니어, 2001)

*Helen Oxenbury*

영국에서 무대 디자인을 공부하던 여자가 있었습니다. 이스라엘의 텔 아비브와 영국을 오가며 작품의 특성에 맞게 무대 세트를 디자인하는 일이 즐거웠지요. 그런데 그때는 바로 그 무대 세트들이 막에 따라 빙빙 돌아가듯, 자기 삶도 그렇게 바뀌는 일이 생길 줄 몰랐습니다.

『검피 아저씨의 뱃놀이』(Mr. Gumpy's Outings)를 그린 영국의 뛰어난 일러스트레이터인 존 버닝햄(John Burningham)과 결혼해서 아기를 낳게 되자, 이 여자는 자기 삶의 새로운 무대 세트를 디자인하게 되었지요. 다른 많은 엄마들과 마찬가지로, 아기를 키우면서 이 여자도 아기 옆엔 엄마가 있어야 한다는 사실을 깨닫게 되었고, 자연스럽게 '집에서 할 수 있는 일을 찾고 싶다.'라는 생각이 든 거지요. 게다가 남편이 작업하는 것을 평소에 보아왔던 터.

'아…… 저렇게 디자인해서 그리면 책이 한 권 나오는구나!'(역시 사람은 평소에 많이 봐야 합니다.)

우리 시대의 뛰어난 일러스트레이터 헬렌 옥슨버리는 이렇게 해서 스스로의 무대를 디자인하게 됩니다.

그림책이라는 무대에 헬렌이 펼쳐 놓은 책 중에서 제가 제일 좋아하는 것은 헬렌이 그림을 그리고 마이클 로젠(Michael Rosen)이 글을 쓴『곰 사냥을 떠나자』(We're Going on a Bear Hunt)와 마틴 워델(Martin Waddell)이 글을 쓴『옛날에 오리 한 마리가 살았는데』(Farmer Duck)입니다.

「곰 사냥을 떠나자」, 시공주니어, 2001

그 가운데 『곰 사냥을 떠나자』를 펼쳐 봅니다.

| | |
|---|---|
| We're going on a bear hunt. | 곰 잡으러 간단다. |
| We're going to catch a big one. | 큰 곰 잡으러 간단다. |
| What a beautiful day! | 정말 날씨도 좋구나! |
| We're not scared. | 우린 하나도 안 무서워. |

이렇게 시작되는 첫 번째 글과 어울리는 일가족의 그림은 천진스런 느낌이 듭니다. 기대감에 가득 찬 듯한 모습, 하지만 엄마는 좀 머뭇거리는군요. 다음 장면에서 풀이 길게 자란 풀밭을 아이들은 신나게 미끄러지며 내려가고 아빠는 막내를 무등 태우고 앞장서 가는데, 엄마는 뒤에서 불안감과 신나는 감정이 반반씩 섞인 표정으로 내려옵니다. 언덕 위에 서 있는 나무들은 마치 이들에게 여행 잘 다녀오라는 듯 손을 흔들어 줍니다. 여기까지는 갖가지 색이 어우러져 있지만, 강물을 만나 어찌해야 할 바를 모르는 다음 장면은 흑백으로 처리되어 있습니다. 이들은 신발을 벗어 들고 허리까지 차는 강물을 건너지요.

곰을 사냥하러 가는 길의 즐거움과 난관을 만났을 때의 난감함은 이렇게 의도적으로 다양한 색깔이 들어 있는 그림과 흑백 그림이 번갈아 나오며 해결이 됩니다. 진창을 절벅대며 걸어가고 나니 이번에는 'a big dark forest'(커다랗고 컴컴한 숲)가 나오지요. 아이들은 여전히 신나지만, 아, 불쌍해라 벌써부터 지친 아빠와 엄마의 표정은 압권입니다. 곰을 피해 허겁지겁 되돌아와 침대 속에 쏙 들어가 있다가 펼쳐지는 다음 장면을 보면 아이가 곰 인형을 쳐들고 있지요. 즉, 이 책은 온 가족이 침대 속에서 뒹굴며 곰 인형을 주인공으로 만들어 낸 이야기라고도 할 수 있네요. 그림의 서정적인 분위기나 단순한 선, 시원한 바람이 부는 밝은 여름날의 풍경을 보면 언뜻 남편인 존 버닝햄의 『검피 아저씨의 뱃놀이』와 분위기가 비슷하다는 생각도 듭니다. 이 책은 1989년 스마티즈 상을 받았습니다.

『옛날에 오리 한 마리가 살았는데』, 시공주니어, 2001

『옛날에 오리 한 마리가 살았는데』(*Farmer Duck*)는 게으르고 못된 농부를 주인으로 섬기는 어느 불쌍한 오리 이야기입니다. 땀을 흘리면서 너른 밭을 일구는 오리가 애처로와 보이는 표지 그림은 그 책을 계속 넘기면서도 눈에 선합니다. 농부는 날마다 침대에 누워 신문을 읽거나 초콜릿을 까먹기만 하지요. 농부의 늘어진 배와 심술궂은 표정을 보면 괜히 제가 같은 '인간류'에 속해 있다는 게 미안해집니다. 다른 동물들은 다들 오리가 불쌍해서 농부를 혼내 줄 계획을 짜서 농부가 자는 틈에 침대를 들어 엎고 그를 쫓아 버리지요. 그 다음 날, 오리는 피곤에 지친 몸을 이끌고 일을 하러 마당으로 나왔습니다. 물론 "How goes the work?"(일은 잘 돼가나?) 소리를 또 듣게 될 거라고 생각하며 말이에요. 그런데 웬일일까요? 아무도 그런 말을 하는 사람이 없군요. 대신 소와 양들과 닭들이 오리 주변에 모여들었습니다. 다음 내용을 읽어 보세요.

| | |
|---|---|
| "Quack?"asked the duck. | 오리가 물었습니다. "꽥?" |
| "Moo!"said the cow. | 젖소가 대답했습니다. "음매!" |
| "Baa!"said the sheep. | 양들도 이야기했습니다. "매애애!" |
| "Cluck!"said the hens. | 닭들도 말했습니다. "꼬꼬댁 꼬꼬!" |
| Which told the duck the whole story. | 친구들은 그새 무슨 일이 있었는지, 오리한테 모두 말해 주었습니다. |

대사가 정말 함축적이죠? 그런데 소나 양, 닭의 표정을 보면 대단히 진지해 보입니다. 이 장면을 보면 마틴 워델이라는 뛰어난 작가와 헬렌 옥슨버리라는 재능 있는 삽화가가 만난 게 고마워지기까지 합니다. 이 작품 역시 1991년 스마티즈 상을 받았지요. 미국살이 시절 제 아이 3학년 때, 그 반에서 이 책을 읽고 연극을 했던 적이 있어요. 그때 우리나라에서 미국으로 갓 건너간 아이가 농부 역할을 맡았는데 (대사가 없거든요. 그냥 침대에 누워 먹기만 하면 되니까.) 게으르고 심술 맞은 표정을 어찌나 능청맞게 잘 짓는지 그걸 보는 사람들이 다 감탄하면서 웃었지요. 이 책은 반복되는 문장도 많으니까 저학년에서 읽고 연극해 보면 참 재미있을 것 같네요.

그림책이라는 무대 장치를 마련하고 놀던 작가는 어린 아기들을 위한 보드 북이라는 좀 더 세밀한 무대를 디자인하기 시작합니다. 여기서 『시애틀 타임즈』의 기사를 잠깐 인용해 볼까요?

"제 셋째 딸은 아기 옷과 장난감 카탈로그를 보면 참 좋아했어요. 그래서 그 애 나이에 맞는 책을 찾아보았는데, 눈에 안 띄더군요."

헬렌이 6개월짜리 딸에게 보여 줄 책을 찾다가 '아예 내가 만들고 말아?'라고 생각하던 차에 워커 북 출판사에서 만들고 싶은 책이 무엇이냐고 묻지 않겠어요? 열성 엄마 헬렌은 당장 아기들과 아장이(toddler)들을 위한 책을 만들고 싶다고 말했지요. 이렇게 해서 보드 북 '난 할 수 있어' 시리즈, *Clap Hands*(손뼉 짝짝), *Say Good Night*(잘 자요), *Working*(우리 아기 일해요), *Friends*(친구), *Playing*(우리 아기 놀아요), *Tickle, Tickle*(간질 간질) 등이 세상에 태어나게 됩니다. 글을 쓰려면 한숨이 나오지만 붓을 잡으면 신나는 헬렌에게는 딱 어울리는 책이지요. 이 책들은 그림으로만 이루어진 글자 없는 그림책이거든요. 예를 들어 *Playing*(우리 아기 놀아요)을 보면 블록을 갖고 놀며, 바퀴달린 장난감을 밀고, 냄비와 나무 주걱으로 나름대로 '난타'를 하며, 종이 박스 안에 들어앉아 있는 아기의 모습이 나온답니다. 어디서 많이 보던 풍경이지요? 우리 아이들이 그 무렵 때 하던 예쁜 짓들이 이 보드 북 시리즈에 고스란히 나온답니다. 여기에 담긴 아기나 애완동물, 엄마, 아빠, 장난감 등의 그림은 아주 깔끔하지요. 아기들이 보면서 갖고 놀기에 아주 좋을 것 같습니다.

크리스마스 때면 언제나 '산타 할아버지'를 기다리는 아이들. 언젠가 제 아이가 묻더군요.

"엄마, 산타 할아버지가 선물 주지?"

"응."

"그럼 산타 할머니는 어디 갔어?"

"…… 으응…… 집에서 과자 굽고 계셔."

그래도 산타 할머니는 니콜라스 시자코프(Nicolas Sidjakov)가 그림을 그린 책,

『빅 마마, 세상을 만들다』, 비룡소, 2004

Baboushka and the Three Kings(바부슈카와 세 왕)에서 아기 예수를 찾아다니며 아이들에게 선물을 살짝 놓고 가는 바부슈카로 나타나긴 하지만, 창조주가 여성인 경우는 극히 드문 것 같아요.

하지만 헬렌이 그림을 그리고 필리스 루트(Phylis Root)가 글을 쓴『빅 마마, 세상을 만들다』(*Big Mama, Makes the World*)에서는 여성인 빅 마마가 물만 있던 이 세상에 빛과 어둠과 해와 달과 별들과 나무와 새들을 만들어 내지요. 빅 마마는 존귀하고 위엄 있고, 감히 다가갈 수 없는 존재로 그려지지 않았어요. 소매를 걷어 붙이고 아기를 데리고 물 속으로 들어가기도 하고 머리를 질끈 동여매고 바삐 할 일을 하기도 하는, 포근하고 넉넉한 모습으로 그려졌지요. 창조 행동이라는 것이 우리가 세탁기로 빨래를 돌리면서 동시에 아이를 돌보고 찌개를 끓이는 등, 일상에서 해 나가는 행동들과 다를 바가 없답니다. 다사로운 봄볕같이 편안한 필리스의 글과 올록볼록, 오동통한 헬렌의 그림이 잘 어우러지는, 표지만 봐도 마음이 푸근해지는 책입니다.

*So Much*(너무 너무)에서 헬렌은 또 다른 무대 장치를 실험합니다. 늘 백인과 동물들만 그리던 그녀가 이번에는 흑인 가족을 세밀하게 묘사했지요. 도미니카 출신의 흑인 작가 트리시 쿡(Trish Cooke)의 글에 맞춰 헬렌은 이 책에 나오는 일가 친척들의 머리 패션을 아주 다양하게 묘사한 데다 주인공 아기의 표정과 몸짓 하나하나를 기막히게 그려 내고 있습니다. 고모(혹은 이모)가 집에 오자 벽에 붙어서 통통한 엉덩이를 슬쩍 들고 누가 왔나 보는 아기의 뒷모습, 그리고 밤이 늦어 엄마가 재우려 하자 눈에다 힘을 주고 심술을 부리는 아기의 모습이 아주 재미있지요. 이 책은 1994년 스마티즈 상과 쿠르트 마슐러 상을 받았고, 케이트 그린어웨이 상의 강력 추천 후보작에도 올랐습니다.

최근에 헬렌이 엄청난 노력을 쏟아 부어 만든 책은 *Alice's Adventures in Wonderland* (이상한 나라의 앨리스)입니다. 알다시피 이 작품은 루이스 캐롤(Lewis Caroll)이 쓴 고전이지요. 베토벤의 「엘리제를 위하여」라는 똑같은 곡도 누가 어떻게 해석해서 연주하느냐에 따라 색채기 완전히 달라지듯이, 『이상한 나라의 앨리스』 또한 여태까지 아주 많은 그림 작가들에 의해 나름대로의 작품으로 창조되었습니다. 헬렌 역시 그림책이라는 무대에 '헬렌 옥슨버리의 앨리스'를 만들어 올려 놓았지요. 나무 밑에서 책을 읽고 있는 앨리스의 현실의 모습과, 이상한 나라로 들어간 꼬마 앨리스의 호기심어린 모습에서 왠지 아이를 핑계삼아 그림책을 펼쳐 읽으면서 통통 튀던 어린 시절로 돌아가고 싶어 하는 우리 자신의 모습을 보는 듯합니다. 이 책은 1999년 케이트 그린어웨이 상을 받았지요.

이밖에도 「아기돼지 삼 형제」를 패러디한 『아기늑대 삼 형제와 못된 돼지』(*The Three Little Wolves and the Big Bad Pig*), 러시아 전래 민요를 그려 낸 『커다란 순무』(*The Great Big Enormous Turnip*), 화려한 색채가 뛰어난 『쾅글왕글의 모자』(*The Quangle Wangle's Hat*)를 만든 헬렌은 여전히 영국에 살고 있습니다. 처음과 달리 남편은 집에서 일하고 아내는 밖에 스튜디오를 차려 놓고 거기서 작업을 하고 있지요. 이제는 손녀딸이 그림책 만드는 할머니의 독자이자 든든한 후원자가 된 지금, 그 손녀딸의 딸이 태어날 때도 이 할머니가 건강해서 연륜이 쌓인 좋은 그림책을 많이 만들었으면 하는 마음입니다.

한 막이 끝날 때마다 바뀌는 무대⋯⋯ 그때쯤이면 어떤 무대 디자인으로 헬렌이 우리를 즐겁게 할지 궁금합니다.

# 재기 넘치는 직관의 힘!

## 헬메 하이네

1941년 독일에서 태어났습니다. 베를린에서 경제학과 미술을 전공하고 유럽과 아시아를 여행했습니다. 남아프리카 공화국에 머물 때는 풍자 잡지를 만들고 연극 배우로 무대에 서기도 했습니다. 어른들을 위한 만화를 그리고, 만화 영화를 제작하고 가구와 조각을 만드는 등 여러 분야에서 재능을 보이는 작가입니다. 주로 수채 물감을 사용한 그림은 맑고 자유로운 느낌을 줍니다. 발랄하고 기발한 상상들은 그림과 어울려 잔잔한 즐거움을 주고, 깊은 사색을 간결하고 침착하게 드러내는 데도 능숙한 솜씨를 보이지요. 작품으로 「슈퍼 토끼」, 「세상에서 가장 아름다운 달걀」, 「영원한 세 친구」, 「세 친구」, 「코끼리 똥」, 「신비한 밤 여행」, 「꼬마 악마 디아볼로」 등이 있습니다. (표제 그림: 「세 친구의 즐거운 나들이」, 시공주니어, 1998)

*Helme Heine*

사진 한 장을 들여다보며 이게 대체 뭔가 궁금해졌습니다. 카누를 타고 있는 헬메 하이네 아저씨 맞은편에 앉아 있는 것이 언뜻 양처럼 보였는데, 친구인 야생 돼지라네요. 이 아저씨, 돼지를 카누에 친구처럼 태우고 대체 뭘 하고 있는 거죠?

독일에서 태어나 『로빈슨 크루소』와 모험을 좋아하던 헬메 하이네는 배우 노릇에 감독 일에, 무대 제작과 조각 일에도 손을 대며 살았습니다. 방랑 벽은 어쩔 수 없는지 유럽과 아시아를 두루 여행하다가 몇 년 동안 남아프리카에 주저앉아 풍자 잡지를 내며 '절인 양배추'(Sauerkraut)라는 선술집을 열기도 했지요. 이때 키우던 돼지가 바로 사진 속의 돼지, '자우라야'(Sauraja)입니다. 외출할 때마다 이름과 주소가 새겨진 목걸이를 달아 주면, 돼지는 신이 나서 차 앞좌석에 떠억 하니 올라앉아 빨리 가자고 꿀꿀거렸다네요.

카누를 탈 때도 데리고 다녔던 이 돼지 덕분에 나온 그림책이 *Na warte, sagte Schwarte*(기다려 꿀, 돼지 껍데기가 꿀꿀꿀)와 *Sieben wilde Schweine*(야생 돼지 일곱 마리)입니다. 헬메 하이네는 닭도 여러 마리를 키웠는데 다 이름을 붙여 주었죠. 그러면서 하는 말, " 한 마리도 냄비 속에 넣지 않았수. 이름까지 붙여 준 친구들을 어떻게 먹어 대겠습니까? 그랬더니 이 친구들은 감사의 뜻으로 내게 달걀을 나눠 주더라구요." 쥐도 친구가 되기는 마찬가지. 어느 날 유리병 속에 갇힌 아기 쥐를 보고 너무 예뻐서 쥐에 대한 선입관을 버리고 이 쥐와 놀았다죠.

이렇게 돼지와 닭, 쥐 등과 동무 삼아 놀다가 나온 책이 『세 친구』(Freunde)와 『세 친구의 즐거운 나들이』(Mullewapp), *Die Abenteurer*(세 친구, 모험을 떠나

『세 친구의 즐거운 나들이』, 시공주니어, 1998

다) 입니다. 뮬레밥이라는 동네에 사는 재기발랄한 닭과 돼지 그리고 쥐가 주인공인 책들이지요. 이들이 마음껏 세상 구경을 하는 모습이 시원한 수채화로 그려집니다. 『세 친구의 즐거운 나들이』에서는 작은 주제 하나당 두 페이지씩 그림이 들어가 있는데, 하나하나가 다 유쾌합니다. 특히 '밤놀이'부분을 보세요. 잠잘 시간에 노는 건 참 재미있죠. 하지만 아침에 일찍 일어나는 것은? 세 친구의 표정에 괴

로움이 그대로 드러나는군요. 또, 먹을 것이 풍요로운 낙원에서 돼지 고기 냄새가 나는 장면(돼지 꼬리가 쥐덫에 걸려 있죠.)이 아주 익살맞습니다.

어린 시절에는 이렇게 신나게 놀고 돌아다니는 것이 마냥 재미나지만, 청소년기에는 방향을 못 잡고 돌아다니다가 그만 엉뚱한 쪽으로 새기도 하지요. *Zehn Freche Maeuse*(새앙쥐 열 마리)에서는 높은 건물 위에서 춤을 추고 야밤에 고속도로에서 날뛰기도 하고, 성냥과 촛불로 장난치고 하루 종일 눈과 얼음 위를 휘젓고 다니다가 그만 한 마리씩 목숨을 잃는 쥐들을 통해서 헬메 하이네는 지나친 일탈이 가져올 결과를 슬쩍 보여 줍니다. 그러나 생명은 계속 이어지나니, 혼자 남은 쥐의 배가 점점 불러와 다시 아홉 마리 새끼 쥐를 낳고 나니 삐딱선을 탈 숫자는 변함없군요.

『꼬마 악마 디아볼로』(*Diabollo*)의 디아볼로 역시 삐딱선을 타고 싶어 몸부림을 치죠. 비 오는 날 집 안으로 개 끌어들이기, 자는 아기 깨우기, 수프에 꼬리털 떨어뜨리기, 권투 선수의 바지 고무줄 끊어 놓기……. 거의 아기 놀부라 할 수 있을 이 악동은 아무도 자기와 놀아 주지 않자 심술이 더 나서 삼지창을 어느 집에 던져 버려요. 그러자 번개가 번쩍! 그 집에 불이 나네요. 때마침 그 사람들의 수호천사가 쉬는 날이라, 디아볼로가 모처럼 이들을 도와 주지요. 그리하여 소방수로 환영받게 된 이 악동이 신나게 한 일은 소방 호스의 물을 구름 위의 천사들에게 뿜어 대는 일이었답니다. 하하호호!

『슈퍼 토끼』(*Der Superhase*)는 약간 우울한 책입니다. 헬메 하이네는 이 책에서 부질없는 욕망과 어리석은 대중의 속성을 예리하게 꿰뚫고 있거든요. 토끼 한스는 유명해지고 싶어서, 새처럼 날아 보려고 나무에서 뛰어 내린다거나 헤엄을 쳐 보겠다고 물에 뛰어드는 행동 덕에 '슈퍼 토끼'라는 별명을 얻지요. 한스의 욕망을 응원해 주느라 뒤에서 앞발로 눈을 일제히 가리고 진실을 보지 못하며 장단맞춰

주는 어리석은 토끼 무리나 남들이 자기를 한눈에 알아볼 수 있도록 귀를 묶는 바람에 여우가 다가오는 소리도 못 듣고 잡아먹히는 한스를 보며, 나는 지금 어느 쪽으로 기울어지고 있는지 문득 불안해집니다.

저마다 자기 알이 가장 아름답다고 여기는 닭들의 경쟁을 통해 다양성의 아름다움을 전하는 『세상에서 가장 아름다운 달걀』(Das Schoenste Ei der Welt)이나 (그런데 아세요? 닭들이 문제를 해결해 달라고 왕에게 가는데, 그 왕의 식탁에 놓여 있던 것은 닭다리!), 제 할 일에만 매달리던 사람들이 작은 여자 아이 카타리나 덕분에 새로운 일을 배우고 역할을 분담하는 방법을 배우게 되는 *Tante Nudel, Onkel Ruhe und Herr Schlau*(국수 아줌마, 경비 아저씨 그리고 공부 씨)를 보면 '아이나 어른이나 같은 문제를 갖고 있고 같은 세계에 살고 있다.'는 그의 생각에 고개를 끄덕이게 되지요. 이래서 그림책이 어른들을 위한 책이기도 한가 봅니다.

『신비한 밤 여행』(*Die Wunderbare Reise durch die Nacht*)은 잠이 왜, 어떻게 오는지, 그리고 꿈은 어떻게 꾸게 되는지를 간결한 글과 놀랍도록 신비한 그림으로 들려줍니다. 긴 막대기 위에 노란 달님을 달고 잠을 인도하는 '잠이'에게 요리사, 돼지, 양, 아기, 물고기 등이 줄줄이 졸며 따라오는 그림의 바탕은 검푸른 밤하늘 색이네요. (그런데 달팽이만큼은 남들보다 훨씬 뒤떨어져서 느릿느릿 일행을 따라오고 있군요.) '꿈이'가 데려가는 낙원의 그림은 밝지만, 이 역시 잠 속에서 일어나는 일이어서 검푸른 색조가 언뜻언뜻 눈에 띄지요. 아침이 오는 그림에서는 '잠이'가 들고 있는 달이 따르릉 시계로 변하는 데서 작가의 재치를 엿볼 수 있습니다. (그런데 오리야, 남들은 다 앞으로 가는데 왜 너만 뒤로 가고 있니?)

헬메 하이네의 예순 번째 생일인 2001년 4월 4일에 출간된 『영원한 세 친구』(*Der Club*)는 유쾌한 과학 만화 같은 느낌을 주는 그림책이죠. 지식을 담당하는 머리 교수와 마음을 담당하는 사랑마음 아주머니, 그리고 몸을 담당하는 뚱보배 아저씨가 서로를 잘 이해할 때만 우리의 정신과 영혼과 몸이 하나가 되지요. 사랑마음 아주머니가 '네게로 오는 모든 마음'을 돌보아 '언제든지 네가 그 마음을 선물 할 수 있도록' 깨어진 마음은 다시 잘 붙여 주고, 구겨진 마음을 깨끗하게 펴는 모습이 매우 인상적입니다. 죽음이란 무엇인지, 그 이후에는 어떻게 되는 건지 궁금해하는 아이들에게 이 아저씨는 "사람의 육체가 땅 속에 묻힌다 해도 그가 남긴 사랑과 업적은 영원하다는 것을 이야기해 주고 싶었다."고 합니다.

독일과 뉴질랜드를 오가며 어린이 TV 프로그램 작업을 하기도 하고 감독, 배우, 무대 제작자, 조각가 일에 『코끼리 똥』(*Das Elefanteneinmaleins*), 『친구가 필요하니?』(*Richard*) 등의 어린이를 위한 철학 그림 동화책까지 낸 헬메 하이네. 열 가지 재주를 가진 사람은 굶어 죽고 한 가지 재주를 가진 사람은 밥 먹고 산다던데, 그 옛날 속담은 이 사람의 경우에 한쪽으로 밀어 놓아도 될 것 같네요. 살면서 다양하게 겪는 일이 나중에 깊이 있고 좋은 그림책들을 그려 내는 힘이 되나니, 하이네여, 다른 데로 또 열심히 튀어 보시라. 그런 후 다음 번 그림책에 그 경험과 직관을 풍요롭게 담아 내시라.

# 익살 한 바구니, 재치 두 바구니

## 심스 태백

미국의 아동 도서 일러스트레이터이자 디자이너입니다. 뉴욕의 브롱크스에서 자랐습니다. 아트 디렉터와 그래픽 디자이너로 일하고 있으며 비주얼 아트 스쿨과 시러큐스 대학에서 학생들을 가르치고 있습니다. 『뉴욕 타임즈』가 뽑은 '최고의 일러스트레이터'에 두 번이나 선정되며 실력을 인정받은 작가입니다. 콜라주 기법과 화려한 색이 특징인데, 독창적이면서도 따스하고 즐거운 그림책들을 만들었지요. 작품으로 『옛날옛날에 파리 한 마리를 꿀꺽 삼킨 할머니가 살았는데요』 『요셉의 작고 낡은 오버코트가…?』 『책이 지은 집에서 도대체 무슨 일이 일어났을까?』 『아빠에게 가는 길』 등이 있습니다. 『옛날옛날에 파리 한 마리를 꿀꺽 삼킨 할머니가 살았는데요』는 1998년칼데콧 영예상을 받았고, 2000년에는 『요셉의 작고 낡은 오버 코트가…?』로 칼데콧상을 받았습니다. (표제 그림: 『요셉의 작고 낡은 오버코트가…?』, 베틀북, 2000)

*Simms Taback*

　네모난 모양의 끈끈한 해태 미루꾸 캬라멜. 입에 넣으면 단맛이 끈적끈적하게 혀에 감기곤 했지요. '캬라멜'이 '캐러멜'인 건 알겠는데, '미루꾸'라는 게 'milk'라는 걸 전혀 몰랐던 어린 시절. 하긴, 애들한테 '미루꾸'이든 'milk'이든 무슨 다른 의미가 있겠습니까? 그저 맛기만 하면 되지요.
　며칠 전에는 한 편집자가 "'도무송' 알아봐야지."라고 하는 말을 들었습니다.
　"무슨 말이어요?"
　"아, 왜, 책 보면 페이지마다 구멍 나 있는 거 있죠? 그거 제작하는 기계가 'Thompson' 상표거든요. 그걸 일본식으로 발음해서 '도무송, 도무송' 그래요."
　후후…… 그러니까 'die-cut' 기법으로 만든 책들은 '도무송'을 써서 만든 거라 이거죠. 'Thompson'이든 '도무송'이든 'die-cut'이든, '구멍 뚫기 기법'이든 무슨 상관입니까, 잘만 만들면 되지요.

　그 '도무송'을 아주 재미있게 책에 이용한 작가가 있습니다. 콧수염이 태백산 속 덤불 같은 '심스 태백'. 참고 사이트를 뒤지다 보니 본래 발음은 '심스 테이백'이라는군요. 그러나 우리나라 번역본에 '태백'으로 표기 되어 있으니, 통일을 위해 그냥 태백으로 쓰기로 합니다. 어릴 때부터 그림에 탁월한 재능을 보였다고 하는데, 그 될성부른 싹을 부모가 다 알아봤겠지만, 정작 예술가인 아빠는 뒷짐지고 있었고 엄마가 미술 레슨에 아이를 끌고 다녔습니다. 게다가 학교 선생님이 팍팍 밀어 줘서 예술 고등학교에 어영부영 들어가게 되었지요. 낯익은 동네와 친구들, 근처

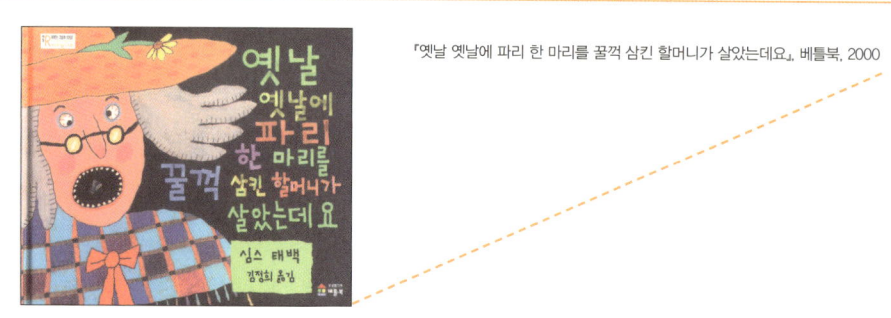

『옛날 옛날에 파리 한 마리를 꿀꺽 삼킨 할머니가 살았는데요』, 베틀북, 2000

학교를 떠나 낯선 곳으로 가는 게 싫었지만, 그곳에서 심스 태백은 놀라운 경험을 하게 됩니다. 예술 쪽으로 흥미가 있다는 공통 분모를 갖고, 재능은 매우 다양한 다른 아이들을 만나게 된 거지요. 그리하여 이 아이는 '아, 삶에는 뭔가 다른 게 있구나, 예술이란 정말 즐길 만한 것이구나!'하고 깨닫게 되었지요. 그래서 심스 태백은 예술가를 직업으로 삼았습니다. 빈대 되기 싫어하는 사람들에게 중요한, 먹고살아야 하는 문제는 그래픽 디자이너 일, 광고사의 아트 디렉터, 카드 제작을 해서 해결하고, 몇 년에 한 번씩은 어린이 책에 그림을 그렸지요. 그림책 일을 아주 사랑했으니까요.

그러던 어느 날, 이 아저씨는 자기만의 책을 만들고 싶어졌어요. 즉, 글도 내가 쓰고 그림도 내가 그리지만, 만들고 파는 것은 남이, 뭐 그런 거죠. 그런데 글 쓰는 일이 만만치 않아 고민하다가 1940년대부터 여기저기서 불리던 작자 미상의 노래, 「There was an old lady who swallowed a fly」(옛날 옛날에 파리 한 마리를 꿀꺽 삼킨 할머니가 살았는데요.)를 듣고 '아, 이거다!'하며 머리를 탁 쳤지요.

파리를 꿀꺽 삼킨 할머니가 있었네. 왜 파리를 삼켰는지 난 몰라.
아마 그 할머닌 죽을 거야.

거미를 꿀꺽 삼킨 할머니가 있었네. 거미는 배 안에서 이리저리 뒤챘지.
파리를 잡으려고 거미를 삼킨 거지. 그런데 왜 파리를 삼켰는진 난 몰라.
아마 그 할머닌 죽을 거야.

이렇게 시작해서 할머니 뱃속에 새, 고양이, 개, 소, 말이 차례차례 들어가고 마지막엔 할머니가 이 세상과 작별하는 걸로 끝나는 노래입니다. 심스 태백은 이걸 소재로 잡고 도무송 기법을 이용하기로 했지요. 만들기는 쉽지 않았지만 어찌 되었건 한참을 작업하다가 어느 날 도서관에 가 보니 이 내용을 다룬 책이 이미 나와 있지 않겠어요? 그것도 한 권이 아니라 무려 세 권이. 게다가 현재 인쇄 중인 책이 두 권. 『흥부와 놀부』 같은 작자 미상의 이야기를 담은 책은 저작권이 없으니 한 군데서만 나오지는 않지요. 하지만 그림책 일은 이미 한참 진행 중이니 '에라, 모르겠다.' 하고 계속 작업을 해서 마침내 마무리를 짓습니다.

자신만만하게 출판사에 들고 갔지만, 이 원고는 열두 번 가까이 거절당했습니다. 여기가 물어 보면 "못 내겠소.", 저기 가 물어 봐도 "이건 이미 많이 나왔잖소."…… 작가로선 여태 했던 노력이 물거품이 되어 버릴 판이었습니다. 그러다가 바이킹 출판사의 눈 밝은 편집자가 "오케이!" 하는 덕에 『옛날 옛날에 파리 한 마리를 꿀꺽 삼킨 할머니가 살았는데요』(There Was an Old Lady Who Swallowed a Fly)라는 책으로 나올 수 있었습니다. 이 책은 순식간에 인기를 끌었죠. (『흥부와 놀부』라고 다 똑같은 책인가요? 그림이 좋아야죠, 그림이!)

이 책의 세부 묘사는 매우 뛰어납니다. 작가의 고백에 의하면, 세부 묘사에 관심이 많은 사서들의 취향도 고려했다네요. (머리도 좋아!) 그럼 책을 펴 볼까요?

길을 걸으며 하품을 하다 입 안으로 파리가 들어간 걸 모르고 꿀꺽 삼켰겠지만, 그날 재수가 무지 없었던 이 할머니, 책에는 동그란 구멍(할머니의 배)이 나 있고, 그 안에 파리 한 마리가 보이는군요. 다음 페이지에서는 온갖 콜라주가 다 있는데, 꼭 머리를 내밀고 있는 게 신문의 가십 기사, '웬 할머니가 무엇무엇을 삼켰다.' 투로……. 옆에선 동물들이 수근수근. 파리를 먹었대, 왜 그랬을까? 난 몰라, 아마 금방 죽을 걸? 그리고 다음에 삼켜질 운나쁜 동물이 내기하고 있습니다.

그 다음엔 파리를 잡으려고 거미를 삼켰죠. 할머니 배도, 구멍도 점점 커집니다. 거미 다음엔 새가, 새 다음엔 고양이가, 고양이 다음엔 개가, 개 다음엔 소가, 소 다음엔 말이……. 처음엔 날씬했던 할머니가 나중엔 책 거의 한 페이지를 다 차지 할 정도로 몸이 커지지요. 그때마다 나오는 신문 기사도 재미있고 동물들의 수근거

림도 재미있습니다. "Perhaps she'll die."(할머니는 곧 돌아가시고 말 거야.)는 라임으로 계속 나오고요. 마지막으로 말을 삼키고 "She died of course."(할머니는 결국 죽고 말았어요!)로 마무리됩니다. 마지막 페이지엔 너무나 웃기게 생긴 비석 하나. "Here / Lies an / old / lady."(꿀꺽 할머니 이 곳에 잠들다.) 그리고 그 위엔 "Moral: Never swallow a horse."(절대로 말을 통째로 삼키지 마시오.) 비석에 나온 "Rip"는 'Rest in Peace.' 즉 '평화롭게 잠드소서.'라는 뜻입니다.

노래 내용도 익살맞지만, 도무송─구멍 뚫기 기법은 궁금한 마음을 자아내고, 신문 기사 콜라주는 디테일을 매우 잘 표현하지요. 게다가 수군거리는 동물들은 마치 "인간만 가십을 퍼뜨리는 줄 아냐? 우리도 할 줄 안다." 하고 말하는 것 같군요. 이 책은 『뉴욕 타임즈』에서 어린이 책에 주는 상을 비롯하여 꽤 많은 상을 받았는데, 특히 일러스트레이션과 디자인이 아주 절묘하다는 평을 들으며 1998년 칼데콧 영예상에 선정되는 복을 누립니다.

내친 김에 심스 태백은 『요셉의 낡고 작은 오버코트가…?』(*Joseph Had a Little Overcoat*)를 내서 2000년엔 칼데콧상을 받지요. 이 책은 원래 이디쉬 민요인 「I had a Little Overcoat」(내겐 작은 오버코트가 하나 있었어요.)라는 노래를 변형시켜 만들었대요.─이디쉬(Yiddish) 말은 동유럽 계통의 유대인들이 쓰는 언어랍니다.─이 작가는 노래만 보면 책을 만들고 싶은 마음이 무럭무럭 생기나 봐요. 이 책 끝에는 아예 기타 코드까지 얹은 악보가 들어 있어요. 그림은 온갖 종류의 콜라주 + 수채화 물감 + 과슈 + 연필 + 잉크 등을 써서 만들었고 (그린 게 아니라 만들었다는 게 정확한 표현) 세부 묘사를 들여다보는 맛이 그만입니다. 물론 도무송 기법도 썼고, 글은 최소한, 그림으로 모든 걸 표현한 책입니다. 자세히 보면 이 책에는 폴란드계 유대인의 삶과 문화가 잘 녹아 있지요.

낡은 오버코트를 입고 있는 요셉 아저씨. 이제 그 오버의 수명이 다 되었나 봐요. 한 장을 넘기면 그 오버는 재킷으로 변해 있지요. 앞장에 나온 구멍은 여기에

『요셉의 작고 낡은 오버코트가…?』, 베틀북, 2000

서 보면 재킷 모양이죠. 기분 좋은 표정으로 장에 간 요셉. 달걀 바구니를 들고 나온 아줌마도 있고 닭을 들고 나온 젊은이도 있고 잘 차려 입은 아줌마, 아저씨들이 한가득. 바닥에 떨어져 있는 신문을 자세히 보면 "Rabbi from Chelm Visits Kazrilevke"(유대교의 성직자 라비의 방문기)라는 기사가 보입니다. '라비'가 기사거리가 되는 신문을 보니, 미루어 짐작컨대 요셉은 유대인이군요. 물론 이 작은 동네는 유대인들이 모여 사는 곳이고요.

  재킷도 또 낡게 마련. 이번엔 그걸로 조끼를 해 입지요. 흥겨운 시골 잔치. 요셉은 익살스러운 표정으로 신나게 춤을 추고 있네요. 아코디언, 클라리넷, 밴조가 흥겹게 음악을 연주하고, 사람들은 저마다 즐거운 표정. 신부는 볼이 통통하고 빨간 이팔청춘 아가씨. 레이스와 꽃으로 장식된 모자를 쓰고 전통 의상인 듯한 옷을 입고 춤을 춥니다. 저런, 그 조끼도 이젠 낡아 버렸어요. 풍경은 요셉의 집 안. 여러 액자들과 편지 겉봉, 촛대 등을 보면 요셉이 폴란드 출신의 유대인인 것을 짐작할 수 있습니다. 탁자 위엔 큼직한 가위, 실, 빨간 바늘꽂이, 골무. 액자에 기록된 재미있는 글귀 하나. "When the coat is old, only the holes are new."(코트가 오래될수록 구멍들은 늘 새롭게 생긴다.)

  그 조끼는 목도리로 둔갑하고, 목도리는 넥타이로 둔갑합니다. 새 넥타이를 매고 꽃을 한 다발 옆구리에 끼고 도시의 길거리에서 여동생 식구들과 반기는 요셉 아저씨. 삼층, 사층짜리 집들의 창문마다 사람들 사진이 콜라주되어 있습니다. 시골에서 볼 수 있는 사람들은 모두 유대인인데, 여기선 도시답게 여러 인종의 얼굴이 보이는군요. 도시 쥐도 한 마리 보이고, 바람에 굴러 다니는 신문엔 "Fiddler on Roof Falls off Roof"(지붕 위의 바이올리니스트 지붕 아래로 떨어지다.)라는 기사. 「지붕 위의 바이올린」―유대인들을 담아 낸 이야기죠.―을 한 번 비틀어 본 기사 제목이 익살맞습니다. 자, 재미있는 패턴이 발견되는군요. 오버, 재킷, 조끼 등이 낡았을 때는 다 요셉 아저씨의 개인 생활(농장에서 일을 하거나 집 안에 있는 것)이 배경이고, 새로 무언가를 만들어 입고 나선 건 다 사회생활이 배경이네요.

  집 안에서 넥타이로 만든 손수건을 목에 냅킨처럼 걸고 레몬을 띄운 뜨거운 차를 마시는 요셉. 절절 끓는 화로, 양탄자 위에서 잠자는 개, 액자엔 또 재미있는 글이 보입니다. "Better to have an ugly patch than a beautiful hole."(예쁜 구멍

보다는 못생겼지만 깔끔하게 천으로 기운 것이 더 낫다.) 또 손수건은 낡아 헝겊을 덧댄 단추로 바뀌고 어디서 편지가 왔는지 바닥에는 편지가 떨어져 있습니다.

"Dear Joseph, Please remember that a house with no windows is no house and a garment without buttons is no cost."(자랑스런 친구 요셉에게, 창문 없는 집은 그럴싸한 집일 수 없겠지. 단추 없는 바지도 그럴싸한 바지일 수 없겠지.)

창문이 없으면 집이라 할 수 없듯이 옷에도 단추가 안 달려 있으면 옷이라 할 수 없다. 뭐 그런 얘기. 여기서 잠깐 자기 옷을 아래위로 훑어보는 분이 계시겠죠? 자, 단추를 다세요, 단추를. 그러다가 아저씨는 그만 단추를 잃어 버렸습니다. 돋보기까지 동원해서 온 바닥을 헤집으며 단추를 찾아보지만 소용이 없네요. 이제 남은 건 없습니다. 이렇게 끝나나 보다, 했는데 다음 장에선 뜻밖의 유쾌한 반전.

"So Joseph made a book about it. Which shows……. you can always make something out of nothing."(요셉은 오버코트가 단추가 된 이야기를 그림책으로 만들었지요. "이것 봐, 이젠 아무 것도 없지만 이렇게 또 만들고 있잖아. 바로 이 그림책을!") 즉, 아저씨는 거기에 관해 책을 쓰기로 했죠. 무에서 유를 빚어낼 수 있다는 걸 보여 주는 책……. 이 마지막 부분, 정말 멋지죠? 온갖 물감, 종이 조각, 사진, 붓, 펜 등을 앞에 놓고 열심히 책을 만들고 있는 이 아저씨. 제 눈에는 세상에서 가장 매력적으로 보이네요.

이 내용으로 퍼브 길만(Phoebe Gilman)이 *Something from Nothing*(무에서 유를 빚어 내기)이란 제목의 책을 스킬라스틱 출판사에서 낸 적도 있고(그림이 심심 합니다.) 심스 태백이 1976년에 랜덤 하우스에서 같은 책을 이미 내기도 했습니다. 하지만 그때는 별로 성공적이지 못했고, 그저 컬트 북 정도로 여겨졌습니다. 1999년에는 독자들이 좀 더 포용력이 생겼다고나 할까, 아니면 미국 교육이 다문화 교육으로 바뀌어서 그랬을까, 바이킹 출판사에서 다시 나온 이 책은 폭발적인 인기를 끌게 되었지요. 음…… 심스 태백 아저씨, 당신은 성공한 거예요.

요즘에는 플랩 북, 팝업 북, 팝업과 손가락 인형을 함께 넣어 만든 책, 거울이 달린 책 등 온갖 재미있는 장치를 한 책들이 많이 나오지요. 그런 것들을 'novelty book(나블티북)'이라고하는데, 심스 태백이 그림책을 낼 때만 해도 그런 책들보다는 전통적인 회화로 되어 있는 책들이 많았어요. 그래서 그의 책들은 나블티 북과는 살짝 다르지만 잘라내기, 콜라주, 플랩, 구멍내기 등 온갖 종류의 새로운 기법으로 가득하다는 평을 받았고, 독자들은 그것들을 매우 좋아했지요. 아동 문학가인 조디 샤피로는 "심스는 어린 독자들을 매혹시킨다. 왜냐하면 그는 아이들이 그 매력적인 모든 작은 디테일들을 가지고 발견의 기쁨을 누리게 하기 때문이다."라고 말하지요. 또, 그와 오랫동안 일했던 편집자 레지나 헤이예스는 "그는 그림 속에 슬쩍 유머를 끼워 넣었고, 그것은 독자들의 나이에 상관 없이 그들에게 먹힌다."라고 말합니다.

이제 아저씨는 옛노래로 책 만드는 데 단단히 재미를 붙인 모양입니다. 이번엔 꼬리에 꼬리를 물고 사건이 일어나는 집 노래를 갖고 책을 만들었네요.

막 한글을 익히던 아이가 제가 신문을 보는 옆에서 광고지를 한참 들여다보더니 갑자기 "부!"하고 외쳐서 깜짝 놀랐던 적이 있었죠. '부동산'의 '부'를 보고 그러던데…… 흠, 그 무렵에 '부엉이'할 때 '부'를 배웠거든요. 심스 태백 아저씨는 부엉이 말고 부동산 광고지를 아예 책에 오려 붙였습니다. 집은 자기가 그리고, 집 광고는 광고지에서 오려 붙여 한 가득 채워 놓았군요. 저마다 모양이 제각각인 집들은 속속들이 얼마나 재미있는 얘기를 감추고 있을까요?

아저씨는 그중에서 잭이 지은 집을 보여 줍니다. 바로 이 책, 『잭이 지은 집에서 도대체 무슨 일이 일어났을까?』(*The House That Jack Built*)에서 말이죠. 여전히 삐뚤빼뚤 만들어진 집, 생쥐가 치즈를 먹고, 그 생쥐를 고양이가 갖고 놀고, 그 고양이를 개가 괴롭히고……. 꼬리에 꼬리를 물고 사건이 일어나는 이 책에는 페이지마다 해당 인물의 종류 내지는 특성을 재미나게 묘사하고 있지요. 이를테면 치즈가 나오는 부분에는 온갖 종류의 치즈를 보여 주며 카망베르 치즈는 "욱, 고린내"(stinky), 포트살뤼 치즈는 "고린내 더하기 구린내"(smelly and stinky)라고 묘사하고, 쥐가 나오는 부분에는 쥐의 종류, 쥐덫, 쥐약 광고를 열심히 하고 있고, 암소가 나오는 부분에는 아예 "엉덩이살, 등심, 치즈버거용, 햄버거용, 도가니" 등등으로 암소의 '부위'를 구분해서 그려 놓는 익살을 부립니다. 낄낄거리면서 책을 덮으면, 뒤표지엔 잊지 않고 연장 광고! 집을 지으려면 연장이 있어야 하잖아요? 페이지마다 절대로 슬렁슬렁 넘어가는 법이 없이 시시콜콜한 데서까지 익살을 부리는 이 아저씨의 재치를 보건대, 앞으로도 옛 노래로 책이 몇 권 더 나올 것 같네요. 옛노래를 들으면 그 순간 아이디어가 쑴쑴 날아다닐 것만 같아요.

그러나 그런 것들이 거저 나오는 것은 아니지요. 수십 년 동안 그와 작업실을 같이 했던 레이놀드 러핀스는 심스 태백이 연필과 색연필, 크레용이나 볼펜, 펜과 잉크로 초안을 엄청나게 많이 그리고, 그 위에 파스텔이나 수채화 물감을 칠해보기도 하고, 볼펜 그림 위에 10호 붓으로 그리기도 하는 등 끈기 있게 완벽주의를 추구하며 어마어마한 노력을 한다고 말합니다. 그 부분에 대해 심스 태백은 이렇게 정의합니다.

"저는 기본적으로 상업예술가입니다. 매우 많은 사람들은 재능이 있지만 그것을 진지하게 여기거나 달라 붙어 일하지 않습니다. 저는 오랫동안 진지한 노력을 기울였습니다. 그 일에는 끈기가 필요합니다."

사람들은 예술가가 일하는 방식에 대해 낭만적인 생각을 가지고 있지만, 사실 예술가의 작업은 외로우며, 자기는 날마다 작업실까지 걸어가면서 날마다 새로운 것을 이루려 애쓴다고 그는 말합니다.

『아빠에게 가는 길』의 아이도 애쓰며 살고 있습니다. 표지를 보면 이사 트럭은 땅 위를 달리고, 항공우편 비행기는 하늘을 날고, 뭔가에 싸인 아이는 기우뚱 하고 있네요. 다음 장을 보면, '내가 있는 곳'은 왼쪽 끝, 아빠가 일하는 건물은 오른쪽 끝에 있군요.

주인공은 뉴저지의 초등학교에 다니고 있어요. 해가 쨍쨍한 날에도 비가 주룩주룩 오는 날에도 아빠가 보고 싶어요. 아빠가 보고 싶어 잠도 안와요. 그래서 아빠를 보러가겠다고 결심하지요. 자기를 선물처럼 포장해서 보라색 끈으로 리본을 묶고, 커다란 상자 속으로 폴짝 뛰어들어가 상자에 주소를 쓰고, 자기가 만든 그림 우표를 붙이고 친구에게 부탁해 우체국에 데려다 달라고 하고, 우편물 주머니에 쏙 들어가면 비행기가 데려다 줄 거예요. 비행기에서 내려 우편물 트럭을 타고 아빠 집에 도착해서 우편함 속에 쏙 들어가면 나중에 아빠가 와서 풀어보고 깜짝 놀라겠죠?

주인공이 원하는 것은 간단해요. 따뜻한 물로 목욕시켜 주고 맛있는 저녁도 차려달라는 것. 어쨌든 아빠랑 함께 있는 게 가장 좋다는 것. 잘 때 이불도 폭 덮어주고 책도 많이 읽어 주면 자기는 정말 행복할 거라는 것이지요.

심스 태백은 다른 책에서 그랬듯이 배경에 디테일을 꼼꼼하고 재미나게 그렸어요. 이를테면 아이가 살고 있는 뉴저지의 브로드웨이가 가로등에는 '주차금지! 차 세우면 바로 끌고 감'이라는 표지가 있고, 청소차가 분주히 지나가지요. 우체국의 컨베이어벨트 양 옆에는 '우리의 노력으로/ 우편물이 간다/ 세상 구석구석으로!', '비가 오나/ 눈이 오나/ 바람이 부나/ 배달은 계속된다./ 휴일만 빼고'라는 표어가 서 있어요. 단추 책에서 단추 구멍과 바느질에 관한 표어를 여기저기 재미있게 장치해 놓은 것, 기억하시지요?

하지만 이 책은 그림은 재미있지만 읽으면서 마음에 슬픔이 차오르는 책이랍니다. 아이와 아빠의 물리적 거리는 굉장하군요. 아이가 사는 곳은 동부 끝 뉴저지,

아빠가 사는 곳은 서부 끝 캘리포니아니 대서양 연안에서 태평양 연안 사이의 거리네요. 비행기로 6시간 남짓 걸리니 같은 나라에서 참 먼 곳이지요. 그 거리를 자기가 소포가 되어 날아가 아빠에게 원하는 건 그저 평범한 것, 목욕하고, 맛난 저녁 같이 먹고, 이불 덮어 주고, 책 읽어 달라는 것이라 더욱 마음이 아립니다. 아빠 없이 자라는 제 친구의 딸은 옆집 아이가 아빠와 쿵쾅거리며 노는 소리를 벽을 통해 들으며 울곤했지요.

원서와 번역서는 제목과 표지가 다르고, 글도 살짝 다릅니다. 원서 제목은 *I Miss You Everyday*이고 표지는 밤에 아파트 창에 보이는 아이의 모습을 담고 있어요. 번역서는 '아빠에게 가는 길'이라는 제목이고, 표지에는 소포가 된 아이 모습이 보이지요. 원문 첫머리는 "When the sun is shining bright / or when it's wet and gray / I think about you all the time / I miss you every day."라고 되어 있죠. 번역본 첫머리는 '해가 쨍쨍한 날에도 / 비가 주룩주룩 오는 날에도 / 아빠가 보고 싶어요. / 아빠가 보고 싶어 잠도 안 와요.'라고 되어 있어요.

원서는 아이가 그리워하는 대상이 'you'로 나와 있을 뿐, 그게 아빠라는 것은 마지막 장 침대 머리맡에 붙어 있는 사진을 통해 짐작할 수 있지요. 중간에 캘리포니아 주소가 나와 있긴 하지만, 그게 아빠라는 보장은 없어요. 그래서 책을 읽는 독자들이 그리움의 대상을 여러 가지로 추측해 볼 수 있는 여지가 있지요.

그러나 번역본에는 제목에도, 첫머리에도 바로 '아빠'가 나오기 때문에 독자는 아빠 아닌 다른 사람을 상상할 수가 없지요. 번역본에 그렇게 한 것은 저 역시 번역을 하는 입장에서 이해가 가요. 영어에서 'you'리고 되이 있는 깃을 어떻게 우리말로 옮기겠어요? 구체적인 대상을 지칭해 줄 수밖에요. 그리고 번역본 제목을 '아빠에게 가는 길'로 바꾸면서 새롭게 디자인한 표지는 제목과 매우 잘 어울리네요. 원본 표지보다 훨씬 호기심을 자아내는 그림이고, 제목 디자인도 참 좋아요. '빠'에서 'ㅏ' 부분을 보면 비행기가 날아가는 모습이고, '길'의 'ㄱ'도 도로를 상징하지요.

  심스 태백은 경쾌하고 즐거운 그림을 썼지만, 사랑하는 사람과 멀리 떨어져 있는 아이의 그리움이 너무도 잘 표현되는 바람에 저로서는 진짜로 사랑하는 사람을 잃은 아이들에게는 이 책을 권하고 싶지 않을 정도군요. 그리움이 너무 절절해 가슴에 눈물이 차오를 정도의 책입니다.

  제가 이 아저씨를 좋아하는 이유는 그림이 유쾌하고 익살맞고 반전이 재미있기 때문입니다. 그런데 이 아저씨의 손자 손녀들은 (으윽, 벌써 할아버지라니!) 자기네 할아버지가 '맥도날드의 어린이 메뉴인 해피 밀 상자를 최초로 디자인하고 거기에 그림을 그렸기에 할아버지를 인정해 준다네요. 자, 아이들에게 인정받고 싶으세요? 꽉꽉 몸을 낮춰 꼬마들의 눈높이로 내려가세요. 얼른얼른!

# 색색가지로 빛나는 아이디어

## 에릭 칼

1929년 미국 뉴욕에서 태어났습니다. 여섯 살 때, 부모님의 고향인 독일로 와서 어린 시절과 청소년기를 보냈습니다. 1952년 뉴욕으로 돌아가 『뉴욕 타임즈』에서 그래픽 디자이너로 일했습니다. 작가인 빌 마틴 주니어의 요청으로 Brown Bear, Brown Bear, What Do You See? 에 그림을 그리며 그림책을 만들기 시작했습니다. 주로 콜라주 기법을 이용하여 많은 그림책들을 만들었는데, 큼직한 형태와 또렷한 색의 종이들을 자르고 붙여서 표현한 그림들은 밝고 화려합니다. 작품으로는 「배고픈 애벌레」「아빠 해마 이야기」「통명스러운 무당벌레」를 비롯하여 Brown Bear, Brown Bear, What Do You See?, Papa, Please Get the Moon for Me, The Tiny Seed, The Very Busy Spider, Today Is Monday 등이 있습니다. (표제 그림 : From Head to Toe, Scholastic, 1997)

*Eric Carle*

　예술가가 되고 싶었던 독일 남자가 있었습니다. 그런데 생활이 그만 그를 속여, 미국으로 이민 와서 세탁기 회사에서 일을 해야 했지요. 그래도 조금 나았던 것은 모두가 어려운 경제 공황기였음에도 불구하고 세탁기에 스프레이로 페인트를 칠하는 일이 '일주일에 꾸준하게 40불'을 보장해 주었고, 한창 예쁜 짓을 하는 귀여운 꼬마 아들이 있었기 때문입니다.

　꼬마 아들 에릭은 살아 있는 것, 그것도 작은 생명에 관심이 많았지요. 죽은 나무껍질에서 기어다니는 개미와 딱정벌레, 도마뱀을 관찰하는 것이 얼마나 재미있었을까요? 페인트공 아빠는 아들을 데리고 초원이나 숲 속을 걷다가 돌이나 낙엽을 들춰 작은 벌레들을 잡아 함께 관찰하고는 다시 제자리에 놓아두곤 했습니다.

　꼬마의 학교생활은 즐거웠습니다. 햇살 환한 교실, 색색가지 물감, 두터운 붓과 종이……. 선생님은 엄마에게 꼬마가 그림에 소질이 있다고 칭찬해 주었지요.

　그러던 어느 날, "제발 고향으로 돌아오라."는 외할머니의 간절한 애원에 꼬마 에릭의 식구들은 독일로 되돌아가게 됩니다. 하지만 꼬마 에릭에게 1936년의 독일 학교는 '좁은 창문, 딱딱한 연필, 작은 종이, 차가운 경고'로 다가왔습니다. 학교 간 지 사흘 만에 체벌을 당한 에릭은 학교에 정을 끊어 버립니다.

　겉보기에는 얌전한 아이였지만, 속으로는 늘 반항하는 아이. 그 아이는 부모에게 묻습니다. "우린 언제 집에 갈 건가요?" 아이에게 집(고향)은 미국이었던 게지요. 아이는 커서 다리를 만드는 사람이 되고 싶었습니다. 독일 집이 있는 슈투트가르트에서 고향 시러큐스까지 단번에 갈 수 있는 다리를 놓고 싶어서…….

히틀러가 등장하면서 다른 아이들과 마찬가지로 이 아이도 애국심과 나치의 광기에 휩싸이고 '하일 히틀러'를 외쳐 댑니다. 그런데 어느 날 미술 선생님인 크라우스가 에릭을 초대하지요. 나치 독일 당시에는 미술 교육조차 규제를 받아 자연주의와 사실주의만 가르치도록 되어 있었는데, 선생님은 몰래 숨겨 놓은 그림들을 에릭에게 보여 줍니다. 이른바 타락한 예술가들, 곧 피카소, 클레, 마티스, 칸딘스키 등의 그림이 뿜어 내는 기묘한 아름다움에 아이는 눈이 부셨지요.

"네가 오늘 이것을 봤다고 아무에게도 말하지 말아라. 이들의 자유로운 스타일만을 기억해라." 선생님은 말합니다.

전쟁이 끝나고 에릭은 한동안 도서관에 파묻혀 지냅니다. 프란츠 카프카, 토마스 만, 앙드레 지드 등 불과 몇 달 전까지만 해도 금지된 작가였던 이들의 글을 읽으면서 에릭은 "깊은 의미까지는 이해하지 못했지만, 페이지마다 느껴지는 박동을 빨아들였다."고 고백하고 있습니다. 그리고 열여섯 살이 된 에릭은 그래픽 아트 분야 중에서 상업 미술을 공부하려고 미술학교에 들어갑니다.

어린 나이에 그곳에 들어갔다는 자만심은 에릭의 마음을 한껏 부풀려 놓습니다. 자기가 굉장한 예술가라도 된 양 베레모를 쓰고 목도리를 흩날리며 도시를 쏠고 다니는 치기를 부리다가 교수에게 불려 가지요. "너처럼 재능 없는 학생은 처음이다. 학교 관둬라."는 말을 듣고 정신이 번쩍 든 그는, 세 학기 동안 활판 인쇄 파트에서 도제 수업을 받은 후에야 디자인 수업을 받을 수 있었습니다. 그래픽 디자이너와 포스터 작가로 이 년의 경험을 쌓은 후, 그는 미국으로 떠납니다. 그때 그의 주머니 속에 들어 있던 돈은 더도 덜도 아닌 꼭 40불.

청년 에릭의 마음은 5월의 뉴욕 하늘처럼 푸른 기상이 넘쳤겠지요. '뉴욕 아트 디렉터 쇼'에 간 에릭은 『포츈』에 실릴 멋진 디자인을 보며 감탄에 감탄을 거듭했는데, 그 디자인 작가는 나중에 그림책 작가로 유명해진 레오 리오니(Leo Lionni)였습니다. 당시 『포츈』의 아트 디렉터였던 레오 리오니는 직장을 구하는 에릭 칼을 인터뷰하다가 묻습니다.

"얼마나 받고 싶은가요?"

갑자기 아버지의 40불이 떠오른 에릭은 대답하지요.

"일주일에 40불이요."

"말도 안 돼요. 전 당신에게 최소한 100불을 지불하겠습니다."

레오 리오니 덕분에 뉴욕 생활의 기반을 닦은 에릭 칼은 한동안 광고 일러스트레이션에 몰두합니다. 그런데 그의 빨간 가재 그림을 본 작가 빌 마틴 주니어(Bill Martin, Jr.)가 자기 그림책 원고인 *Brown Bear, Brown Bear, What Do You See?*(갈색 곰아, 갈색 곰아, 무얼 보고 있니?)에 그림을 그려 주겠느냐고 묻지요. 고개를 끄덕인 에릭 칼이 자기 안에 숨어 있던 '어린이'를 그림 속에 유쾌하게 드러낸 이 책은 현대의 고전으로 불릴 정도로 매우 뛰어나다는 평판을 얻습니다. 반복되는 말들, 리듬감 있는 문체, 시원스런 동물들의 그림이 참 매혹적이랍니다.

첫 장을 펼치면 왼쪽에 "Brown bear, brown bear, what do you see?", 오른쪽에 "I see a red bird looking at me."(나를 바라보는 빨간 새를 보고 있어.)라는 말이 있고 전체에 갈색 곰 그림이 시원스럽게 들어가 있어요. 다음 장을 넘기면 "Red bird, red bird, what do you see?"(빨간 새야, 빨간 새야, 무엇을 보고 있니?) "I see a yellow duck looking at me."(나를 바라보는 노란 오리를 보고 있어.)가 있고 물론 빨간 새의 그림이 신나게 펼쳐져 있어요. 아이들은 금방 다음에 무엇이 나오는지 알지요. 한 번 물어 보세요. 그럼 "Yellow duck, yellow duck, what do you see?"하고 눈을 반짝이며 외칠 거여요. 물론 그때 칭찬해 주셔야죠.

이 패턴은 blue horse, green frog, purple cat, white dog, black sheep, goldfish로 이어집니다. 동물의 이름과 색깔을 바꿔 가며 물음과 대답이 반복되어서 책을 읽기가 아주 재미있어요. **쿵**짝, **쿵**짝 하는 기분으로, **쿵**은 크고 높이, 짝은 작고 낮게, "**Brown** bear, **Brown** bear, **What** do you **see**?"라고 읽으면 된답니다.

『배고픈 애벌레』, 더큰, 2007

*Brown Bear, Brown Bear, What Do You See?*에서 특이한 콜라주 그림으로 명성을 높인 에릭 칼은 이제 본격적으로 그림책의 세계에 뛰어들게 됩니다. 처음에는 아무래도 텍스트에 자신이 없어 '안전하게' 글자 없는 그림책 *1, 2, 3, to the Zoo*(하나, 둘, 셋, 동물원으로)를 먼저 펴 내고, 그 다음에 생각한 이야기는 책 벌레 이야기. 이것은 사과와 배와 초콜릿 케이크에 구멍을 내며 먹어 들어가는 녹색 벌레 이야기로 바뀌는데, 녹색 벌레 소재가 마음에 들지 않던 편집자가 '애벌레'는 어떠냐고 묻자마자 에릭 칼은 외치죠. "나비!!!"애벌레와 나비를 연결시킨 책이 『배고픈 애벌레』(*The Very Hungry Caterpillar*)입니다. 알에서 깨어난 애벌레가 월요일에는 사과 한 개, 화요일에는 자두 두 개. 이렇게 일요일까지 다른 먹이를 먹고 나서 (그래도 언제나 "he was still hungry."지만.) 마침내는 고치가 되고, 마지막 장을 열면 화려한 나비가 되는 그림책이지요. 모든 쪽마다 애벌레가 먹고 간 흔적(작은 구멍)이 있고, 요일별로 쪽의 크기가 다른 것도 재미있습니다.

　『배고픈 애벌레』는 아이들이 좋아하는 요소들로 가득합니다. 우선 아이들은 구멍에 손을 넣어 볼 수 있지요. 그리고 "one, two, three……."세어 보고, 요일과 음식 이름을 익힐 수도 있습니다. 게다가 중요한 것, 변신 로봇도 아닌데 '알→애벌레→고치→나비'로 바뀌는 신비로운 과정을 함께할 수 있답니다. 이 책은 프랑스어, 독일어, 덴마크어, 아랍어, 중국어, 일본어, 한국어, 스페인어, 베트남어, 그리스어 (헉헉……) 등 24개 이상의 언어로 번역되었습니다.

　이 책의 엄청난 성공으로 고무된 에릭 칼은 똑같이 'The Very'로 시작되는 책들을 만들어 내놓지요. *The Very Lonely Firefly*(외로운 반딧불이), *The Very Quiet Cricket*(조용한 귀뚜라미), *The Very Busy Spider*(바쁜 거미)를 더하면 모두 네 권이 되는데, 이 책들은 모두 갖고 놀 수 있는 장난감 책에 속하지요. 반딧불이 반짝거리고, 귀뚜라미 우는 소리가 나고, 거미줄은 도드라져 있어 손으로 만져 보면 그 촉감을 느낄 수 있는 책들입니다. 그는 청각·시각 장애아들도 좋아하는 책을 만들고 싶었다고 합니다.

글자 없는 그림책 중에서 제가 가장 좋아하는 책인 *I See a Song*(노래를 본단다)은 흑백으로 처리된 바이올리니스트에게서 다양한 색채의 선율이 공기 방울처럼 흘러나와 야자수 잎 같기도 하고 눈썹 같은 모양으로 되었다가 배가 되고, 초록색 줄은 파도가 되고……. 이렇게 잎이 퍼지고, 파도가 되고 아이 얼굴에서 떨어지는 눈물이 되었다가 다시 땅으로 떨어져 뿌리로 변하고……. 꽃이 피어나고 민들레 홀씨로 변해 하늘을 날아다니고, 바이올리니스트를 색색으로 물들이는 환상적인 그림이 가득하지요.

이밖에도 몸의 이름과 동작, 동물들의 특성을 연결시킨 *From Head to Toe*(머리에서 발 끝까지), 고양이과에 속하는 동물들과 세계의 가족 풍경을 보여 주는 *Have You Seen My Cat?*(내 고양이 보았니?), 요일, 동물, 음식이 변주되는 *Today Is Monday*(오늘은 월요일), 동물원의 동물들과 다양한 소리를 듣게 하는 *Polar Bear, Polar Bear, What Do You Hear?*(북극 곰아, 북극 곰아, 무엇을 듣고 있니?), 딸아이에게 달을 따다 주는 아름다운 이야기, *Papa, Please Get the Moon for Me!*(아빠, 달을 따다 주세요!), 시간과 동물들을 연결시킨 『퉁명스런 무당벌레』(*The Grouchy Ladybug*), 무거운 껍질을 벗어 버린 거북이의 이야기를 담은

*The Foolish Tortoise*(어리석은 거북이), 갖가지 모양으로 변하며 이야기를 자아내는 *Little Cloud*(작은 구름) 등, 에릭 칼의 그림책은 끝이 없습니다.

　에릭 칼 그림의 특징은 콜라주 기법을 이용한 환상적인 색감이라고 할 수 있지요. 만드는 방법은 의외로 간단합니다. 일단은 종이에 여러 색깔을 입히지요. 이때 손도장도 찍고, 솔이나 붓으로도 그리고, 점점이 뿌리기도 하는 등, 온갖 기술을 다 써 봅니다. 그리곤 푸른색은 푸른색 계열끼리, 노란색은 노란색 계열끼리 칸칸이 구분을 해서 모아 놓지요. 책의 내용에 맞게 도안을 스케치한 뒤에 미리 색깔을 칠해 놓은 종이 중에서 마음에 드는 색깔을 도안에 맞춰 잘라 내 붙입니다. 칼데콧 상 한 번 못 받아 봤지만, 그의 책은 아이들에게 엄청나게 인기를 끌고 있습니다. '에릭 칼 주간'까지 정해 교실 문에 대형 포스터를 붙이고 진열된 그의 책을 아이들에게 읽히는 학교도 있지요. 꼬마 친구들이 무척이나 많은 에릭 칼. 아이들의 편지를 보며 그는 또 새로운 그림책을 구상하고 있으리라 짐작합니다.

　Jessie: I like how you show feeling with color. (전 아저씨가 색깔로 감정을 드러내는 걸 좋아해요.)

　Chris: We know that you have written a lot of books, even before we were born. They are still good, even though they are old. (우리가 태어나기 훨씬 전부터 아저씨는 많은 책을 썼지요? 진짜 오래된 책들인데, 아직 괜찮네요.)

　Tony: Do you color your books or do you have an artist do that? (아저씨는 책에 직접 색칠해요? 아님 그런 거 해 주는 아티스트가 따로 있어요?)

　Rebecca: Do you have a job? (아저씨는 직업이 있어요?)

# 새로운 길을 찾아
# 휘휘 돌아~

## 오드리 우드

미국의 어린이 책 작가입니다. 남편인 돈 우드와 함께 많은 그림책을 펴냈습니다. 증조할아버지부터 그녀까지 4대가 예술가인 집안에서 태어나 어렸을 때부터 예술가가 되고 싶어 했습니다. 결혼하고 아들을 낳은 후, 자신의 꿈을 펼치기 시작했지요. 오드리 우드와 남편 돈 우드가 만든 그림책들은 밝고 유머러스합니다. 글은 예상치 못한 반전에 웃음 짓게 만들고, 그림은 옷 모양, 집, 표정 등을 생동감 있게 표현해 내지요. 작품으로 『낮잠 자는 집』, 『꼬마 돼지』, 『생쥐와 딸기와 배고픈 큰 곰』, 『그런데 임금님이 꿈쩍도 안 해요!』를 비롯하여 *I'm as Quick as a Cricket, Silly Sally, Elbert's Bad Word, Heckedy Peg* 등이 있습니다. 『그런데 임금님이 꿈쩍도 안 해요!』는 1986년 칼데콧 영예상을 받았습니다. 이밖에도 아들 브루스와 함께 *Alphabet Adventure, Alphabet Mystery, Ten Little Fish* 등을 만들었습니다. (표제 그림: 『그런데 임금님이 꿈쩍도 안 해요!』, 보림, 2003)

*Audrey Wood*

　　　　　　　　　　좋은 날 받아 제왕절개하려 했더니 그것도 팔자라고 받
　　　　　　　　　은 날보다 일찍 나와 버린 아기를 보며 한숨 쉬던 어느 엄
　　　　　　　　　마. 두근거리는 마음으로 아기 사주를 점쟁이한테 밀어 넣
　　　　　　　　　습니다. 점 할머니, 얼굴을 찡그리면서 하는 말, "아이구 시
끄러워. 귀가 왜 이리 쟁쟁거려." 아기는 쑥쑥 자라 피아노를 아주 잘 쳐서 국제 콩
쿠르에도 입상했지요. 그런데 알고 보면 그 윗대도 악기를 잘 다루셨다니 아기의
재능도 조상님한테 물려받은 거라고나 할까요? 4대가 그림 쪽으로 기울어진 집이
있습니다. 증조할아버지, 할아버지, 아버지, 이렇게 모두 그림쟁이의 길을 걸었고
딸아이는 직업이 세분화된 현대 사회에 맞게 각도를 약간 달리해서 어린이 그림
책에서 재능을 꽃 피우고 있지요. 『낮잠 자는 집』(The Napping House), 『생쥐와
딸기와 배고픈 큰 곰』(The Little Mouse, the Red Ripe Strawberry, and the Big
Hungry Bear)으로 잘 알려진 오드리 우드가 바로 그이입니다.

　어린 아기 오드리는 서커스에서 화려 찬란한 색깔과 신기한 세상을 처음 만났지
요. 당시 미대 학생이었던 아빠가 서커스단에서 외벽에 그림 그리는 아르바이트를
하고 있었거든요. 세상에서 가장 큰 키다리가 아기를 무릎 위에서 뛰게 하고, 서커
스에서 요정으로나 나옴직한 난쟁이들이 한 식구인 침팬지와 코끼리, 고릴라에 대
해 이야기를 해 주는 시절을 누구나 누리는 건 아니니 이 아이는 복이 아주 많았
다고 말해도 되겠지요? 엄마는 엄마대로 날마다 책을 읽어 주는 행복한 시절을 보
낸 아이는 1학년 때는 아빠처럼 예술가가 되기로 마음을 먹고, 4학년이 되어서는
어린이 책 작가가 되리라 생각했지요.

「낮잠 자는 집」, 보림, 2000

그 꿈이 아직은 꿈으로만 남아 있던 시절, 오드리는 돈 우드(Don Wood)와 결혼 합니다. 신혼여행에서 한 일은 새신랑에게 그림책의 고전인 *At the Back of the North Wind*(북풍의 뒤편에서)라는 책을 읽어 준 것. 그리고 생활에 묻혀 있다가 아들 브루스(Bruce Wood)가 두 살인 때 그림책을 읽어 주기 시작하면서 열정적이던 옛 꿈에 다시금 불을 지피기 시작합니다. 몇 년 뒤, 신혼여행에서 책을 함께 나누었던 그 신랑 신부들은 상상력을 합쳐서 그림책을 만들기 시작하지요.

제가 제일 먼저 읽었던 책은 우리나라에서 『낮잠 자는 집』으로 번역되어 나온 *The Napping House*입니다. 작가의 집이 모델이지요. 비만 오면 하루 종일 잠자는 아이들처럼 하얀색과 연푸른색 페인트를 칠한 나무 집은 작은 정원에 폭 둘러싸여 비를 맞으며 잠들어 있습니다. 푸른색 빗줄기조차 그 집의 잠을 깨우려 하지 않는 듯 한가로이 내리는 것 같군요. 하지만 집 안으로 들어가면 그렇게 한가롭진 않네요. 침대에선 드르렁드르렁 코고는 할머니가 있고, 그 위엔 솔솔 꿈꾸고 있는 아이, 꾸벅꾸벅 조는 강아지, 꼬박꼬박 조는 고양이, 쌕쌕거리며 자고 있는 쥐 한 마리가 있습니다. 그런데 그만 그 쥐 위엔 반짝 깨어 있는 벼룩이 있을 줄이야!

  벼룩은 쥐를 꽉 깨물고, 쥐는 고양이를 왁 놀래키고, 고양이는 강아지를 팍 할퀴고, 강아지는 아이에게 콩 부딪치고, 아이는 할머니를 쿵 치고, 할머니는 침대를 와르르 무너뜨리고……. 그래서 이제 '낮잠 자는 집'은 아무도 자지 않는 집이 되었지요. 그럼 퀴즈 하나. 모두 잠이 깨어 밖으로 나갔어요. 비가 여전히 내리고 있을까요, 아니면 해가 났을까요? 내용이 매우 경쾌한 이 책은 한 줄 한 줄 덧붙여 쌓여 가는 라임(cumulative rhymes)으로 유명합니다. 위의 등장인물이 하나씩 새로 등장할 때마다 그 전 내용들이 반복되기 때문에 아이들은 다음 장을 넘길 때도 금방 내용이 무엇인지 예측을 할 수 있지요.

  이와 비슷한 책이 *Silly Sally*(실리 샐리)입니다. 표지의 제목부터 휘어 돌아가는 게 아무래도 어린 시절의 서커스단 영향을 많이 받은 것 같군요. 첫 장을 펼치면 치마가 뒤집어진 채 물구나무서 있는 익살맞은 표정의 여자애가 보이는데, 다행히 층층 속바지를 입었네요. 저 멀리 작은 냇물 건너에 마을이 보이는데, 아무래도 거길 가려나 봐요. 그렇게 물구나무서기를 한 채로 말이죠. 노랗게 펼쳐진 들판에는 앞으로 등장할 인물들이 마치 꿩처럼 숨어 있어요. 잘 살펴보면 진흙에 분홍색 몸통과 돼지 꼬리가 살짝 보이고, 개집에는 발 두 개가 슬쩍 나와 있고, 냇물 속에는 오리 발이, 그 건너 멀리에는 하얀 양 한 마리가 폭신폭신. 그리고 저 멀리 노란 장식을 잔뜩 단 사람이 급히 걸어가고 있습니다.

실리 샐리는 물구나무서서 뒷걸음질해 가다가 돼지를 만납니다. 돼지도 물구나무서기를 하고 뒷걸음질쳐 따라 오고, 개구리, 오리를 차례로 만나는데 그만 잠이 들어 있는 양을 만나서 다들 물구나무선 채 잠이 들어 버렸어요. 그런데 노란 장식을 단 네디 버터컵이 똑바로 걸어와서 하나씩 차례로 간지럽혀 다들 깨어나지요. 이젠 똑바로 걸어갈 것 같지요? 하지만 유쾌한 책에는 늘 반전이 있지요. 실리 샐리가 네디 버터컵을 간지럽혀 모두들 다시 물구나무서서 거꾸로 마을로 들어갔다는 이야기. 이 책에서는 특히 "town—down, pig—jig, dog—frog, loon—tune, sheep—asleep" 이렇게 라임을 맞춰 나가는데, 오드리는 학교 다니는 아이들이 쉽게 외우길 바라면서 이렇게 라임을 넣었는데, 책방에서 겨우 세 살짜리가 이 책을 통째로 외우는 것을 보고 깜짝 놀랐다는 뒷얘기가 남아 있습니다.

오드리는 남편과 공동 작업도 많이 했는데, 글을 오드리가 쓰고 그림을 남편이 그린 경우가 여러 권 있습니다. 제목이 꽤 긴 『생쥐와 딸기와 배고픈 큰 곰』(*The Little Mouse, the Red Ripe Strawberry, and the Big Hungry Bear*)(이하, 『큰 곰』으로 줄임)이나 *I'm as Quick as a Cricket*(난 귀뚜라미처럼 빨라요), 또 『꼬마 돼지』(*Piggies*)는 둘이서 함께 만든 책들이지요.

붕어빵에 붕어가 없듯이 『큰 곰』에서도 곰을 찾아볼 수가 없습니다. 단지 목소리만 들릴 뿐이죠. 말을 받아 주는 건 그림이고요.

"생쥐야, 안녕? 너 지금 뭐하니?"

"아, 알았다. 빨갛게 잘 익은 그 딸기를 따려는 거지."

"그런데 생쥐야, 너 배고픈 큰 곰 얘기 들어 봤니?"

"그 곰이 빨갛게 잘 익은 딸기를 얼마나 좋아한다고!"

"배고픈 큰 곰은 빨갛게 잘 익은 딸기 냄새를 멀리서도 잘 맡는단다."

이 시점에서 쥐는 딸기를 따려다가 부들부들 떨지요. 사실 아주 조그만 생쥐에게 커다란 곰은, 게다가 배가 고프기까지 한 곰은 엄청나게 무서운 존재일 테니까요. 그래서 쥐는 딸기를 따다 여기저기 숨겨 보려고도 하고 안경을 씌우고 코와 수염을 달아 변장을 시켜 보기도 하지만, 다 소용이 없지요. 해결책을 제시하는 목소리는 바로 이것, "우선 딸기를 반으로 자르는 거야."

그래서 쥐는 즐겁게 반을 먹고 곰은 나머지 반을 먹지요. 물론 소리만 들리죠.

"얌냠."

페이지마다 빨갛고 탐스러운 딸기가 아주 먹음직스럽고 곰이 자기 딸기를 달라고 할까 봐 걱정하는 쥐의 표정이 재미있는 그림책입니다.

오드리 우드의 글과 돈 우드의 그림이 어우러진 『그런데 임금님이 꿈쩍도 안 해요!』(King Bidgood's in the Bathtub)는 임금님이 목욕통에 들어앉아서 나오려 하지 않는 재미있는 사건을 그리고 있습니다. 임금님은 싸움터에도 나가야 하고, 점심도 먹어야 하고, 낚시도 해야 하는데, 턱 하니 거품 목욕을 즐기면서 장난치고, 그 안에서 먹고, 낚시질 하고 있으니 시중꾼 아이가 발을 동동 구를 수밖에요. 기사와 왕비와 공작과 신하들이 차례차례 가서 임금님을 나오게 하려 했지만 오히려 같이 목욕통에 들어가 식사도 같이 하고 낚시도 같이 해야 하는 판이 되어 버렸어요. 어떻게 해야 하나, 어른들은 머리만 긁고 있지만 역시, 아이인 시중꾼 소년이 꾀를 내는군요. 그 방법이란 단순 명료하답니다! 목욕통 마개를 쏙 뽑아 버린 거예요. 물과 거품이 쑤르륵 빠지니 오마나, 알몸이 드러날 지경인 임금님은 놀라서 얼른 나오지요.

화려한 궁중을 묘사한 그림이 독특하고 자세히 보면 아주 장난스럽습니다. 우선 거품에 가려 있긴 하지만 알몸인 임금님과 복잡다단한 '의상'을 걸치고 있는 궁정 사람들이 비교가 되지요. (엘리자베스 여왕 시대의 의상이라고 하네요.) 또, 싸움터에 나가야 하는 순간에는 임금님이 목욕통에서 병사들과 배 모형을 갖고 놀고 있고, 음식을 먹는 장면에는 백조가 그려져 있고, 연못이 된 목욕통 안에서 공작은 이맛살을 찌푸리면서 낚시 바늘에 미끼를 끼우려고 하지요. 물론 연어와 개구리,

『그런데 임금님이 꿈쩍도 안 해요!』, 보림, 2003

거북이까지 등장하고요. 거품이 빠질 때 임금님의 표정을 한 번 보세요. 갑자기 당황하며 머리까지 쭈뼛~! 이 표정은 영화 「오즈의 마법사」에 나온 귀여운 겁쟁이 사자랑 똑같네요. 그리고 마개를 빼 든 시중꾼 아이의 자랑스러운 표정과 양쪽으로 나뉜 궁정 사람들의 표정을 보면 이 책은 마치 연극의 한 장면을 스틸 컷으로 처리해 놓은 것 같답니다.

*I'm as Quick as a Cricket*(난 귀뚜라미처럼 빨라요)는 표지를 펼치면 "I'm as slow as a snail."(나는 달팽이처럼 느려요.) 그 다음에는 "I'm as small as an ant," (나는 개미만큼 작아요,) 또 다음 장을 넘기면 "I'm as large as a whale."(나는 고래처럼 커요.) 이런 식으로 "as……as"라는 패턴을 써서 서로 반대되는 뜻을 가진 형용사들을 대비시키고 여러 곤충과 동물, 바다 생물들을 보여 주고 있지요. 그런데 행복하고 슬프고, 시끄럽고, 조용하고, 힘세고, 약한, 그 모든 것을 다 합치면 누굴까요? 바로 그건 '나'! (Put it all together, and you've got ME!)

『꼬마 돼지』(*Piggies*)는 어려서부터 식구들과 악기를 연주하고 그림을 그리고 연극도 즐겼다는 오드리의 특성이 잘 나타나 있는 책이라 할 수 있습니다. 뚱뚱이 돼지 둘, 똘똘이 돼지 둘, 장다리 돼지 둘, 까불이 돼지 둘, 꼬맹이 돼지 둘 이렇게 열 마리 돼지들이 아이의 열 손가락 끝에서 사뭇 재미나게 놀지요. 그림 자체가 뚜렷하지 않아서 아기 돼지들을 자세히 살펴보기가 까다롭긴 하지만, 눈 밝은 아이들은 잘 볼 수 있겠지요. 이야기가 손가락 인형극처럼 꾸며져 있어 아이들이 돼지 그림을 그려서 손가락에 끼워 책 내용을 따라 놀아 보면 좋을 책입니다.

그밖에도 *Moonflute*(달피리), *Rude Giants*(거친 거인들) 등 수많은 책을 만든 작가는 요즘 직접 종이나 캔버스에 그림을 그리는 데서 벗어나 컴퓨터로 그림을 그리는 새로운 실험을 하고 있습니다. 이제는 다 커서 나름대로 컴퓨터 그래픽의 세상에 빠져든 아들 브루스와 함께 「스타 트렉」류의 *The Christmas Adventure of Space Elf Sam*(우주 꼬마 요정 샘의 크리스마스 모험)이라는 책도 만든 작가. 평소에 책에서 익살맞고 유쾌한 반전을 턱 내밀곤 하더니 그림 그리는 방법에서도 익숙해진 것에 안주하지 않고 새로운 길을 찾아 나서는 오드리 우드라는 이 작가는 오드리 헵번이 아니라도 자꾸 예뻐 보입니다.

# 스카이 콩콩 타고 통통

## 로렌 차일드

1967년, 영국의 윌트셔 주에서 태어나고 자랐습니다. 부모님은 두 분 다 선생님이었고, 로렌은 미술 선생님인 아버지가 가르치는 학교에 다니기도 했지요. 맨체스터 공예학교에 다녔고 런던에서도 미술학교를 다녔습니다. 예술가 밑에서 보조로 일하고 색다른 모양의 램프전등갓을 만드는 일 등을 하다가 동료의 권유로 어린이 책을 만들게 되었습니다. 회화 용구, 사진, 섬유 등의 많은 재료들을 오리고 붙여 표현한 그녀의 그림들은 다소 정신없을 정도로 자유분방하고 다채롭지요. 콜라주, 몽타주, 컴퓨터 작업 등을 병행하여 같이 사용하는 기법은 가장 두드러지는 특징이라고 할 수 있습니다. 영국의 권위 있는 그림책 상인 케이트 그린어웨이 상과 스마티즈 상을 여러 번 수상했습니다. 작품으로 『난 토마토 절대 안 먹어』, 『난 하나도 안 졸려, 잠자기 싫어』, 『그림 읽는 꼬마 탐정 단』, 『요런 고얀 놈의 생쥐』, 『난 학교 가기 싫어』, 『나도 내 방이 있으면 좋겠어』, 『클라리스 빈의 우승컵 구출 작전』, 『넌 어느 별에 살고 있니?』 등이 있습니다. (표제 그림: 『난 학교 가기 싫어』, 국민서관, 2003)

*Lauren Child*

제 아이가 5학년 때였나? 학교 갔다 오더니 "엄마, 우리 탐정놀이 했어!"하고 자랑을 하더군요. 등교해 보니 교실 유리창 몇 개가 박살나 있었는데, 학교에서는 재빨리 경찰에 연락을 한 뒤, 아이들에게 누가 그랬는지 '현장'을 조사하고 '실마리'를 찾아보라고 했대요. 아이들은 저마다 진짜 탐정처럼 으쓱해서 조심스럽게 돌아다니며 조사를 하고는, 개 발자국 몇 개와 어른 발자국을 찾아냈다지요. 어느 아이는 그 부근에서 전에 개를 끌고 다니는 어떤 아저씨를 본 적이 있다고 했고, 나사못이니 뭐니 하는 그런 자질구레한 (아이들 입장에선 엄청 중요한) 것들을 찾아내고 흥분해서는 여러 가지 상황을 놓고 토론하고 그랬다네요. 유리창이 깨진 사건을 이용해서 그런 훌륭한 수업을 하신 선생님이 참 존경스럽지 않나요?

『그림 읽는 꼬마 탐정 단이』(*Dan's Angel*)에서 단이는 늘 돋보기를 들고서 실마리를 찾아 다니지요. 어느 날 스케이트보드를 타고 가다가 우연히 들어간 미술관. 그림들이 잔뜩 걸려 있는데 도무지 뭐가 뭔지 알 수가 없는 거여요. 그런데 「수태고지」라는 그림에서 가브리엘 천사가 나와 단이를 그림마다 데리고 다니면서 왜 저 그림에 저런 것이 나왔는지 묻고 대답해 보게 하죠. 그런데 이 천사는 제가 아이를 데리고 다닐 때와 매우 다르군요. 아는 걸 설명할 때도 때로는 중용이 필요하건만 전 아이에게 제가 아는 거 다 쏟아 주고 싶어한 반면, 천사는 일부러 모르는 척해서 단이가 찾아내게 하기도 하고, 슬쩍 슬쩍 질문을 던져서 단이가 궁리해 보게도 합니다.

『그림 읽는 꼬마 탐정 단이』, 국민서관, 2003

　이 책의 글은 영국 런던의 국립 미술관 큐레이터인 알렉산더 스터기스(Alexander Stirgis)가 썼고, 로렌 차일드가 그림을 그렸어요. 여신 주노의 상징은 공작새고, 미네르바는 항상 투구를 들고 다니기 때문에 그런 실마리만 봐도 그림 속의 인물이 누구인지 알 수 있다는 자잘한 이야기를 탐정놀이를 하면서 아이들 눈높이에서 재미나게 엮어 내려갑니다. 이 책에서 미술관의 명화들은 고색창연하지만 단이나 관람객 꼬마, 고양이 등 현실 속의 인물들은 익살스럽게 묘사되어 있지요. 팔이 열여덟 개나 되는 인도 여신의 그림을 보면서 가브리엘 천사와 단이는 겹쳐 서서 손을 나란히 올려 팔 네 개를 만들고, 어린 시절을 뜻하는 비눗방울 그림을 볼 때 관람객 꼬마는 열심히 비눗방울을 불어요. 또 고흐의 해바라기 그림 앞에는 진짜로 해바라기가 하나 떨어져 있지요.

위트 넘치는 그림을 그린 로렌 차일드는 영국에서 태어나 1990년 런던의 시티 앤 길드에서 장식 미술을 공부하고 샹들리에 디자이너 등 온갖 직업을 전전하다가 친구의 격려로 그림책을 만들게 됩니다. 1999년에 나온 『나도 내 방이 있으면 좋겠어』(Clarice Bean, That's Me!)로 스마티즈 동상을 받고, 연이어 특이하고 재미난 스타일로 그린 『난 토마토 절대 안 먹어』(I Will Not Ever Eat a Tomato)로 2000년에 케이트 그린어웨이 상을, 2002년에는 『요런 고얀 놈의 생쥐』(That Pesky Rat)로 스마티즈 금상을 받아 그림책 세계에 뿌리를 단단히 내렸지요.

『난 토마토 절대 안 먹어』는 'picky eater'(편식쟁이)를 주제로 한 그림책인데, 아이들 세계에서 너무도 흔한 '편식'이라는 상황을 부모가 훈육으로 해결하는 게 아니라 놀이 친구인 오빠가 상상력을 발휘한 놀이로 해결한다는 점에서 작가의 영리함이 돋보인답니다.

작가는 아이들의 심리를 매우 잘 묘사합니다. 첫 페이지에서 롤라와 찰리의 모습을 보세요. 콩도, 토마토도, 으깬 감자도, 당근도 모두 싫어하는 롤라는 '오빠가 뭘 줘도 난 절대로 안 먹을 걸?' 하는 마음을 흥, 하는 눈빛과 팔짱 낀 손과 고집스럽게 쭉 뻗은 다리와 빼또롬히 앉은 모습을 통해 야무지게 드러내고 있어요. 이에 비해 찰리는 롤라의 눈치를 보며, 어떻게 해야 요 꼬맹이한테 뭘 좀 먹이나 궁리하면서 곧 뭔가 해 보려는 듯이 발가락까지 곧추 세우고 있죠.

하지만 찰리는 이 세상의 수많은 부모들과 아주 다른 면을 보입니다. 찰리는 부모가 아니라 롤라보다 한두 해 더 산 오빠이자 놀이 친구니까요. 현명하면서도 놀

『난 토마토 절대 안 먹어』, 국민서관, 2001

이의 즐거움을 아는 찰리는 먹을 것을 대령하는 게 아니라 상상력을 별사탕처럼 흩뿌린 놀이를 대령합니다. 당근은 당근이 아니리 목성에서 따온 '오렌지뽕가시뽕'이라네요. 절대 오빠 말에 넘어가지 않겠다고 마음먹었건만, 롤라는 어느새 목성에 가서 외계인 옆에 앉아 오렌지뽕가지뽕을 맛보고 있죠. 완두콩도 초록나라에서 나는 초록방울이 빗방울처럼 떨어지는 거라니까 열심히 그릇을 들고 받아 먹지요. (솔직히 말해 봐, 롤라야. 너 다 알고 있지? 그러면서도 특이하고 재미난 놀이니까 오빠를 따라 하는 거지?) 으깬 감자도 백두산(원문에는 후지 산)에 걸려 있는 구름보푸라기라니까 얼른 먹지요. 호, 멍석 깔아 줬더니 나중에는 춤도 추네요. 방울토마토를 보면서 롤라는 오빠가 말하기 전에 얼른 '달치익쏴아'라는 이름을 붙이고, "혹시 이걸 토마토로 안 건 아니겠지?"라고 오히려 오빠한테 묻지 않겠어요? 눈으로는 오빠가 황당해하는 표정을 슬쩍 엿보면서요.

얼마나 번역이 통통 튀는지 하도 재미있어서 어떤 원문에 이런 번역이 나올 수 있는지 찾아봤어요. '오렌지뿡가지뿡'은 'orange twiglets', '달치익쏴아'는 'moonsquirters'네요. 이렇게 발랄하게 번역한 이의 뒷모습이라도 보고 싶군요. 하지만 역자의 모습은 찾을 수 없으니, 아쉬운 대로 작가 사진이라도 볼까요? 말괄량이 삐삐처럼 호리호리하고 빠르고 경쾌한 모습이군요. 자기도 어렸을 때 롤라처럼 입이 짧았다는데, 작가가 덴마크에 잠시 갔을 때 만난 어느 여자아이가 롤라의 모델이라고 합니다. 보통 때는 그림책을 만들 때 이야기부터 생각하고 그 다음에 인물 그림을 정하는데, 그 덴마크 아이가 어찌나 매혹적인지 얼른 아이 그림부터 그려 놓고, 이야기 얼개는 나중에 짰다고 하네요.

그런데 롤라가 요리 폴짝 조리 폴짝 뛰는 이 책에서 왜 작가는 부모가 아니라 오빠를 통해 이야기를 이끌어 가고 있을까요? 작가의 말을 들어 보죠.

"왜 찰리가 내레이터 역할을 하게 되었는지는 나도 잘 모르겠어요. 난 그냥 아이들 목소리를 내고 싶었을 뿐이어요. …… 형제 자매란 초강력 접착제로 연결되어 있잖아요? …… 어렸을 때부터 어른이 될 때까지 형제 자매와 얼마나 많은 시간을 보내는지 생각해 보세요."

헉, 생각해 보니 저도 부모님보다는 언니, 오빠와의 연결고리가 훨씬 많았군요. 눈보라 몰아치는 날, 언니가 제 가방을 들어 주고, 눈 맞지 말라고 자기 코트 단추를 열고 그 속에 제 머리를 넣게 해서 전 이십 분 거리를 고개를 꺾고, 하지만 눈은 안 맞고 학교까지 간 적이 있었지요. 초등 3학년짜리가 1학년짜리한테 그렇게 해 줄 생각을 했다니 지금 생각하면 참 미안스럽고, 언니란 동생한테 그렇게도 해 줄 수 있는 존재라는 게 놀랍습니다. (막내들은 절대 생각 못하는 그 희생적인 마음!)

한편으로는 생각 깊고 한편으로는 장난스러운 찰리 오빠는 『난 학교 가기 싫어』(I Am Too Absolutely Small for School)에서 학교라는 낯선 곳에 처음 가야 하는 동생 롤라의 불안감을 달래 줍니다. 키를 재어 보며 자기는 다 안 컸다고, 요렇게나 작다고 우기는 롤라. 모눈종이에 찰리와 롤라를 배치한 구성이 재미나네요. 학교에 가면 숫자를 백까지 배울 수 있다고 하는 오빠에게 롤라는 손가락 발가락은 다 열 개밖에 없고 과자도 열 개까지만 먹으니까 숫자를 백까지 배울 필요가 없다고 야무지게 우깁니다. 그러자 오빠는 먹보 코끼리 열한 마리가 저마다 먹이를 달라고 하면 어떻게 하냐고 달래지요. 요런 조런 이유를 대는 롤라를 오빠는 차분하게 달래기만 할까요? 아니죠. 오빠라는 존재는 본질적으로 장난기가 다분하답니다. 도깨비까지 동원해 은근히 겁을 줘야 오빠지 아니면 오빠겠어요?

롤라가 보이지 않는 친구인 '소찰퐁' 이야기를 하는 부분을 보면, 작가가 아이들의 심리 상태를 정말 섬세하게 파악하고 있다는 생각이 듭니다. 빨간머리 앤이 거울을 들여다보면서 'invisible friend'(다른 사람 눈에는 보이지 않는 비밀 친구)와 이야기하듯이 아이들의 마음속에는 자기를 전폭적으로 이해해 주는 비밀 친구가 하나씩 들어 있게 마련이죠. 제 아이도 어렸을 때 그런 친구가 있다는 얘기를 자주 했는데, 이 책에서는 롤라와 찰리가 점심 이야기를 하는 페이지부터 계속 투명한 소찰퐁이 나온답니다. 찰리 눈에는 절대 보이지 않는 그 친구가 어디 있나, 페이지를 넘기면서 찾아보세요.

『난 하나도 안 졸려, 잠자기 싫어』(I Am Not Sleepy And I Will Not Go To Bed)에서는 롤라가 조금 컸나 봐요. 요 아가씨는 그동안 오빠한테 배운 것을 이제 야금야금 써먹는답니다. (나도 그 동안 오빠 말 받아서 잘 놀아 줬지? 이젠 오빠가 내 말 받아서 놀아 줄 차례야!) 잠 안 자면 딸기 우유를 안 주겠다는 오빠의 말에 롤라는 얼른 대꾸합니다. 저기 식탁에 있는 호랑이들도 줘야 한다고요. 오빠는 할 수 없이 롤라와 호랑이 세 마리에게 딸기 우유를 만들어 주지요. 사자와 고래와 춤추는 개들과 '오마오마하게 큰 하마'까지 등장시킨 장난꾸러기 롤라는 나중에 자기 침대에 쏙 들어가서 편안하게 잠이 들지만, 깜깜한 어둠 속에서 하마와 롤라가 자는 소리를 들으며 찰리만 싱숭생숭 잠을 못 이루고 있답니다. 꼬맹이 동생, 드디어 그동안 오빠에게 속아 넘어간 것을 되갚은 거죠?

로렌 차일드의 그림 스타일은 전통적인 채색 그림책과는 아주 거리가 먼, 팝 아트라고 부르면 딱 좋을 스타일입니다. '롤라와 찰리' 시리즈에서 작가는 실제 사진 오려 붙이기, 그림 따로 오려 붙이기, 수채화로 바로 칠하기, 헝겊과 종이 찢어 붙이기 등등 다채로운 기법을 쓰고 있습니다. 내용에 맞춰 글자들이 넘실대고 크기도 획획 바뀌지만 그래도 이 시리즈는 얌전한 편이랍니다. '클라리스 빈' 시리즈로 가면 얼마나 화려강산인지 정신이 하나도 없을 정도죠.

'클라리스 빈' 시리즈의 첫 책은 『나도 내 방이 있으면 좋겠어』(*Clarice Bean, That's Me!*)입니다. 작가는 그 책을 무려 사 년 동안이나 퇴짜 맞았다고 합니다. 편집자들은 이 책이 집이라는 단조로운 공간에 수많은 등장인물과 코미디가 엉켜 있어서 아이들이 보기에는 너무 복잡한 구조라는 점, 또한 클라리스의 시각만 너무 강조되어 있다는 점, 또 컷 아웃이나 사진에서 오려 낸 몽타주, 활자체 등은 디자인적인 요소가 너무 강해서 그림책으로 받아들여지기 쉽지 않다며 거절했다네요. 마침내 눈 밝은 오차드 출판사에서 모험을 했고, 그 대가는 스마티즈 상! 이 책의 크고 화려한 집은 늘 사람들로 벅적벅적거립니다. 거의 늘 졸고 있는 할아버지(어제는 콘플레이크에 우유 대신 수프를 부었어요.), 멋진 대리석 건물에서 중요한 일을 하는 아빠(회의 중인 척하면서 아이스크림을 먹으며 노래를 들어요.), 욕실에서 고래들의 노랫소리를 듣고 촛불을 켜 놓는 엄마(엄마도 혼자 있고 싶어 해요.), 화장과 남자애들에 대해서만 관심이 많은 언니(클라리스만 보면 쫓아 내고 싶어

『나도 내 방이 있으면 좋겠어』, 국민서관, 2004

해요.), 사춘기라는 어두운 굴 속을 지나는 오빠(늘 방에만 박혀 있어요.), 테드 삼촌, 클라리스의 동생 귀뚤이, 고양이가 있고, 그밖에 사촌 동생들, 늘 소리 지르는 옆집 아이 등등 등장인물이 하도 많아 가늠을 할 수 없을 정도입니다. 그러니 어린 클라리스는 자기만의 방을 얼마나 갖고 싶겠어요. 저도 왕년에 마당에다 내 방 만들겠다고 흙을 파 낸 적도 있어서 그 심정이 이해가 가지요. 클라리스는 결국 동생과 다투다 엄마한테 야단맞고 혼자 방에 갇히는 벌을 받고 나서야 고즈넉한 평화를 즐기게 되지요.

　작가는 자기의 삶에서 비롯된 많은 경험을 책에 스며들게 했다고 해요. 특히 형제, 자매들 사이에서 일어나는 그 복잡 미묘하고 극단적인 감정들 말이에요. 언니는 쌀쌀맞고 늘 뭔가와 사랑에 빠져 있었고, 동생은 징징거리면서 귀찮게 달라붙었다고 하네요. 자기는 학교에서 파티를 할 때도 한쪽에 서 있는 적이 많았고 옷도 제대로 못 차려 입었지만, 속으로는 클라리스와 닮은 점이 많다고 말해요. 물론 롤라처럼 입이 짧기도 하지만.

　조앤 롤링이 경제적으로 힘든 시절 카페에 앉아 『해리 포터』(Harry Potter)를 써 내려갔듯이, 이 작가도 친구와 함께 이국적이고 우아한 전등갓을 만드는 작은 사업체를 꾸리다가 파산 상태에서 '클라리스 빈'이라는 주인공을 만들어 냈지요. 사람들은 작가나 예술가들이 돈에 무관심한 순결한 존재이기를 원하겠지만, 이 작가는 상업적인 것에 솔직담백합니다.

　"나는 정말정말 파산했고, 돈을 벌고 싶었어요. 나는 순수 미술로 성공하고 싶었지만, 한편으로는 내가 뭔가 할 수 있다는 동기 부여를 전혀 할 수 없는 상태로 스튜디오에서 작업하는 걸로 인생을 끝낼까 봐 두려웠어요."

　'클라리스 빈'이 성공하면서 텔레비전 시리즈로 만들어지고 롤라와 찰리가 옷 상표로 나가는 것이 이 작가에게는 반가운 일이었지요.


　두 번째 책인 *My Uncle Is a Hunkle Says Clarice Bean*(누가 우릴 돌봐 준다고?: 미국판 제목은 *Clarice Bean, Guess Who's Babysitting?*)에서 엄마 아빠가 며칠 집을 비우는 사이에 소방대원인 삼촌이 아이들을 맡은 동안 벌어지는 소란을 유쾌하게 그려 낸 작가는 세 번째 책인 『넌 어느 별에 살고 있니?』(*What Planet Are You From Clarice Bean?*)에서 환경 문제를 매우 독특하고 재미나게 다룹니다. 과학 정보책이라면 대개 진지하게 다룰 문제를 여기서는 가볍고 경쾌하고 장난스럽게 접근하면서도 핵심은 탁탁 찔러 준다고나 할까요?

책을 펼치면 교실에서 '태양계' 수업을 하는 장면이 나오지요? 잠시 옆길로 샌다면, 태양계를 주제로 수업할 때는 이 책의 첫 페이지처럼 아이들이 만든 별과 행성을 교실에 주렁주렁(!) 달아 놓는답니다. 또 이런 수업을 할 때는 스스로 빛을 내는 '별'(star)과 별의 빛을 반사하는 '행성'(planet)을 구분해서 배우지요. 그래서 태양계(solar system)에는 별이 한 개, 행성이 아홉 개라고 배우고, 그 나이 때의 아이들은 그런 걸로 시험도 본답니다. 우리나라에서는 하늘에 있는 거면 다 '별'이라고 하긴 하지만, 이 책은 아무래도 과학 정보가 들어간 그림책이고 학교에서의 수업 내용이 들어가 있으니만큼 별과 행성을 구분해서 번역했으면 좋았을 거라는 생각이 드는군요.

지구에 대해 배우던 클라리스는 학교에 늦는 바람에 자기가 제일 싫어하는 옆집 남자애와 짝을 이뤄 달팽이와 굼벵이에 대한 조사를 하는 숙제를 받게 됩니다. 그런데 집에서는 동네의 나무 한 그루가 잘려 나가게 되었다는 신문 기사를 읽고 늘상 방에 박혀서 게으름만 떨던 오빠와 오빠의 친구들이 그 나무를 지키러 시위를 하러 나가지요. 꼬맹이들이 우르르 가서 보니 오빠들은 팻말 하나 없이 시위하고 있잖아요? 그래서 꼬맹이들은 환경 보호 그림을 그리고 시위 구호로 운율이 잘 맞게 "Free the Tree."("나무 놔 둬."라는 번역이 참 재미나요.)라는 말도 써서 오빠들에게 주지요. 그런데 저녁 식사로 아빠가 만든 스파게티를 온 식구가 나무 위에 앉아 먹었는데 어쩌다 보니 이 모습이 사진으로 찍혀 동네 신문에 나서 유명해진답니다. 선생님이 숙제를 제대로 안 해 왔다고 클라리스를 야단치자 옆집 남자애가 그 사진이 실린 신문을 선생님께 보여 드리는 바람에 위기 모면! 마지막 장에 나오는 클라리스 빈의 환경지킴이 발표 중에서 나무를 청소기에 비유한 데서 작가의 재치를 엿볼 수 있어요. 이 책은 2001년 스마티즈 동상을 받았답니다.

나름대로 클라리스를 구해 주는 기특한 일을 한 옆집 남자애는 여느 때는 담에 붙어서 계속 소리를 지르면서 클라리스를 괴롭히는 역할이지요. 이 꼬마는 실제 인물을 그린 거래요. 작가의 옆집 아이가 늘 담 너머로 어린 여자애한테 "너 지금

내 소리 듣고 있는 거 알아!"하며 소리를 질러대곤 했고, 그럼 그 여자애는 그 애를 무시하고 안 들으려 애쓰곤 했다네요. 룸메이트와 작가는 그 애에게 'shouting boy'라는 별명을 붙였는데, 그 꼬마가 '클라리스 빈' 시리즈에서 늘 양념 노릇을 합니다.

*Who's Afraid of the Big Bad Book?*(넌 커다란 나쁜 책이 무섭니?)는 자다가 「골디락과 곰 세 마리」에 나오는 곰의 집에 빠져 들어가 버린 꼬맹이의 이야기를 담고 있어요. 여기서 골디락은 상당히 그악스런 아이로 묘사가 되고 신데렐라 이야기는 뒤죽박죽입니다. 꼬맹이가 전에 동화책을 꺼내 신데렐라 스토리를 펼치고 궁중 파티에 참석하고 있는 여자들에게 콧수염을 그려 놓는다든가, 엄마에게 줄 생일 카드를 만드느라 신데렐라의 상대역 왕자님을 책에서 오려 버렸다든가, 페이지를 찢었다가 거꾸로 붙였다든가 하는 짓을 했기 때문에 꿈속에서는 그 행동 때문에 스토리가 엉뚱하게 전개되는 경우를 당하게 되지요. 그래서 현실로 돌아와서는 찢어진 종이도 다시 붙이고, 수염도 지워 주고, 자기가 한 행동을 되돌리느라 바쁩니다. 그래도 책 속에서 자기에게 못되게 굴었던 골디락에게는 복수를 한답니다. 골디락에게 기괴한 가발을 그려 놓고, 곰 세 마리가 살고 있는 집을 자물쇠로 채워 버리거든요.

  로렌 차일드의 다른 책에서도 활자체나 활자의 크기가 중요한 구성 요소지만, 이 책에서는 특히 그렇습니다. 아이가 꿈속에 빠져 들어갈 때, 활자는 점점 작아지며 아래로 똑똑 떨어지지요. 또 아빠 곰, 엄마 곰, 아기 곰이 말하는 부분에서도 곰의 크기에 따라 활자 크기도 달라집니다. 작가는 책을 만들 때 편집자와 디자이너와 하나하나 의논을 하고, 활자도 등장인물에 맞춰서 크기, 색 등을 변화무쌍하게 배치한답니다. 이 책에서도 그런 것을 눈여겨서 보면 '흠, 아주 유머 감각이 뛰어나군.'이라고 생각할 수 있지만 전체적으로 언뜻 보면 여태까지 나온 로렌 차일드 책 중에서 가장 복잡하고 어질어질하지요.

애완동물을 갖고 싶은 아이의 이야기인 『사자가 좋아!』(*I Want a Pet*)에서 약간은 밋밋하게 이야기를 전개하던 작가는 『요런 고얀 놈의 생쥐』(*That Pesky Rat*)에서는 이야기 구조와 디자인을 좀 더 섬세하고 발랄하게 바꿉니다. 어디에 속하고 싶고 누군가에게 의미 있는 존재가 되기를 간절히 바라는 뒷골목 생쥐. 이런 이야기를 경쾌하고 웃기게 끌어 나가는 작가의 능력이 참 대단합니다.

뒷골목 쓰레기통 3번지에 사는 '요런 고얀 놈의 생쥐'(남들이 그렇게 부른대요.)는 누군가의 애완동물이 되어 그런 요상한 이름 말고 그럴 듯한 이름을 갖고 싶어 몸부림을 칩니다. 그 장면에서 생쥐가 위를 올려다보는 장면…… 아파트의 창문마다 색색가지 예쁜 불빛이 환하지요. (생쥐야, 내게도 그런 시절이 있었단다. 집집마다 노란 불빛이 번져 나오는데, 나도 그런 불빛 새나오는 창문 하나 너무나도 갖고 싶던 시절~.)

누군가의 애완동물이 되어 귀염 받고 호사스럽게 사는 친구들을 보면 나름대로 힘든 점이 많지요. 목욕도 해야죠, 텔레비전에서 늘 똑같은 쇼만 지루하게 봐야죠, 동물과는 어울리지 않는 엉뚱한 옷도 입고 다녀야죠. 하지만 생쥐는 '옷을 입어도 좋아, 아무튼 누군가의 애완동물이 되고만 싶어!'라는 마음뿐이었어요. 그래서 애완동물 가게에 가서 '괴발쥐발' 광고까지 써 붙이고 미래의 주인을 기다리는데, 우와~ 눈이 아주 나쁜 아저씨가 나타난 거여요. 사실 이 아저씨는 'rat'(쥐)이 아니라 'cat'(고양이)을 원한 거였지만, 그림에서 보시다시피 괴발쥐발 쓴 'rat'이라는 글자는 꼭 'cat'처럼 보이잖아요? 생쥐군과 주인아줌마는 서로 눈빛을 교환하고 모르는 척, 자기가 마치 'rat'이 아니라 'cat'인 척 아저씨에게 딸려 가지요.

근데 이 아저씨, 눈만 니쁜 게 아니라 손감각도 없네요. 털을 만저 보면 쥐털과 고양이털이 다를 텐데 그걸 모르는군요. 여하튼 '이 고얀 놈의 생쥐'는 무사히 이 집에서 '고얀이'라는 이름을 달고 고양이 노릇을 한다는 이야기랍니다. 마지막에 고양이라면 '야옹야옹'해야 할 시점에 쥐가 '찍찍'거리는데도 못 알아듣는 아저씨, 복 받으세요. (참, 이 아저씨의 집 벽지는 작가가 전등갓을 만들던 시절에 재료로

썼던 인도의 사리라고 합니다. 인생 살면서 버릴 경험은 하나도 없는 법인가 보아요.)

작가는 인물을 그릴 때 늘 연필을 쓴다네요. 펜이나 잉크에는 도저히 손이 안 간대요. 연필로 그리면 잘못 그렸을 때 언제든 지우고 고칠 수 있잖아요? 그 연필 그림을 스캔해서 컴퓨터에 올린 뒤 선을 정리해 주고, 카트리지 종이에 다시 그것을 검은 색으로 인쇄한 뒤, 그 위에 색칠하고 다른 재료를 오려 붙인대요. 그 다음에 비로소 그 인물을 오려서 다시 스캔해서 컴퓨터에 넣는다는군요.

플랩 북인 *My Dream Bed*(내가 꿈꾸는 침대)도 만들고 아동 소설인 『클라리스 빈의 우승컵 구출 작전』(*Utterly Me, Clarice Bean*)까지 쓴 로렌 차일드. 눈 핑핑 돌게 정신없는, 다른 책들과 아주 아주 다른 신선한 책을 만들 아이디어를 찾으러 지금도 스카이 콩콩을 타고 통통 뛰어다니고 있을 것만 같군요.

숨어 있는 마음,
# 드러나는 마음

# 따뜻한 관심을, 편안한 사랑을

## 존 버닝햄

1936년 영국의 서리 주에서 태어났습니다. 서머힐 학교를 다녔고 1956년 런던 센트럴 아트 스쿨에서 공부했습니다. 1963년부터 그림책을 만들기 시작했습니다. 첫 책 『깃털 없는 기러기 보르카』는 케이트 그린어웨이 상을 받았지요. 현재 가장 주목받는 어린이 책 작가 가운데 한 사람으로, 놀이와 상상의 즐거움뿐 아니라 아이들이 느끼는 외로움, 어른과의 단절 같은 심도 있는 주제를 간결하고 가벼운 그림으로 표현합니다. 작품으로 『사계절』『검피 아저씨의 뱃놀이』와 『지각대장 존』『우리 할아버지』『야, 우리 기차에서 내려』『장 바구니』『알도』『네가 만약……』『구름 나라』등이 있습니다. (표제 그림: 『검피 아저씨의 뱃놀이』, 시공주니어, 2000)

*John Burningham*

쪽지 시험에 깜박 잊고 이름을 안 쓴 친구가 반 아이들 앞에서 자기 이름을 열 번 말해야 하는 벌을 받았습니다. 여고 1학년씩이나 되어 그런 벌을 받았으니 이 친구는 창피해서 머뭇거렸죠. 그러다 한참 후에 목을 가다듬고 하는 말, "제 이름은 이샛별입니다."
모두들 당연히 똑같은 소리를 아홉 번 더 듣게 될 거라고 생각했지만, 그 다음에 친구의 입에서 나온 말은…… ?
"제 이름은 이샛별이에요. 제 이름은요, 이샛별이라니까요. 제 이름이 뭐냐고요? 이샛별이랍니다."

무지무지하게 제목이 긴 존 버닝햄의 책, *John Patrick Norman McHennessy: The Boy Who Was Always Late*(지각대장 존―아이구 간편해라!)에서 꼬마 존은 언제나 학교에 지각해서 벌을 받지요. 원제목의 아이 이름이 그토록 긴 것은 나름대로 상상따라 옆길로 새고 지각할 이유가 많다는 것을 암시한 걸까요? 하지만 불행히도 지각을 한 이유가 어른의 입장에서는 전혀 납득을 할 수 없는 것들―하수구에서 악어 한 마리가 나와 책가방을 물었기 때문에, 덤불에서 사자가 나와 바지를 물어뜯었기 때문에―이라서 선생님은 늘 화를 내며 벌을 줍니다.
번역본을 펼치면 표지 바로 뒤에 삐뚤빼뚤 쓴 "악어가 나온다는 거짓말을 하지 않겠습니다. 또, 다시는 장갑을 잃어버리지 않겠습니다."라는 반성문이 끝없이 이어지는데, 학교에 늦는 이유에 대해서는 풍부한 상상력을 발휘하던 이 꼬마가 자

『지각대장 존』, 비룡소, 2002

기에게 주어진 벌에 관해서는 선생님이 쓰라는 대로 그저 똑같은 말들만을 반복해서 써 놓았군요.

  이 책에 나오는 선생님이나 『장 바구니』(*The Shopping Basket*)에 나오는 엄마는 슬프게도 아이들에게 우격다짐하는 어른들을 대표합니다. 『내 친구 커트니』(*Courtney*)에 나온 엄마 아빠도 아이들의 말을 들어 주는 귀가 없는 어른들이지요. 회색 토끼 인형 알도를 마음의 친구로 삼아 외롭고 힘든 시간을 견디는 여자

아이를 그린 『알도』(Aldo)에서도 엄마 아빠는 손가락질을 하며 싸워 댑니다. 슬픈 자화상이군요. 이래서 어른들도 그림책을 보며 자신을 돌이켜 봐야 하나 봅니다.

그림책에서는 대개 아이들에게 사랑이 넘치는 부드러운 엄마 아빠가 나오는데 존 버닝햄은 왜 삐딱선을 탔을까요? 대안학교인 서머힐의 교육을 받다 보니 은근히 정형화된 부모상을 거부하게 되었는지도 모르지요. 아니면 이미 열일곱 살 때 '정부'라는 권위와 싸우며 양심적 병역 거부를 했던 경험 때문에 그림책에서 '선생님'이라는 권위를 사나운 이미지로 그리게 된 것인지, 궁금해지는군요.

젊은이 존은 양심적 병역 거부를 하고 퀘이커 교도들의 병역 거부 모임인 'The Friends Ambulance Unit'(구급 구조대)에 들어가 1954년부터 이 년 간 이탈리아, 유고슬라비아, 이스라엘 등지의 슬럼가에서 일하고 학교도 지었지요. (이런 일로 면제가 되나 봐요? 중국에도 이 단체가 있던데⋯⋯.) 그 뒤에 런던으로 돌아와 디자인 분야 학위를 따고, 일러스트레이션 일을 했지요. 누구나 젊은 시절엔 여러 가지 일을 해 보기 마련. 런던 교통국 광고 포스터를 만들고, 잡지에 만화도 그리고, 크리스마스 카드 디자인도 했는데, 젊은 사람은 뭐가 될지 알 수 없으니까 지금 박대하면 안 된다는 말이 딱 맞습니다. 이 젊은이가 나중에 수많은 어린이들과 어른들에게 사랑받는 그림책 작가가 될지 카드 인쇄소 아저씨가 어찌 알았겠습니까?

1963년에 출판한 첫 번째 그림책 『깃털 없는 기러기 보르카』(Borka: The Adventures of a Goose with No Feathers)는 젊은 그대, 존에게 깃털이 모인 날개를 달아 주지요. 첫 책으로 케이트 그린어웨이 상을 받았거든요. 깃털 없이 태어나서 엄마가 짜 준 회색 털옷을 입고 있는 보르카가 식구들이 따뜻한 남쪽 나라로 갈 때 홀로 남겨졌다가 친절한 개와 선장의 도움을 받아 런던의 큐(kew) 가든에 와서 살게 된 이야기를 그린 이 책과 『대포알 심프』(Cannonball Simp), 『사계절』(Seasons) 등의 초기 작품은 그의 책 중에서는 색채가 강렬한 편입니다.

하지만 그의 강렬한 색채는 『검피 아저씨의 뱃놀이』(Mr. Gumpy's Outing)에서

『검피 아저씨의 뱃놀이』, 시공주니어, 2000

조심스럽게 변합니다. 색연필로 데생하듯 그린 그림들은 한여름에 입으면 시원할 세모시와 삼베의 중간 정도의 느낌. 거친 엄마 아빠와 사나운 선생님은 이제 보이지 않고 대신 순하고 수줍은 '검피'라는 아저씨가 물뿌리개를 들고 여름 아침녘에 정원에 나와 서 있지요. 배로 뛰어드는 아이들의 맨발은 무척이나 활기차고 개가 나오는 장면의 왼쪽 페이지는 햇빛을 받은 나무가 너무나도 눈이 부셔 볼 수가 없습니다. 갈색 색연필 하나만으로도 이렇게 뛰어난 효과를 나타낼 수 있다는 게 신기하군요. 작가는 말합니다.

"전 되도록 선을 조금만 써요. 그리고 새 책을 만들 때마다 생각하죠. '내가 이걸 다시 할 수 있을까? 내가 이것을 잘 해 낼 수 있을까?' 제 능력에 회의를 느끼고 좌절하는 힘든 순간들이 있답니다. 하지만, 곧 제 자리를 찾게 됩니다."

수줍은 검피 아저씨는 1971년 두 번째 케이트 그린어웨이 상을 작가에게 선물하고, 한동안 작가는 단순하고 섬세한 선으로 이루어진 그림을 그리지요.『검피 아저씨의 드라이브』(Mr. Gumpy's Motor Car)나『우리 할아버지』(Grandpa)의 그림들은 참으로 정겹고 조용합니다. 눈을 감고 아주 천천히 줄넘기를 하면서 "내가 어렸을 땐 말이다, …… 굴렁쇠를 굴리며 놀았단다."라는 할아버지의 말에 자전거 위에 올라앉아 호기심에 눈을 반짝거리며 "할아버지도 아기였던 때가 있어요?"라고 묻는 손녀딸의 모습은 천진하면서도 애처롭습니다. 언젠가 자기도 그 말을 하게 되리라고는 전혀 짐작도 못하기 때문이지요. 그리고…… 할아버지의 빈 의자.

이제 그 할아버지는 머나먼 산꼭대기 오두막집에 사는 아이에게 선물을 갖다 주러 멀고 먼길을 떠나는 산타 할아버지로 바뀝니다.『크리스마스 선물』(Harvey Slumfenburger's Christmas Present)에서 산타 할아버지는 순록이 끄는 마차를 타고 세상의 아이들에게 선물을 주고 오지요. 그런데 순록이 아파서 침대에 뉘여 재우고 나니, 글쎄 '하비 슬럼펜버거'라는 아이에게 줘야 할 선물이 남아 있는 거예요. 그래서 할아버지는 추운 겨울밤에 아주아주 먼 롤리 폴리 산으로 떠나지요. 지프차 아저씨의 도움을 받고 지프를 타고 가는 장면은 눈보라치는 광막한 길을 너무나도 잘 표현해 줍니다. 등반가의 도움을 받아 줄을 타고 절벽을 오르는 장면은 콜라주와 스크래치 기법을 사용해서 아주 재미있게 묘사되었지요. 아, 산타 할아버지, 존경스러워요. 선물을 갖다 주러 이렇게 힘들게 오시는 거였군요!

'환경 보호'라는 큰 주제를 아이의 기차놀이와 연관시켜 다룬 책,『야, 우리 기차에서 내려!』(영국판 : Oi! Get Off Our Train, 미국판 : Hey! Get Off Our Train)는 아마존의 열대 우림을 지키려 애썼던 '체코 멘데스'라는 사람에게 헌정된 책입니다. 린 체리(Lynne Cherry)라는 작가는 *The Great Kapok Tree: A Tale of the Amazon Rain Forest*(위대한 판야나무 : 아마존 열대림 이야기)에서 환경 보호에 관해 직접적인 메시지를 던지는 반면, 존 아저씨는 이 책에서 기차놀이를 떠난 아이가 코끼리나 물개, 호랑이 등 멸종 위기의 동물들과 만나서 논다는 (물론 그 동물들은 "사람들이 나를 잡아다가 털옷을 만들려고 해." 등등 나름대로 기차를 태워 달라는 절박한 이유가 있지요.) 이야기 구조와 아주 단순한 선의 그림을 보여 주고 있지요. 어떤 사실적 이유와 설득보다도 이런 간단한 이야기가 어린아이들에게는 훨씬 더 호소력이 있어 보입니다.

엄마 아빠와 함께 등산을 갔다가, 그만 절벽에서 떨어진 아이에 대한 이야기를 담은 『구름 나라』(*Cloudland*)는 그림책으로서는 특이하게 사진을 배경으로 썼지요. 구름 낀 하늘은 전부 사진을 썼고, 산이나 바다 등은 작가가 직접 그렸습니다. 그리고 등장인물들은 다른 종이에 그리고 오려 붙여서 입체감이 뚜렷합니다.

절벽에서 떨어진 앨버트를 구름 나라 아이들이 구해 줘서 이들은 함께 놀게 되었지요. 아이들은 구름 침대에서 자고, 높은 구름 위에서 뛰어내리며 놉니다. 천둥 번개가 칠 때는 북과 탬버린으로 신나게 놀아 보지요. 앨버트는 비가 오면 수영을 하고, 무지개를 보면서 그림도 그립니다. 하지만 어느 날 문득 도시의 불빛을 보면서 집으로 돌아가고 싶다는 생각을 하지요. 그래서 구름 나라 여왕님은 파티를 열어 주고 주문을 외워 앨버트를 되돌아가게 해 주지요. 침대에서 깨어난 앨버트에게 엄마와 아빠가 기쁨의 뽀뽀를 쏟아 붓는데, 머리맡에 있는 그림은 아침 해가 솟아오르는 장면. 저 세상 직전까지 갔다가 돌아온 아이가 이제부터 새 날을 시작한다는 상징을 담고 있는 그림 아니겠어요?

아이들의 입장에서 의사 경험(near-death experience)을 다룬 독특한 시선이 아주 마음에 드는 책입니다. 염라대왕 앞에서 벌벌 떨고 있다가 돌아오는 대신 구름 나라 친구들과 폭신한 구름 위에서 뛰어 놀다 왔으니, 아이도 '죽으면 끝'이 아니라 '저 세상은 즐겁고 재미난 또 하나의 세상'이라는 생각을 하지 않았을까요?

『네가 만약……』(Would You Rather)은 아이에게 재미난 질문을 던지면서 의견을 유도해 내는 '열린' 그림책입니다. 코끼리가 너의 목욕물을 마시고 독수리가 저녁밥을 빼앗아 먹는다면? 쥐랑 쥐 집에서 살거나 물고기랑 어항에서 살게 된다면? 도깨비가 장난질 치는 것을 돕게 된다면? 가지가지 재미난 질문을 한 상 가득 차려 놓고 우물우물 먹으며 함께 얘기하는 맛이 그만이지요. 아이들은 어른들이 전혀 생각하지 못한 대답을 불쑥 하니까요.

이렇게 여러 가지 주제를 다루면서 다양한 재료로 그 주제를 드러내는 그림을 그리는 건 정말 어렵고도 신나는 일이겠죠. 그런데 악기 연습 몇 번 안 하면 손이 굳듯이 그림도 그런가 봐요. 존 버닝햄 아저씨는 이렇게 말합니다.

"그림은 피아노 연주하는 것과 같아요. 그건 벽돌 쌓기처럼 기계적인 일이 아니지요. 유연하게 잘 그리려면 줄곧 연습해야 돼요. 그림 시작한 지 사십 년이 지났는데 여전히 쉽지가 않군요."

종이, 판지, 나무, 목탄, 펜, 먹, 색연필 할 것 없이 여러 재료를 끊임없이 시도해보며 다양한 텍스처 효과를 내 보는 존 아저씨는 진한 커피 한 잔으로 아침을 시작하고, 점심 때는 같은 그림책 작가인 아내 헬렌 옥슨버리와 함께 그림책 작업에 대해 이런저런 얘기를 나누고, 저녁 때는 향기로운 붉은 포도주 한 잔을 마신답니다.

그러나 그림에만 몰두한다면 재미없겠죠. 존 아저씨의 일탈은 뭔지 아세요? 특이한 가구나 낡은 커튼을 모으러 영국 일대와 프랑스를 돌아다니는 거랍니다. 그거 다 모아서 뭐하냐고요? 다른 사람한테도 판대요.

낡은 커튼을 휘감고 있는 존 아저씨. 물감을 그 위에 묻혀서 종이 위를 뒹굴면 아주 재미있는 효과가 나겠죠?

# 선과 악의 씨앗을 찾아서

## 토미 웅게러

1931년 프랑스 스트라스부르에서 태어났습니다. 어린 시절과 청소년 시절, 전쟁을 겪으며 방황을 했고, 학교에 적응하지 못해 쫓겨나기도 합니다. 1956년 미국으로 떠났고, 1957년에는 첫 번째 그림책인 The Mellops Go Flying을 발표했습니다. 그는 자신의 작품에서 시종일관 사람들이 가진 편견을 이야기합니다. 사람들이 보편적으로 혐오스럽거나 형편없게 생각하는 것들을 소재로 택하여 선입견이 없는 시선으로 바라보며 진실을 찾으려고 합니다. 1998년에는 한스 크리스찬 안데르센 상을 받았습니다. 작품으로 「꼬마 구름 파랑이」, 「모자」, 「크릭터」, 「곰 인형 오토」, 「제랄다와 거인」, 「달 사람」, 「엄마 뽀뽀는 딱 한번만!」, 「개와 고양이의 영웅 플릭스」 등이 있습니다. (표제 그림: 「제랄다와 거인」, 비룡소, 1996)

*Tomi Ungerer*

이런 노래 기억하시나요?

"파란 나라를 보았니? 꿈과 사랑이 가득한. 파란 나라를 보았니? 천사들이 사는 나라~."

아무리 봐도 없고 아는 사람도 없는 그 나라가 토미 웅게러의 그림책 『꼬마 구름 파랑이』(*Die Blaue Wolke*)에 쏙 들어 있군요. 장난스럽게 생긴 꼬마 구름 파랑이는 다른 구름들이 비를 내리거나 천둥 번개를 치는 등 구름으로서 할 일을 할 때 놀고만 있었지요. 파랑이 속으로 들어가면 연도 파랗게 변하고 새나 비행기도 파랗게 물들어 버린답니다. 그런데 어느 날 파랑이는 이상한 도시를 보게 됩니다. 그 도시는 서로를 괴롭히고 죽이는 사람들로 아수라장이었지요. 도끼를 든 까만 사람을 똑같이 도끼를 든 하얀 사람이 뒤따르고, 그 뒤에는 빨간 사람이, 그 뒤에는 노란 사람이, 다시 또 까만 사람이…….

다양한 색깔, 다양한 생각을 가진 사람들이 줄줄이 무기를 들고 쫓아다니는 대신 줄줄이 목욕탕에 앉아 등이라도 밀어 주면 좋으련만, 이 그림에서 남자들은 그렇게 싸우며 죽어 나가고 여자와 어린애들은 불길이 치솟아 오르는 아비규환 속에서 비명을 지르고 있습니다. 이것을 본 파랑이는 여태 안 하던 일을 했어요. 파랑이가 비를 쏟아 부으니, 온 도시는 파랗게 물이 들었답니다. 사람들은 모두 색깔이 같아지니까 더 이상 싸우지 않고 사이좋게 지내게 되었고, 이제 그 도시는 파랑이 도시가 되었답니다……. (라고 끝나면 좋았을 텐데.) 온 사람들이 파랗게 물들었는데, 저 구석에 딱 한 사람은 우산을 받고 있어서 그 파랑물이 들지 않았죠. 도끼를 든 그 초록색 얼굴을 보니, 언제 손에 든 도끼를 휘두를지 몰라 으스스하군요.

『꼬마 구름 파랑이』, 비룡소, 2001

 

토미 웅게러가 그림책을 통해 반전, 평화를 그려 내면서도 한편으로 사람에게서 악의 씨앗이랄까, 배반의 장미랄까를 유달리 파헤치는 것은 어린 시절에 겪은 전쟁의 상처 때문이라고 합니다. 그는 1931년에 알퐁스 도데의 『마지막 수업』으로 유명한 알자스 지방에서 태어났습니다. 『마지막 수업』은 프랑스 쪽의 애국심을 고

취시키지만, 웅게러는 독일계죠. 여섯 살 때 아버지가 패혈증으로 세상을 떠나자 외가에서 자라면서 아버지가 남긴 다양한 책을 통해 문학적 상상력을 키웠습니다. 하지만 경제적으로 매우 어렵고 종전 후 알자스가 다시 프랑스로 편입되자 새로운 세계에 적응하지 못해 학교에서 쫓겨나기까지 하죠. 알제리에서 군대 생활을 마치고 다시 고향으로 돌아와 미술을 전공하지만, 이때도 역시 규율에 적응하지 못해 퇴학당하고, 1954년에 60달러를 들고 미국으로 갑니다.

일설에 의하면 굶주림에 지쳐 출판사 앞에 쓰러져 있다가 그의 그림을 보고 반한 편집자와 일하게 되었다는데, 그를 빛나는 작가로 만들어 준 책은 『크릭터』(Crictor). 많은 사람들이 아주 싫어하는, 하지만 어떤 사람들은 매우 좋아하는 (침 꿀꺽!) 뱀을 소재로 최소한의 선만 살린 재미있는 그림들이 경쾌한 책입니다.

보아뱀이긴 하지만 처음부터 아낌없는 사랑을 받고 자란 크릭터는 모두와 즐겁게 지내고 용감한 일을 해서 나중엔 그 이름을 딴 공원까지 생깁니다. 저명한 편집자인 수잔 허쉬만(Susan Hirschman)은, 말은 줄이되 그림 스스로 말하게 했다는 점에서 이 책을 '완벽한 그림책'이라고 극찬했지요. 크릭터가 담긴 도넛 모양의 소포, 할머니가 짜고 있는 크릭터의 기다란 스웨터 그림, 모자 쓰고 스웨터 입고 눈밭을 기어 다니는 크릭터의 모습이 재미납니다. 또한, 번역본의 표지에서 둥글게 몸을 말고 천진한 표정의 액자가 되어 있는 크릭터의 모습이 귀엽습니다. (원본과 번역본의 표지가 다른 경우가 가끔 있더군요.)

귀여운 뱀을 만들어 낸 웅게러는 『세 강도』(Die Drei Raver)에서는 인간 내면에 있는 선의 씨앗을 찾아냅니다. 즉, 강도에게도 사랑이 깃들면 어떤 변화가 생기는지 그려 낸 거지요. 까만 모자, 까만 망토를 두른 세 강도는 사람들에게서 돈이나 보석을 강탈하지요. 그것을 어디에 써야 할지도 모르고 그저 쌓아만 두는 강도들.

하지만 돌멩이에 황금칠을 한 것과 다름없는 이 보물들은 꼬마 고아 티파니 덕

「세 강도」, 시공주니어, 2000

분에 그 가치를 찾게 됩니다. 강도들이 그 보물을 쓰려고 길 잃은 아이들이나 버려진 아이들을 데려와 키우게 되거든요. 규모는 점점 커지고, 이제 세 강도는 아이들을 키울 커다란 성까지 사게 되지요. 아이들에게 이들은 인정 많은 양아버지로 남아 있게 됩니다. 아주 조그맣게 숨어 있는 선의 씨앗이 사랑으로 인해 이렇게 활짝 피어날 수 있다는 것을 작가는 이들을 통해 보여 줍니다.

  도끼를 들고 있을 때는 무시무시해 보였는데, 티파니를 품에 안고 데려갈 때의 강도 그림을 보면, 자기한테 있는지도 몰랐던 '사랑'이란 감정이 어디 도망이라도 갈까 봐 애절하고 소중하게 껴안고 있는 절절한 마음이 잘 드러나 있습니다.

  따분하게 달에 갇혀 있는 달 사람이 밤마다 지구 사람들이 춤추는 것을 지켜보며 부러워하다가 드디어 별똥별 꼬리를 붙잡고 (이 기막힌 아이디어!) 지구로 내려 와서 겪는 이야기를 담은 『달 사람』(Der Mondmann)에서는 슬프게 웃어 줄 수밖에 없는 인간 군상이 나옵니다. 별똥별이 땅에 떨어지는 소리를 듣고 가까이 사는 사람들이 떼를 지어 몰려오는데, 군인들은 탱크를 타고 '지구를 지키러' 나오고, 소방대는 불을 끄러 나오고, 경찰도 나타나고, 딸아이를 데리고 스포츠 카를 타고 구경 나오는 아빠에, 더 웃긴 건 구경꾼들에게 아이스크림을 팔러 급히 수레를 끌고 나오는 아이스크림 장수까지 있다는 점이죠.

  자기도 급히 가면서 쏟아져 오는 손님들을 홀깃 보며 흐뭇해하는 아이스크림 장수의 모습은 슬프기까지 합니다. 달 사람은 졸지에 체포되어 감옥에 갇혔다가 달이 점점 이지러지면서 자기 몸도 함께 이지러져 쇠창살 틈으로 빠져 나옵니다. 그러고는 가면 무도회장에서 즐기다가 과학자의 도움을 받아 다시 달로 가서는 오마나, 무서워라, 이제 다시는 지구로 돌아가지 않으리, 하며 하늘 자기 자리에 몸을 웅크리고 있다는데……. 이 책의 시원시원한 붓 터치에 올록볼록한 몸, 유쾌해 보이면서도 약간은 엽기적인 표정들을 보면 모리스 센닥(Maurice Sendak)의 『깊은 밤 부엌에서』(In the Night Kitchen)와 그림 맛이 비슷하다는 생각이 듭니다.

  억세게 재수 좋은 사나이를 그린, 하지만 결국 모자가 주인공인 『모자』(Der Hut)는 앉을 자리를 바꿔 가며 날아다니는 신기한 비단 모자가 가난하고 불쌍한 늙은 외다리 병사인 바도글리오의 대머리에 내려앉아 생기는 일을 다룬 그림책이

『곰 인형 오토』, 비룡소, 2001

지요. 바도글리오는 모자에게도 그저 '항복'해 버리는 인생의 실패자지만, 이 살아 움직이는 모자 덕분에 그의 삶은 활기차게 바뀝니다. 어느 여행객의 생명을 구해 주고, 강도들을 잡고, 계단 아래로 굴러 가는 유모차 속의 아기를 구해 주고, 마침내 공주까지 구해서 결혼하게 된다는 이야기인데, 무엇보다도 이 책은 그림이 재미있습니다. 그의 대머리 위에 모자가 내려앉자 깜짝 놀라 도망가는 강아지, 뼈다 귀를 입에 문 개에게 뒷발로 물을 튀기는 다른 개, 달리는 말앞에서 아무것도 모 르고 구정물 위에 종이배를 띄우고 있는 꼬마 아이……. (다행히 바도글리오가 모 자로 말의 눈을 가려 말은 꼬마 아이에게 뛰어들기 직전에 멈췄죠.) 압권은 마지 막 그림이죠. 바도글리오의 머리에서 날아가 버린 모자는 이제 어느 방향으로 갈 지 모르는데, 저 밑 다리 아래서 물에 빠진 사람이 허우적거리고 있군요!

『제랄다와 거인』(*Zeralda's Ogre*)은 언뜻 보기에는 맛난 음식이 솔솔 냄새를 피 우는 유쾌한 그림책입니다. 아이들을 잡아먹는 거인 때문에 동네 아이들은 모두 들 여기저기 숨어 지냅니다. 그러다 아이 구경을 못해 배고파 쓰러진 거인에게 요 리 솜씨 좋은 꼬마 소녀 제랄다가 한 상 가득 맛있는 음식을 차려 준 것을 계기로 거인족들은 사람 잡아먹는 습성을 버리지요. 그리고 세월이 흘러 아름다운 처녀가 된 제랄다는 거인과 사랑하게 돼서 결혼을 하고 아이도 여럿 낳았는데, 마무리가 'And they lived happily ever after.'(그들은 영원히 행복하게 살았어요.)가 될 것 같지만, 작가는 "죽을 때까지 아주 행복하게 살았다고 말해도 좋을 거예요."라고 합니다.

왜일까요? 그림을 보면 그 답이 나오지요. 거인과 갓난아기를 품에 안은 제랄다 는 행복해 보이고, 아이들 둘은 천진난만한 표정으로 아기를 만져 보려고 하지만, 뒷모습만 보이는 아이는 한 손에 포크를, 한 손에는 나이프를 들고 있거든요. 반쪽 이 최정현의 만화에서 보면 평등 부부상을 받았다고 모두들 반쪽이를 축하하며 헹 가래쳐 주는데, 그 군중 속 누군가가 칼을 번득이고 있죠. 공중에서 잘못 떨어지는 날에는……? 『꼬마 구름 파랑이』와 마찬가지로 『제랄다와 거인』에서도 이렇게 인 간에게 숨겨진 악의 씨앗을 으스스하게 그려 내고 있습니다.

곰 인형의 일대기를 그린 『곰 인형 오토』(*Otto*)의 첫 페이지에서 웅게러는 낡아 빠진 데다 가슴에는 찢어져 꿰맨 자국까지 있는 한 곰 인형을 내보입니다. 이 인형도 갓 태어났을 때는 다비드라는 아이의 생일 선물이 되어 사랑을 받았었지요. 다비드의 친구 오스카와 셋이서 재미나게 놀며 지내던 어느 날, 다비드는 유대인을 나타내는 노란 별표를 달고 다녀야만 했죠. 다비드 식구가 어디론가 실려 가면서 이제 오토는 오스카에게 맡겨집니다. 하지만 곧 폭격이 시작되고 오토도 공중으로 튀어 올라 오스카와도 헤어지게 됩니다. 폭격당한 잔해 속에서 한 흑인 병사가 오토를 집어든 순간 총을 맞지요. 그 병사는 자기 생명의 은인이라고 오토를 챙겨서 미국의 집까지 데려갔지만 남자아이들의 장난에 오토는 쓰레기통에 박혀 있게 되지요.

그러나 골동품 가게에 진열되어 관광객의 눈에 띄게 되는데, 그 관광객이 바로 오스카였고, 이들의 이야기는 신문에 나서 마침내 다비드까지 만나 셋이 다시 함께 사는 인생유전을 겪는다는 이야기. 다른 책에서는 유쾌한 그림들을 보여 준 작가는 이 책에서만큼은 무척 사실적인 그림을 그려 냅니다. 그런데 오토가 자신을 소개하는 첫 장면을 보세요. 인형 공장에 있는 상자에는 인형 눈이 가득 담겨 있죠. 막 눈을 달게 되는 오토. 앞으로 그 눈으로 보게 될 세상은 험난합니다. 이제 제각각 눈을 달고 세상으로 나갈 곰들은 앞으로 어떤 풍경을 보게 될까요?

지난 사십 년 간 사춘기 아이와 부모의 갈등을 그린 『엄마 뽀뽀는 딱 한 번만!』(*No Kiss for Mother*), *The Mellops Go Spelunking*(멜롭 가족, 동굴 탐험을 떠나다) 등 수많은 책을 만들고 『납작이가 된 스탠리』(*Flat Stanley*), *Heidi*(하이디) 등 책의 삽화 및 카툰, 포스터를 그리면서 토미 웅게러가 아우른 한 가지 주제는 '인간이 존중받는 사회'입니다.

영어와 독일어, 불어를 모두 잘하는 그는 자신은 무엇보다도 알자스인이며, 두 번째로는 유럽인이라고 여겼지만, 뉴욕을 매우 사랑했습니다. 그러나 매카시즘과 베트남 전쟁에 반대하고 자신이 그린 반전 포스터가 전세계에 팔려 나간 그가 미국 땅에 설 자리는 없었고, 그의 책들은 공공 도서관에서 금지 당하게 되었지요.

결국 그는 1971년에 미국을 떠나 캐나다로 가서 노바스코샤에서 몇 년 동안 양과 돼지와 염소를 키우다가 아일랜드로 떠납니다. 그는 현재 반쯤은 아일랜드의 농장에서 보내고, 반은 고향인 스트라스부르에서 지냅니다. 2007년 말에 그의 작품을 기리는 박물관이 그의 고향에서 문을 열었습니다.

많은 사람들이 오직 선과 악만을 보지만, 자신은 선과 악의 중간에 특히 관심이 있다는 그는 편견, 가난, 홀로코스트, 전쟁 등을 주제로 그림책을 많이 그리면서도 한편으로는 어린이들의 상상력과 호기심을 이끌어내고자 했습니다. 그가 가장 좋아하는 격언은 "희망만 갖지 말고, 맞서서 해결하라!"라고 합니다. 때로는 그로테스크하게, 때로는 즐겁고 재치있는 그림으로 유머 감각을 담아 표현하는 그에 대해, 까탈스럽기로 소문난 친구 모리스 센닥은 "토미는 모든 이에게 영향을 미쳤다. 토미 웅게러처럼 독창적인 사람은 없다고 나는 감히 말한다."라고 칭찬 할 정도였지요. 그는 1998년에 한스 크리스티안 안데르센 일러스트레이터 부문상, 2003년에는 알자스 출신인 프랑스 작가로서 독일의 어린이 책 작가상인 에리히 카스트너 상 등을 받았습니다.

# 상징과 비유의 수수께끼를 풀어라

## 앤서니 브라운

1946년 영국 세필드에서 태어났습니다. 리즈 미술대학에서 그래픽 디자인을 공부한 뒤 3년 동안 맨체스터 왕립 병원에서 의학 전문 화가로 일했습니다. 리즈 미술대학에서 파트타임으로 학생들을 가르쳤고, 15년 동안 고든 프레이저 갤러리에서 연하장을 디자인하기도 했습니다. 우연히 Through the Magic Mirror를 그리면서 그림책을 만들게 되었습니다. 세밀한 묘사와 정갈한 구도로 진지한 주제를 유머러스하게 표현합니다. 케이트 그린어웨이 상과 쿠르트 마슐러 상 등을 여러 번 수상했습니다. 2000년에는 한스 크리스찬 안데르센 상을 받았습니다. 『고릴라』, 『돼지책』, 『동물원』, 『터널』, 『우리 엄마』, 『특별한 손님』 등을 비롯하여 침팬지 윌리가 주인공으로 나오는 '윌리' 시리즈가 있습니다. 이외에도 Hansel and Gretel, Alice's Adventures in Wonderland, Voices in the Park 등을 펴냈습니다. (표제 그림: 『고릴라』, 비룡소, 1998)

*Anthony Browne*

미장원에 갔다. 미용사가 말했다.
"염색하셨나 봐요?"
"네?"
"까만색으로 염색하셨나 봐요."
"아뇨! 그거 원래 제 머리색인데요."

내 머리색은 'midnight black'이다. 그리고 앤서니 브라운의 머리색은 'dark brown'이다.

내 신발의 크기는 '7'(235mm)이다. 오호! 그도 '7'을 신네! 벗어 놓은 그의 신발과 내 신발은 크기가 같겠군.

내가 힘들 때마다 기어 들어가는 곳은 침대다. 그도 그렇다.

우리 집에서 가장 뒤죽박죽인 곳은 내 책상이다. 그 역시 자기 스튜디오가 제일 아수라장이란다.

일할 때 꼭 있어야 하는 도구는? 나는 컴퓨터, 그는 연필.

아, 바로 여기서 그와 나는 결정적으로 차이가 난다. 그렇다. 그는 데생을 좋아한다. 1946년생 치고는 아직 소년 같은 모습. (그대여, 이 사진은 언제 찍은 건가요?) 영국에서 그래픽 디자인을 공부하고 병원, 의사, 의료…… 뭐 이런 것과 관계된 일러스트레이션을 주로 하다가 카드와 포스터 쪽으로 고개를 갸웃 돌리고, 마침내는 어린이 그림책 쪽으로 획 돌아선 영국 작가다.

말투가 딱딱하군. 자, 이제 존대말로 할게요. 연필을 좋아하는 사람답게 가는 선

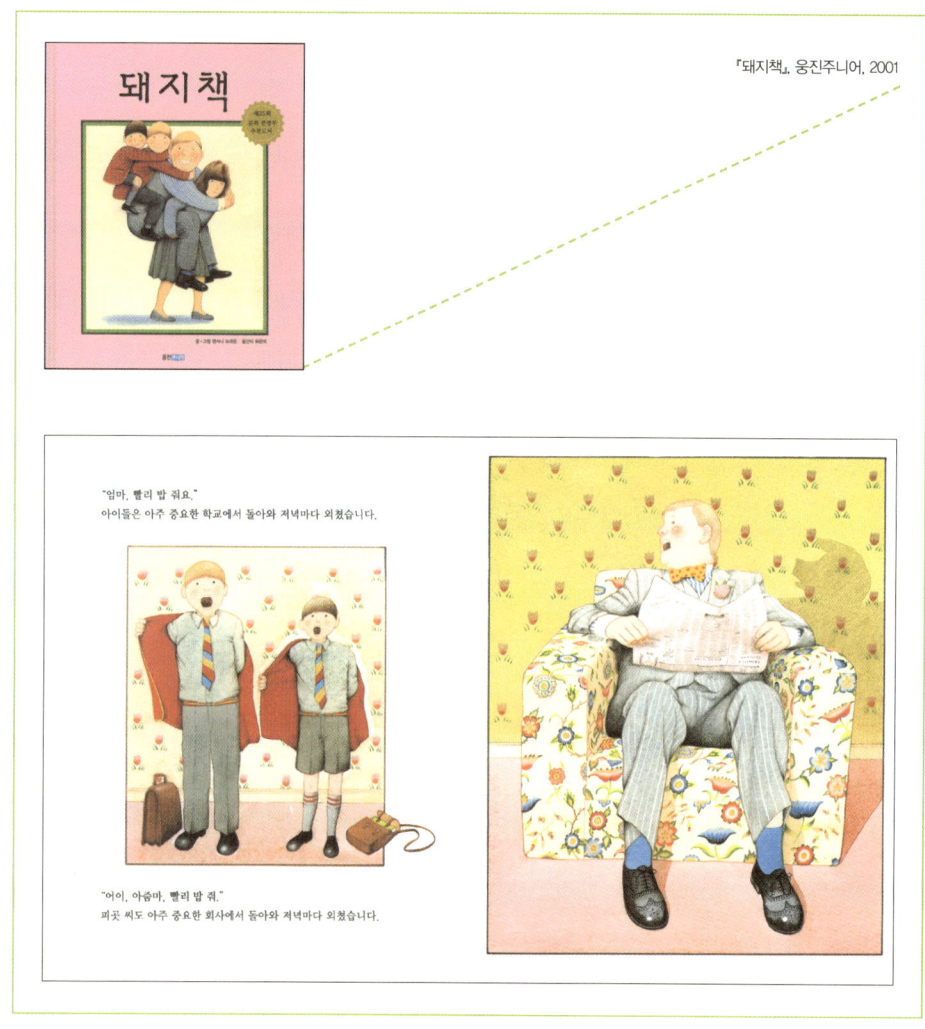

『돼지책』, 웅진주니어, 2001

을 사용한 그의 그림을 보고 처음에는 '헬렌 옥슨버리(Helen Oxenbury)처럼 담백하구나.'라고 생각했습니다. 하지만 그의 책들을 자세히 들여다보면 실상은 디테일과 상징으로 꽉 차 있어 입가에 미소가 감돕니다. 상징이 많은 책을 들여다보고 있으면 수수께끼를 풀어 가는 재미가 있고, 상상력의 별을 마음대로 흩뿌릴 수 있어 좋습니다.

『돼지책』(*Piggybook*)을 펼칩니다. 엄마는 거의 무표정. 하지만 이 엄마에게 업혀 있는 아빠, 아빠에게 업혀 있는 아이들은 아주 신이 났군요. 그런데 그 뒤를 장식하고 있는 벽지의 그림은 멀리서 보면 튜울립 같지만 자세히 들여다보면 돼지들입니다. 첫 장에서 아빠가 양복 깃에 달고 있는 분홍색 뱃지는 흐릿해서 뭔지 잘 안 보이고, 아이들 역시 팔짱을 끼고 있어서 돼지가 안 보이지요. 하지만 뒤로 가면 갈수록 그들이 달고 있는 뱃지가 돼지 모양이라는 게 확연히 드러납니다. 끊임없이 '엄마', '여보'를 불러 대는 아이들과 아빠의 그림자를 자세히 보세요. 그만, 돼지가 꿀꿀거리고 있지 않겠어요? 아침엔 아침대로 밥 차리고 설거지하고, 이불 개고 청소하고 일터로 나갔다가 돌아온 피곤한 엄마. 아이들은 '아주 아주 중요한 학교'에서 돌아왔고, 아빠는 '아주 중요한 일'을 하고 돌아왔으니 저녁 때도 또 '엄마', '여보'를 불러 댈 수밖에.

엄마가 저녁 차리고, 설거지하고, 빨래하고, 다림질하고, 또 음식을 조금 더 만들 동안, 소파에 길게 누워 텔레비전을 보는 아빠와 아이들은 모두 다 돼지의 모습입니다. 심지어 소파 위에서 흐뭇하게 엎드려 있는 고양이의 그림자도 돼지 모양을 벗어나지 못하지요. 벽지에 피어난 그대 작은 튜울립이여, 그대들 또한 돼지들이 아니던가요! 문 손잡이에서부터 꽃병에 이르기까지 모든 것은 엄마의 손이 가야 하는, 엄마를 부려먹고 자신들은 나른하게 늘어져 있는 돼지들 모양으로 그려집니다. 그런데, 책 속에 나온 액자 속의 그림은 반다이크의 그림입니다. 앤서니 브라운 인터뷰에 따르면, 그는 그 그림이 매우 풍요롭고 당당한 모습이라 책 속의 아빠와 비슷한 느낌을 주기 때문에 거기 넣은 것이라고 하네요. 즉, 책 속의 '관리자' 역할의 아빠와 일치되는 모습이겠죠?

이 가정은 '너희들은 돼지야.'라는 쪽지를 남기고 엄마가 집을 나가버림으로써 혼란에 휩싸입니다. 벽난로 위에 있는 그림을 보세요. 원래 토마스 게인스버러의 '앤드류 부부'라는 작품으로, 1748년에 로버트 앤드류와 프란시스 카터의 결혼을 기념하기 위해 그려진 그림이랍니다. 둘이 사랑스럽게 벤치에 앉아 있어야 하는데, 엄마가 집을 나가니 여자 자리가 비어 있지요. 원래 든 자리는 몰라도 난 자리는 크다고, 집안은 그 뒤 돼지 우리로 변하고 크게 반성한 아빠와 아이들은 나중에 돌아온 엄마와 집안일을 서로 나누어 하며 'one little happy family'가 된 것으로 막을 내리지요. 예상할 수 있는 결론이며 반전 없는 스토리지만, 여기저기 숨어 있는 상징들을 찾아내는 재미가 있는 그림책입니다.

또 한 권을 펼칩니다. 이번에는 *Hansel and gretel*(헨젤과 그레텔). 그림 형제(The Brothers Grimm)가 설화를 채집해서 다시 쓴 이 이야기는 마땅한 스토리를 찾기에 목이 마른 그림 작가들에게 늘 생명수가 되어 주고 있지요. 앤서니 브라운도 목이 말랐는지 이 이야기로 그림을 그렸는데, 같은 이야기를 여전히 중세적인 풍경으로 그린 다른 그림책들에 비해 현대의 매정한 풍경을 그려 내는 날카로운 감수성이 돋보입니다.

상징 또한 재미있습니다. 숲에서 길을 잃고 하룻밤을 지새는 아이들이 나무에 기대어 있는 표지 그림을 보세요. 울퉁불퉁한 나무 껍질은 마녀의 코를 상징하고, 잔디 위에 예쁘게 돋은 빨간 버섯은 독버섯임을 뚜렷하게 드러내고 있지요. 그뿐 인가요? 첫 장을 보면, 흉년이라 이 아이들의 집은 찢어지게 가난해서 아버지와 아이들은 근심이 가득한데, 현대판 계모는 가슴이 깊게 패인 분홍색 옷을 입고 딴청을 하고 있네요. 넷 중 셋의 시선이 한군데 모이는데, 다른 한 명의 시선만 다른 데 꽂히는 이 콩가루 집안.

이 첫 장은 나중에 계모가 죽고 나머지 세 명이 다시 만나 행복하게 사는 결말을 이미 담고 있습니다. 자고 일어나면 곱슬머리가 되라고 고데기를 말고 자는 계모. 그녀의 화장대 위는 이런 저런 화장품들과 목걸이, 스타킹들로 가득하군요. 하다 못해 아이들을 숲으로 버리러 가는 길에도 계모는 부츠 신고, 귀걸이하고, 모피 외투 입고, 담배를 물고 있습니다. 담배의 독은 어디로 가나요? 계모는 나중에 갑자기 죽을 운명임을 여기서 미리 보여 주고 있지 않나요?

숲에 버려진 아이들이 빵과 케이크와 설탕, 사탕으로 만든 집 앞에 머뭇거리며 서 있는 모습을 봅니다. 역시, 빨간 버섯들이 그 집으로 향하는 작은 오솔길을 만들어 주고 있군요. (요즘 저는 줄곧 버섯 전골, 버섯 덮밥을 먹었지요. 다행히 빨간 버섯은 없었기에 지금 이 글을 쓰고 있답니다.) 그 집의 창문에서 밖을 내다보고 있는 할머니. 양쪽으로 젖혀진 커튼 때문에 실내는 정확히 길다란 이등변 삼각형 모양. 게다가 그 실내는 깜깜합니다. 그 검은 삼각형은 마녀의 모자를 뜻하겠지요. 그리고 허옇게 드러나는 할머니의 얼굴. 결국 이 마녀는 나중에 오븐에 들어가 구워질 테니(!) 얼굴색이 아직은 밀가루 반죽 색이 아닐까요?

현관문에서 아이들이 아빠와 다시 만나 껴안고 있는 마지막 장면을 폅니다. 어두운 집 안으로 이제 환한 햇빛이 들어오고, 작은 화분에서 수줍게 돋아난 아주 작은 새싹. 이들의 삶이 앞으로 연두색으로 피어나리라는 것을 짐작할 수 있습니다.

표지를 넘기면 속지 첫 장에 예쁜 도자기 접시 시계가 나오는 『달라질 거야』(Changes)는 홀로 집에 남아 있는 어린아이의 두려움이 구체적으로 그려진 책입니다. 그런데 왜 시계가 먼저 나올까요?

제 아이가 다섯 살 무렵입니다. (그때 시계 보기를 막 익혔습니다.) 남편과 저는 비디오테이프를 돌려주러 가면서 말했지요.

"20분 쯤 걸릴 거야. 8시 20분까진 올게."

그런데 신호등마다 걸리고 해서 좀 늦게 집에 돌아와 보니 아이가 소파에 앉아 있다가 화를 내며 말하더군요.

"8시 40분이잖아!"

알고 보니 얘가 무서워서 놀지도 못하고 소파에 엉덩이를 딱 붙이고 앉아서 시계만 쳐다보고 있었던 거여요. 집에 혼자 남아 있는 아이에겐 시계란 부모가 금방 되돌아올지도 모른다는 막연한 희망과 영영 안 돌아올지도 모른다는 불안을 째깍

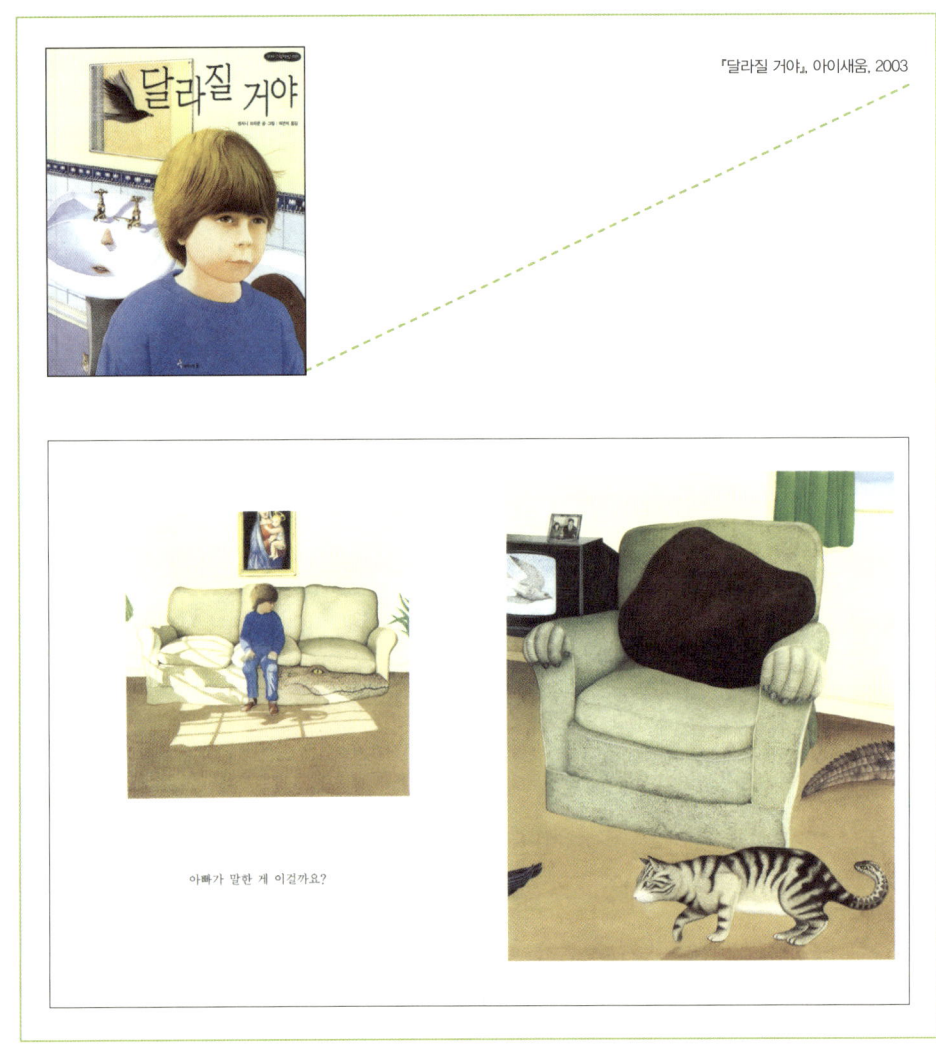

『달라질 거야』, 아이세움, 2003

거리며 교차시키는 기묘한 무서움 덩어리일지도 모릅니다.

　희망과 불안이 시침과 분침으로 돌아가는 시계 그림을 넘겨 보지요. 아빠가 엄마를 데리러 간 사이에 아이는 주전자가 뭔가 달라진 듯한 느낌을 받습니다. 이런…… 고양이처럼 바뀌고 있군요. 이상도 하다, 부엌을 둘러보니 다른 것은 똑같은데 말이죠. 집안은 기묘하게 고요하고, 자기 방도 두고 나온 그대로인데 그래도 뭔가 낯선 듯한 느낌. 그러다가 문득 슬리퍼를 보니 또 뭔가 이상해요. 날개가 솟아오르며 마치 새처럼 변하잖아요? 아이는 문득, 아빠가 나가기 전에 무슨 말을 했는지 생각이 났어요.

"앞으로 많이 변할 거야."

도대체 그게 무슨 뜻이었을까? 방 안을 둘러보니 이제 모든 것이 본격적으로 변하기 시작합니다. 소파는 악어가 되었다가 고릴라로 변하지요. 아무래도 집 안에 있자니 기분이 이상했던 아이는 혹시 밖으로 나가면 괜찮을까 싶어 현관문을 엽니다. 언뜻 보기엔 잔디도, 고무호스도, 축구공도, 빨랫줄에 걸린 흰 양말도 다 원래 모습 그대로인 것 같았어요. 그런데 축구공은 점차 알처럼 변해서 그 알을 깨고 새가 튀어 나르고, 자전거 바퀴는 사과로 변하고 빨랫줄엔 바나나 껍질이 걸려 있죠. 혹시 다른 데도 다 변했나 보려고 담에 매달려 창을 보니 헉, 이번엔 빨간 눈! 아이는 자기 방으로 돌아가 문을 꼭 닫고 불을 끕니다. 아, 그런데 까만 문이 열리면서 빛이 스며들어 옵니다. 그리고 아이는 엄마와 아빠의 모습, 거기에 하나 더해 아기의 모습을 보지요. 아이에게 여동생이 생긴 거였어요!

아이가 집에 홀로 남겨졌을 때의 공포심을 매우 뛰어나게 묘사한 이 책에는 아빠가 말한 '변화'에 대한 힌트를 찾아보는 재미가 있습니다. 그게 뭐냐고요? TV 위의 가족 사진과 TV 화면의 변화를 눈여겨보시면 압니다. 엄마, 아빠, 아이 이렇게 셋의 가족 사진이 있고 TV 화면에는 새알이 네 개 바구니에 담겨 있지요. 사진은 흑백, 새알은 세 개는 파란색, 하나는 연한 분홍색이라는데 주목해 주세요. 그 다음 장에 보면 흑백 사진 속에 연분홍색 아기돼지 한 마리가 더 늘어나 있네요. 역시 이 작가의 그림책에는 수수께끼를 풀어 나가는 재미가 있습니다.

'앤서니 브라운'하면 바로 연상되는 게 『고릴라』(Gorilla)지요. 표지를 보세요. 보름달이 새하얗게 빛나는 가운데, 고릴라와 소녀가 나뭇가지에 매달려 즐거워하

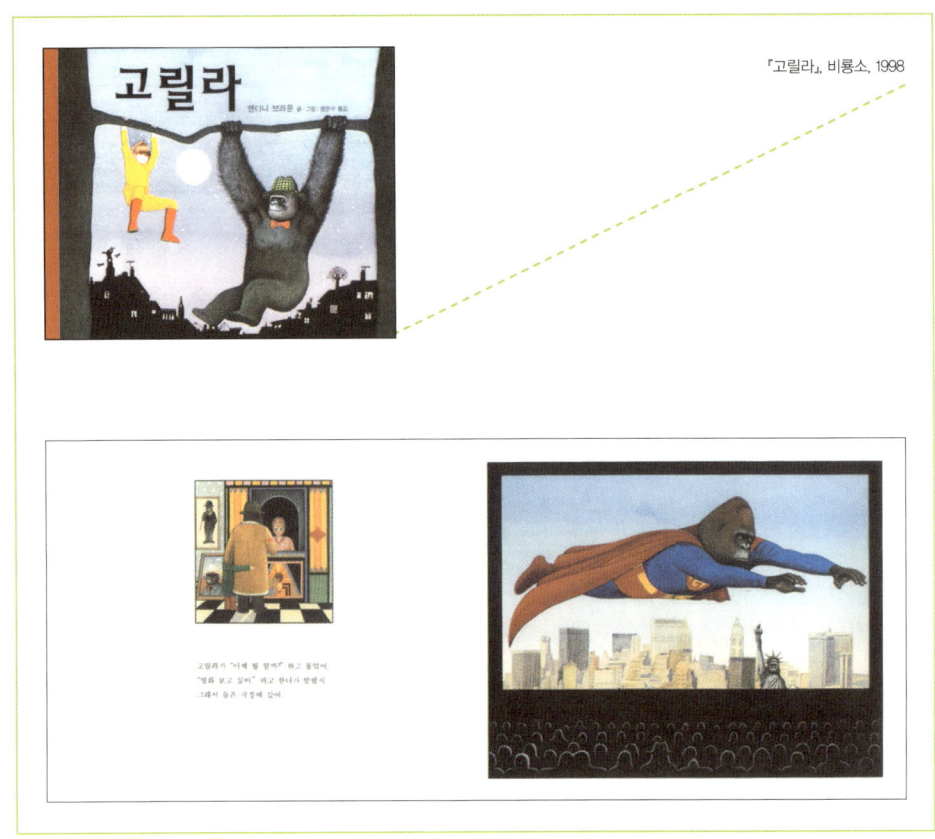

『고릴라』, 비룡소, 1998

고 있지요. 어 그런데 뭔가 좀 이상하네요. 나무가 서로 다른 나무인데, 가지가 연결되어 있군요. 이게 무슨 의미인지는 책 내용을 보면 알게 되지요.

한나는 고릴라를 너무 좋아해서 동물원에 가서 실물을 한 번 보는 게 소원이지만 아빠는 너무 바빠서 그 소원을 들어주지 못하지요. 한나와 아빠가 식탁에 마주 앉은 장면에서 부엌 장은 시원한 파란색. 하지만 신문만 들여다보고 있는 아빠 덕분에 모든 장면이 썰렁하게 느껴집니다. 차가운 아빠가 등장하는 장면의 배경선은 거의 다 직선입니다. 부엌의 식탁, 바닥, 찬장 등 모든 게 직선이고, 거리의 벽, 서재의 아빠 방에 내려진 커튼, 의자, 벽지까지 모두 직선이지요.

하지만 한나의 방은 다릅니다. 벽지는 고운 꽃무늬에 이불은 폭신폭신하고 예쁜 퀼트 이불이지요. 그러나 침대의 틀은 한나의 답답한 상황을 상징하는군요. 마치 우리나 감옥처럼 한나를 가두고 있으니까요. 그런데 생일날 한나가 받은 고릴라 인형이 점점 커지더니 침대 틀 따위는 가볍게 무시할 수 있는 커다란 진짜 고릴라가 된 거예요.

작가는 어렸을 때 생일 선물로 진짜 트럼펫을 받고 싶었지만, 플라스틱으로 된 장난감 트럼펫을 받았다고 합니다. 그는 이 경험을 『고릴라』에 살려냈습니다. 한나가 동물원에 가서 진짜 고릴라를 보고 싶지만 대신 아빠에게서 고릴라 인형을 받은 장면을 만든 거지요. 그리고 인형이란 밤이 되면 깨어나 아이들과 온갖 놀이를 즐기기 마련이니 이제 한나의 눈앞에 커다란 진짜 고릴라가 나타난 거고요.

그런데 이 장면에서 방 벽에 붙어 있는 그림을 보세요. 양들이 초원에 있는 그림이네요. 잠이 안 올 때 '한 마리, 두 마리, 세 마리……' 이렇게 100여 마리까지 세다 보면 잠이 든다고 침실에 양 그림을 붙여 놓는 사람들도 있는데, 한창 낮에 뛰어 놀고 밤에는 누가 업어 가도 모를 정도로 곤하게 자야 할 어린 한나가 얼마나 외로움에 사무쳐 잠들기 조차 힘들면 저 그림이 붙어 있나 싶군요.

자, 이제 고릴라는 한나에게 동물원에 가자고 하며 아빠의 모자와 외투를 입습니다. 한나의 외로움은 순간 기쁨으로 변하지요. 둘은 가뿐하게 나무를 타면서 동물원으로 가지요. 역시 달은 보름달. 환상이 일어나는 밤은 늘 보름달이 뜨는 밤이군요. 동물원의 오랑우탄과 침팬지 우리에도 구경을 가고, 극장에 가서 슈퍼맨(슈퍼 고릴라) 영화도 봅니다. 자유의 여신상이 고릴라 모양이지요 이렇게 이 책을 한 장 한 장 넘길 때마다 고릴라가 안 보일 때가 별로 없습니다. 계단 손잡이며 건물 그림자에까지 고릴라를 찾아볼 수 있으니까요.

이 책은 1983년에 케이트 그린어웨이 상을 비롯해 여러 개의 상을 받아 작가의 삶을 단번에 변화시켰죠. 하지만 작가는 이 책으로 상을 받았다는 것이 기쁘다기

보다는, 자기가 이 책을 통해 추구한 극사실주의 기법과 초현실주의적인 내용이 독자에게 받아들여졌다는 것이 훨씬 힘이 되었다고 합니다. 그의 책에 담긴 초현실주의가 아이들에게 너무 복잡하지 않겠느냐는 질문을 그는 단번에 이렇게 제압합니다. 그런 말을 하는 사람들은 아이들에 대해 전혀 모르거나, 아이들을 존중하지 않는 사람들, 혹은 아이들이 복잡한 생각들을 이해하는 능력이 전혀 없다고 단정해 버리는 사람들이라고요. 그는 이렇게 말합니다.

"아이들은 내게 이런 문제에 대해 절대 코멘트하지 않습니다. 어른들만이 그러지요." 상징과 극사실주의 기법과 초현실주의적 내용들은 여러 책에서 볼 수 있습니다. 『터널』(The Tunnel)에서는 돌이 된 오빠를 껴안음으로써 다시 생명의 기운을 불어넣어 주는 여동생이 나옵니다. 그리스 로마 신화에 나온 피그말리온의 이야기를 가져온 이 내용은 사랑의 생명력을 나타내지요. *Through the Magic Mirror*(마법의 거울 속으로)에서 이젤 위에 얹어 놓은 그림 속에 또 그림이, 그 그림 안에 또 그림이 있는 것을 보며 묘한 느낌을 받게 되는데, 거울을 향해 또 거울을 비쳐 본 장난을 해 본 사람이라면 제 느낌을 아실 겁니다. 세계는 스스로를 비추고, 그 이미지를 또 비추면서 새로운 세계를 만들어 내지요. 그러다 보면 과연 어느 세상이 내가 살고 있는 세상인지 헷갈리기도 한답니다. 이 꼬맹이가 들어가는 세상은 과연 어디일까요?

『동물원』(Zoo)에서 그는 동물들을 둘러싸고 있는 수많은 우리와 울타리들을 그려 냅니다. 꾸불텅 꾸불텅 검은 색 굵은 선은 무엇일까요? 우리 안에 갇혀 있는 햄스터 한 미리를 봅니다. 노란 집과 빨간 놀이 기구가 재미있어 보이지만, 결국은 갇힌 동물일 뿐.

온 가족이 일요일에 동물원에 갑니다. 차가 엄청나게 많이 막히죠. 어디선가 만화에서 본 게 생각나는군요. 어떤 신사가 차에 타고 시동을 겁니다. 길이 많이 막히죠. 욕설도 나왔겠죠. 으르렁 그르렁대다가 목적지에 이르자 차문을 열고 뛰어

내리는 건 신사가 아니라 개 한 마리!

　동물원에 가는 사람들도 마찬가지입니다. 아이의 나이를 속여 입장료를 할인받는 아버지, 아이들이 배고프다고, 점심 먹자고 해도 마땅한 이유 없이 무작정 권위만을 내세우는 아버지. (그의 머리 양편으로 뿔 모양의 구름이 걸려 있습니다.) 아이와 아빠와의 갈등은 계속되고, 철창 안의 동물들은 무감각하게 그 자리를 지키고 있을 뿐입니다. 오랑우탄이 움직이지 않는다고 유리창을 두드리며 소리를 질러대는 사람들은 자기의 마음 바닥에 감춰진 야수성을 그대로 밖으로 드러내며 표정까지 그렇게 변해 버립니다. 이 식구들과 고릴라가 서로 마주보고 있는 장면에서는 과연 우리 안에 있는 게 누구인지 의심스러울 정도로 되지요. 가슴을 두드리며 소리질러 대는 인간을 물끄러미 바라보는 고릴라의 눈을 감당할 수가 없을 정도입니다. 이 고릴라는 과연 무슨 생각을 하고 있을까요? 참으로 유쾌할 수 없는 이 기묘한, 하지만 흔히 볼 수 있는 이 가족 나들이에서 무표정한 얼굴로 뒤따라 다니던 조그마한 엄마는 통렬한 지적을 합니다.

　"I don't think the zoo really is for animals. I think it's for people."(동물원은 동물을 위한 곳이 아닌 것 같아. 사람들을 위한 곳이지.)

　집으로 돌아온 꼬마는 방 한 구석에 앉아 생각합니다. "동물들도 꿈을 꿀까?" 그런데 아이가 앉아 있는 방에 비친 그림자는 과연 무엇일까요 창틀이 비친 것일지도 모르는 그 그림자는 마치 우리 같군요. 옆 그림을 보면 나무마저 철창 안에 갇혀 있는 도시의 풍경. 보름달이 떠 있고, 새가 두 마리 날아갑니다. 철창 안에 갇힌 것들은 날아오르는 꿈을 꾸고 있는 것일까요?

　인정하고 싶지 않은 현실을 그대로 파헤쳐 보이는 이 책의 불편한 위트—작가는 동물에 비해 이성적인 척하는 사람들 속의 비합리성과 야수성을 파헤치고 있군요. 그의 책에 나온 아버지들은 한결같이 사람을 불편하게 만드는 약간 뒤틀린 인간형이지요. 하지만 작가의 아버지는 두 아들에게 그림을 자주 그려 주는 자상한 아버

『미술관에 간 윌리』, 웅진주니어, 2000

지였다고 합니다. 아들이 열일곱 살 때, 럭비 팀을 만들었다는 소식을 전하러 거실에 들어섰을 때, 아버지는 갑자기 심장 발작을 일으켜 세상을 떠났지요. 이제 어른이 된 아들은 담담하게 이야기합니다.

"그렇게 빨리 세상을 떠난 아버지에게 넌 분노하고 있는 거야, 라고 사람들이 많이들 제게 말하더군요. 하지만 제가 그런 느낌을 가졌었는지도 기억나지 않습니다. 모르지요. 그 때문에 냉정한 아버지의 모습을 그리게 되는지도. 하지만 실제의 제 아버지는 (그림 속의 아버지들과는) 완전히 반대였습니다."

『가디언』과 이 인터뷰를 하면서 앤서니 브라운은 곧잘 긴 팔은 무릎 위로 늘어뜨리고 침팬지처럼 앉아 있었다는군요. 그러면서 말했지요.

"나는 여태까지 원숭이에 대한 책보다는 사람에 대한 책을 훨씬 더 많이 썼는데, 사람들은 주로 고릴라에 대한 책들을 사는군요."

한숨 쉬고 안절부절 못하면서 바지춤을 끌어 올리자, 자기 책의 주인공들이 신었던 밝은 색의 줄무늬 양말과 비슷한 양말이 드러났었다는데, 그 주인공들은 바로 조그만 침팬지 윌리입니다. 한스 크리스찬 안데르센 상을 받은 책, 『미술관에 간 윌리』(Willy's Pictures)를 펴기 전에 우선 질문 하나. '명화'를 보면서 아이들은 무엇을 느낄까요? 그게 명화인지는 알까요?

꼬맹이들은 피카소의 입체파 그림을 보면서 "에이, 무슨 그림이 저래! 사람 얼굴도 제대로 못 그려. 내 그림이 훨씬 낫다!"하며 우쭐하곤 하죠. 그 애들 눈에 피카소 그림이 명화로 보이겠습니까? 제 아이는 어렸을 때, 빈센트 반 고호의 「Starry Night」(별이 빛나는 밤)을 보더니 너무 어지러워서 머리가 빙빙 돌 것 같다며 "엄마, 토할 것 같아."하더군요. 그런가 하면, 초등학교 몇 학년 때인가는 피카소의 그림 「Old Guitarist」(늙은 기타연주자)를 보고 담박 "아, 나 이거 알아. 유치원 때 선생님이 보여 준 거야. 너무 슬픈 표정이라서 아직도 기억이 나."라고 말하던데, 그건 또 뜻밖이었어요.

침팬지 윌리는 명화들을 보고 그 그림이 자기에게 이야기해 주는 것을 그려 봅니다. 이미 알려진 찬탄, 비평 등의 학습된 느낌 말고, 온전히 자기 시각으로 본, 자기만의 느낌대로 말이죠.

우선, 보티첼리의 「비너스의 탄생」은 제목부터 '알몸뚱이'로 바뀌지요. 윌리가 보기엔 그건 샤워하는 장면을 들킨 여자가 너무 창피해 하면서 몸을 가리는 장면에 지나지 않으니까요. 윌리는 얼른 커다란 천으로 가려 주려고 하는군요. 밀레의

「이삭줍기」는 '친절한 아줌마들'로 바뀌었어요. 윌리가 풀밭 그림 그리는 게 지겨워지니까 아줌마들이 붓으로 열심히 그려 주고 있거든요. 배경의 노적가리 대신 커다란 빵들, 그리고 추수가 끝난 밭에 투둑투둑 던져진 짚 대신 크로아상. 작가의 재기는 끝이 없습니다. 미켈란젤로의 「천지창조」에서는 아담 대신 고릴라가, 윈슬로 호머의 「청어잡이」의 그물에 끌려 나오는 건 청어 대신 노란 바나나들이죠. 이 그림은 제목조차 재미있게 'The Fruitful Fishing Trip'입니다. 바나나가 그리 많이 달려 나오니 'fruitful'—맞는 말이죠. 나름대로 그림을 재미나게 해석해서 그린 뒤 방을 나서는 윌리. 아, 그런데 뒤통수만 보이는 익살꾸러기 그림쟁이는 침팬지 가면 하나를 책상 위에 놓고 문을 열고 나가는군요. 윌리야, 넌 대체 누구였니?

『윌리와 악당 벌렁코』(Willy the Champ), 『축구 선수 윌리』(Willy the Wizard), Willy the Wimp(겁쟁이 윌리) 등의 '윌리' 시리즈에서 윌리는 작고 겁 많은 침팬지입니다. 그런데 그의 주변에서 힘자랑하는 건 다 자기보다 훨씬 큰 고릴라들이지요. 작가는 이 윌리가 자기의 어린 시절을 어느 정도 반영한다고 말합니다. 작가에겐 두 살 위의 형이 있었는데 그 형은 축구, 럭비, 크리켓, 테니스, 싸움, 나무 오르기 등에서 늘상 윌리를 이겨 먹었다고 하니까요. 이러니 자기보다 훨씬 큰 어른들(엄마, 아빠, 선생님 등)이나 형이나 누나, 언니, 오빠가 있는 어린아이들은 자기들을 고릴라 세계에 사는 침팬지 윌리로 동일시하게 되지요.

이 윌리는 뛰어난 상상의 나래를 펴는 창의적인 침팬지이기도 합니다. 『꿈꾸는 윌리』(Willy the Dreamer)에서 윌리는 늘 뭔가 되고 싶어 하지요. 이 책에서는 책장을 넘길 때마다 바나나를 찾아보는 게 아주 재미납니다. 우선 당장 분홍색 안락의자에 놓여 있는 쿠션부터 노란색 바나나 모양이지요. 한 장 넘기면 윌리가 되고 싶어 하는 영화 주인공들이 총출동합니다. 바나나를 든 킹콩부터 시작해서 꼬리 끝이 바나나 모양인 사자와 양철깡통 아저씨, 허수아비 아저씨—어디서 많이 본 거죠? 바로 「오즈의 마법사」에 나오는 인물들이죠.—또, 「백설공주」에 나오는 알록달록한 옷차림의 난장이가 일할 때 쓰는 낫 모양의 도구, 찰리 채플린이 들고 있는 지팡이 손잡이도 바나나죠.

가수가 되고 싶어 하는 장면에는 앨비스 프레슬리 모습의 윌리—마이크는 바나나 모양입니다. 스모 선수도 되고 싶은데, 윌리는 너무 작고 상대편 고릴라는 엄청나게 크군요. 하지만 그 고릴라의 발 밑에는 바나나껍질—곧 그 거한은 그걸 밟고 미끄러지겠군요.—하늘도 날아 보고 싶고, 난장이도 되어 보고 싶고, 거지도 왕도 다 되어 보고 싶은 윌리…… 바나나는 여전히 변화무쌍합니다. 초승달도 되었다 돛도 되었다, 인어 꼬리도 되었다 로켓, 콩코드기, 전화기 손잡이로도 변합니다. 변화무쌍한 건 꿈, 특히 아이의 꿈. 작가는 늘 꿈에 관한 책을 만들고 싶었군요. 꿈에 대한 초현실주의자들의 시각이 청소년기에 강한 영향을 미친 데다 어린 시절에는 꿈이란 게 아주 중요한 부분이었으니까요. 그림책 작가가 되어서는 구성과 무관한 책을 만들고 싶어, 드디어 윌리의 꿈(희망)을 한 장 한 장 그려 이 책을 만들었다고 합니다. 그림이 끝났다고 책장을 덮지 말고 뒤표지 바로 앞을 펴 보세요. 온통 파란 바나나뿐인데 딱 하나—노랗게 익은 바나나 향이 달콤합니다.

그럼……
꿈의 향기를 색깔로 그려 보거라.
저는 노랗게 잘 익은 바나나를 그렸습니다.
왜 그러하냐?
그냥 그렇게 떠오른 것을 설명하라시면, 그냥 노란 바나나가 떠올랐다고 말씀드릴 수밖에 없사온데, 그래도 자꾸 설명하라시면 노란 바나나가 떠올랐다고밖에 말씀드릴 수 없사옵니다.

# 들끓는 화를 어이하리

## 모리스 센닥

1928년 미국 뉴욕에서 태어났습니다. 그의 부모는 제1차 세계대전 전에 미국으로 이민 온 폴란드계 유대인이었습니다. 아트 스튜던츠 리그에 입학하여 미술 공부를 했습니다. 고등학교 다닐 때부터 여러 책에 그림을 그렸지만, 이름을 알린 것은 1952년에 나온 *A Hole Is to Dig*를 통해서였습니다. 그의 작품들은 많은 사랑을 받고 있고 여러 상을 수상했지만, 아이들의 분노나 깊은 정서를 드러내는 주제들은 늘 논란의 대상이 되어 왔습니다. 화면의 배치, 다양한 재료와 기법의 사용과 간결한 문장들이 유기적으로 연결되어 환상의 세계를 만들어 내는 작가입니다. 한스 크리스찬 안데르센 상을 받았습니다. 글을 쓰고 그림을 그린 책으로 『괴물들이 사는 나라』, 『깊은 밤 부엌에서』와 *Kenny's Window, Outside Over There, Chicken Soup with Rice* 등이 있습니다. 이밖에도 '꼬마 곰' 시리즈의 그림을 그렸습니다. (표제 그림: 『괴물들이 사는 나라』, 시공주니어, 2000)

*Maurice Sendak*

　새해마다 꼬박꼬박 신년운수를 보곤 했던 어머니는 어느 해 던가, 딸아이의 몸이 약하니 한약을 지어 먹이되, 꼭 새벽 이슬을 맞혀서 주라는 말을 점쟁이한테 들었습니다. 좁고 낡은 부엌에서 한약을 다려 장독대 위에 놓아두고 새벽 이슬을 맞히기가 얼마나 힘들었을까요? 하지만 못된 딸은 엄마에게 울퉁불퉁거리면서 쓰디쓴 한약을 마지못해 삼켜 주곤 했지요.

　어머니의 관심과 걱정을 몰라 주기론 모리스 센닥도 저 못지 않군요. 제1차 세계 대전 때 폴란드에서 미국으로 건너온 유대인 부부는 곧 이어 제2차 세계 대전 시기의 홀로코스트 때 많은 친척들을 잃었기에 행여 자식을 하나라도 잃을까 두려워 끊임없는 관심을 쏟아 부었지요. 그 당시는 고향땅에 두고 온 친척도 잃고 재산도 잃고, 홍역과 폐렴으로 어린아이들도 잃는 시절이었으니까요. 늘상 아픈 셋째 아이, 어느 순간 하늘로 사라져 버릴 것만 같은 그 아이 모리스에게서 어머니는 눈을 떼지 않았지만, 아이는 그 시선을 부담스러워했지요. 나중에 아이가 커서 만든 그림책, 『괴물들이 사는 나라』(Where the Wild Things Are)에서 어머니는 아이를 끝없이 따라다니는 달로 형상화됩니다.

　『괴물들이 사는 나라』는 아이가 느끼는 분노를 환상의 세계에 담아 잘 표현한 책입니다. 첫 장을 열어 보면 맥스라는 꼬마가 늑대 옷을 입고 짓궂게 벽에다 못을 박고 있는데, 상당히 화가 난 표정이군요. 그 다음엔 포크를 들고 개를 쫓아다니고……. 참다 못한 엄마는 마침내 "WILD THING!"(이 괴물딱지 같은 녀석!) 하

『괴물들이 사는 나라』, 시공주니어, 2000

고 소리를 지릅니다. 그랬더니 이 꼬마 하는 대답, "I'LL EAT YOU UP!"(그럼, 내가 엄마를 잡아먹어 버릴 거야!) 그 벌로 맥스는 저녁도 못 얻어먹고 잠자리로 쫓겨 가는군요.

 그 다음 그림을 보면 맥스의 방 창문이 열려 있는데 초승달이 방 안을 엿보고 있는 듯한 느낌이 듭니다. 늘 자기의 행동 하나하나를 관찰하던 어머니의 모습이 달로 표현된 거지요. 늑대 옷을 입은 채 눈을 감고 방 안을 왔다 갔다 하는 맥스. 이제부터 상상의 세계가 펼쳐집니다. 방 안에 나무가 자라고, 숲이 생겨나더니 온 세상이 그 기묘한 숲으로 뒤덮이게 되지요. (그럼 뭐 하나요, 달이 쳐다보고 있는 걸. 여전히 부처님 손바닥 안이죠.)

 꼬맹이는 'Max'라고 이름 붙인 작은 돛단배를 타고 밤낮으로 항해하다가 괴물들이 사는 곳에 이르게 됩니다. 콧김을 내뿜는 용가리도 아니고 공룡도 아닌 기괴한 것들이 이빨을 드러내고 눈알을 굴리고 날카로운 손톱 발톱을 보이며 무시무시한 소리를 지르는군요. 밥이 왔다 이거죠. 그러나 엄숙한 표정의 맥스는 마술사처럼 손을 뻗어 이들을 복종시킵니다. 현실에서는 늘 남들에게 밀리는 꼬맹이지만, 괴물들이 사는 나라에서는 자기가 왕인 거지요. 이들은 멋대로 신나게 춤추고 행진합니다. 그러고 나서 맥스는 괴물들에게 저녁을 굶고 그냥 자라고 명령합니다. 현실에서 엄마한테 당한 것을 그대로 괴물들한테 갚는 거지요.

 하지만 "king of all wild things"(괴물 중의 괴물)인 이 꼬마, 잠시 권력을 휘둘렀으나 갑자기 쓸쓸해지고 (그러게, 권좌는 외롭다 하지 않던?) 자기를 가장 사랑해주는 누군가가 있는 곳으로 가고 싶습니다. 그 순간, 저 멀리서부터 솔솔 풍겨오는 맛있는 냄새. 맥스는 괴물들의 왕이 되는 것을 관두고 배를 타고 떠납니다. 해안가에서 괴물들이 모두들 펄쩍 펄쩍 뛰며 말리지요. "Oh please don't go—we'll eat you up—we love you so!"(제발, 가지 마. 가면 잡아먹어 버릴 테야. 우린 네가 너무 좋단 말이야!) 하지만 맥스는 단호히 거절하고 다시금 항해하며 (여전히 달은 비추고) 무사히 자기가 떠났던 곳, 바로 자기의 방으로 돌아옵니다.

저녁 식사가 창가 탁자에 놓여 있고, 열린 창문으로 둥근 달이 맥스를 쳐다보고 있네요. 달은 처음에는 초승달이었지만 마지막에는 보름달로 부풀어 있지요. 아이의 의식 속에선 상상의 세계도 그만큼 시간이 흘렀다는 얘기겠죠?

이 책에 여러 번 나오는 'Eat you up!'에 대해 작가는 이렇게 회상합니다.

"브루클린에서 살 때는 일요일이 오는 게 무서웠습니다. 우리 형제들은 일요일마다 찾아오는 일가 친척들 때문에 옷을 갖춰 입고 있어야 했지요. 나는 그들이 우리 음식을 먹으러 온다는 게 싫었답니다. 거기다가 어머니는 부엌일에 좀 느려서 음식이 준비되는 동안 우리 형제들은 그 달갑지 않은 친척들과 거실에 앉아 있어야 했어요. 우린 아이들이었기 때문에 거기 앉아서 친척들로부터 '얘 좀 봐, 이렇게 많이 컸네.' 따위의 말을 듣는 동안 코털이 삐져 나온 그 친척들의 콧구멍, 충혈된 눈동자, 썩은 이빨 등을 관찰하곤 했지요. 어머니가 하도 느리게 음식을 만들어서 친척들은 기다리다 배가 고파 결국은 비스듬히 앉아 내 뺨을 꼬집으며 이렇게 말하곤 했습니다. 'You look so good, we could eat you up.'(넌 무척 맛있어 보이는구나, 우리는 너를 먹어 버릴 수도 있어.) 우리는 그 말이 진짜라고 생각했지요. 그들은 눈에 보이는 건 뭐든지 먹었으니까요. 내 책의 'Wild Things'는 바로 그 친척들일 것입니다. 그분들의 명복을 빕니다."(Maurice Sendak, *Caldecott & Co.: Notes on Books & Pictures*, 1988, pp. 213~214.)

이 책의 제목을 편집자는 처음에 'Where the Wild Horses Are.'(거친 말들이 사는 나라)로 하려 했다네요. 그런데 모리스 센닥이 말을 제대로 못 그리자 그녀는 'Wild Things'로 바꿔 주는 친절함을 베풀었다는군요. 말은 못 그려도 적어도 'a thing'은 그릴 수 있겠지, 싶어서요. 그래서 모리스는 그 '끔찍스럽고 짐승 같은' 'colorful'한 친척들을 그렸다고 합니다.

사실 1956년에 나온 *Kenny's Window*(케니의 창문)에서부터 모리스 센닥은 어린 시절의 심리적인 공포심들과 열망들을 본격적으로 탐험하기 시작합니다. 그의 공포심은 대단히 뿌리가 깊습니다. 어렸을 때부터 하도 감수성이 예민해서 진공청소기 돌아가는 소리조차도 가장 기괴하고 무시무시했다니 저처럼 덤덤한 사람은 할 말 없네요. 집 청소할 때마다 옆집으로 피난 가 있었답니다. 너무 예민했죠? 자기가 남보다 재주가 있다면 그건 글을 잘 쓰거나 그림을 잘 그리는 게 아니라 남들이 잘 떠올리지 않는 소리, 느낌, 이미지 등 주로 어린 시절에 겪었던 감성적인 부분을 기억의 샘에서 잘 퍼 올리기 때문이라고 말할 정도네요.

그의 책 중에서, 아이들의 마음속에서 일어나는 격한 감정에 대한 반응을 다룬 책 세 권을 대표작으로 꼽는데, 첫 번째가 바로『괴물들이 사는 나라』이고, 두 번째가『깊은 밤 부엌에서』(In the Night Kitchen)입니다. 이 책은 전체적으로 크게 그린 만화 같은 느낌이 들고 중간색을 써서 눈이 편안합니다.

꼬맹이 미키(Mickey)가 잠자려고 누워 있는데 이 밤에 어디선가 시끄러운 소리가 들리는군요. (실은 아주 작게 쿵, 쿵, 하는 소리인데 자려는 아이 귀엔 크게 들렸겠죠.) 미키는 벌떡 일어나 그보다 백 배는 더 크게 소리칩니다. "거기 좀 조용히 해요!"(그런데 아주 중요한 소품이 보이네요. 전등불에 매달려 있는 줄에 장난감 비행기가 하나 달려 있군요.)

어린 시절, 소음에 민감했던 작가의 감정이 그대로 투영되었지요? 미키는 화가 나서 휙 어둠 속으로 떠올라 창 밖의 달님과, 엄마 아빠가 잠들어 있는 방을 지나 밤에도 깨어 있는 부엌의 불빛 속으로 들어갑니다. 빵 반죽이 담겨 있는 커다란 그릇에 둥실 내려앉는 미키. 빵 굽는 아저씨들 세 명이 각자 밀가루와 베이킹 소다와 소금과 나무 주걱을 들고 싱글벙글 웃으며 나타납니다. 도시의 건물처럼 보이는 것도 자세히 보면 다 양념통, 잼통, 크림, 그런 것들이네요. 하늘에는 두둥실 커다란 보름달과 하얀 별들이 반짝입니다.

아저씨들은 그릇에 미키가 들어 있는 줄도 모르고 가져온 것들을 그릇에 부으며 노래를 불러 가며 반죽을 하네요. "Milk in the Batter! Milk in the Batter! Stir it! Scrape it! Make it! Bake it!"(반죽에 밀크를! 반죽에 밀크를! 저어라! 주물러라!

『깊은 밤 부엌에서』, 시공주니어, 2000

만들자! 굽자!)―역시 일할 때 부르는 노래엔 라임이 중요하죠? 내일 아침까지는 케이크를 구워야 하니까요. (그래서 'Baker'라는 직업은 너무나 힘들대요. 겉보기엔 늘 빵, 과자를 구워 내니까 좋은 냄새만 맡고 지내는 것 같아도, 이른 아침에 사람들에게 갓 구운 빵을 대령하려면 밤을 꼴딱 새야 하는 거여요. 어느 책에선가 읽었는데, 예전에는 마을 처녀들이 낮밤을 거꾸로 살아야 하는 이 사람들과 결혼하지 않으려 했다는군요.) 자, 아저씨들은 아주 맛있는 미키 케이크(Mickey-cake)를 구워 낼 반죽을 막 오븐에 넣으려 합니다. 그런데 이게 웬일일까요? 솔솔 좋은 냄새도 막 나려는 판인데 난데없이 미키가 "I'm not the milk and the milk's not me! I'm Mickey!"(난 밀크가 아니야. 밀크는 내가 아니야! 난 미키란 말이야!) 하며 반죽을 폭 뚫고 솟아오르는 거 아니겠어요? 반쯤 구워진 반죽이 꼬맹이 몸을 옷처럼 감싸고 있군요. 어떤 건 미키 머리에 모자처럼 붙어 있고요.

그래서 이제 미키는 오븐에서 쏙 나와 한 밤의 부엌에서 막 부풀려는 커다란 빵 반죽(bread dough) 속으로 폭 들어가 이리저리 반죽을 치대고, 두들기고 잡아당겨 비행기 모양을 만들어 (아까 침실에 장난감 비행기가 있었죠?) 하늘로 부웅 날아갑니다. 그런데 빵 굽는 아저씨들이 계량 컵을 들고 소리치며 달려옵니다. "Milk!" "Milk!" "Milk for the morning cake!"(밀크! 밀크! 아침 빵 만들 밀크가 필요해!) 비행기를 탄 미키는 아주 자랑스럽게 말하지요. "What's all the fuss? I'm Mickey the pilot! I get milk the Mickey Way!"(왜들 야단이세요? 난 비행기 조종사 미키라구요! 내가 미키 웨이에서 밀크를 구해 오겠어요!)—은하수는 영어로 'Milky Way'라고 하지요. 헤라 여신의 젖이 흐르는 그 밀키 웨이를 '미키 웨이'로 바꾼 게 재미있군요. 미키가 미키 웨이에서 밀크를 갖고 와 빵 굽는 아저씨들은 무사히 반죽을 하고 빵을 구워 낸 뒤 노래판을 펼치죠. 이제 미키는 한밤의 부엌, 우유병 위에서 "꼬꼬댁!" 소리를 지르곤 우유병을 타고 내려와 침대로 곧장 가서 아무 근심 걱정 없이 포옥 잠이 듭니다. 전등줄에 여전히 비행기가 매달려 있군요. 모리스 센닥은 신나게 상상력이 퍼져 나가는 이야기를 잘 쓰는 것 같아요. 부엌에서 빵 만들 때 쓰는 물건들을 갖고 이렇게 재미있게 만들 수 있는 그의 능력이 존경스럽군요. 이 책은 1971년 칼데콧 영예상에 선정되었지요. 그런데 이 어린 꼬마(1~2살 정도로 보임)가 옷을 벗고 나왔다고 (케이크 반죽 옷을 입기 전에 한 번, 우유병 안에서 한 번) 논란이 많았나 봐요. 어떤 선생님들과 사서들은 아이의 생식기 그림에 테이프를 붙이거나 사인펜으로 지우거나 한 뒤에 책을 서가에 비치했다는군요. 그래서 금서 목록에 들어가기도 했고…….

모리스 센닥이 아이들의 마음속에 일어나는 격한 감정을 다룬 세 번째 책 *Outside Over There*(저 너머 다른 세상에)은 논란이 많은 책이지요. 아버지는 배 타고 멀리 떠났고, 엄마는 넋이 나가 날마다 아버지를 기다리며 나무 아래 벤치에 앉아 있으니 아이다가 여동생을 책임져야 했지요. 하지만 아기는 꼬마 도깨비들의 신붓감으로 납치당하고, 아이다는 '거꾸로' 창문을 나가 '저 너머 어딘가' 미지의 세계로 가서 아기를 찾아 헤맵니다. 나팔을 불고 물결을 일으켜 꼬마 도깨비들이 정신없이 춤추게 만들어서 아이다는 아기를 구해 옵니다. 현실에서는 곧 돌아오겠다는 아버지의 편지를 들고 기쁨에 젖은 엄마가 이들을 반갑게 맞습니다.

어떤 이들은 이 책의 환상적인 이미지와 이야기 전개, 그리고 아이다가 느끼는 감정(부모에 대한 은근한 분노+동생에 대한 끝없는 책임감)을 무척 좋아하지만, 도덕적으로 무장된 사람들은 이 책이 '유아 납치'를 다루었다는 것, 그리고 엄마가 남편 그리움에 넋이 나가 아이들을 '방치'했다는 것 때문에 낮게 평가하고 있습니다. 아이들 책에는 '교훈'이 담겨야 하고, 사랑스럽고 좋은 이야기와 권선징악이 들어 있어야 한다는 환상을 갖고 있는 사람들은 받아들이기 힘든 책이죠. 그래도 이 책이 칼데콧 영예상을 비롯하여 여덟 개의 상을 받은 걸 보니, 어떤 이들은 새로운 주제를 담은 이 책에 높은 점수를 줬나 봅니다.

아이들은 마냥 순진무구한 존재이고, 그 애들을 둘러싼 세상은 언제나 보호와 도움의 손길을 내밀까요? 모리스 센닥은 어린이들 역시 삶의 위험을 느끼며, 세상에는 슬픔과 두려움과 폭력이 존재함을 안다고 지적합니다. 그림책을 이렇게 만들면서 그는 아이들을 존중한 거지요. 아이들이 자기를 스스로 보호하고, 불화나 거친 감정에 맞서 싸우고, 살아 남도록 힘을 준 겁니다. 같은 주제를 다루어도 『소피가 화나면…정말, 정말 화나면…』(*When Sophie Gets Angry—Really, Really,*

*Angry...*)의 작가 몰리 뱅(Molly Bang)은 소피 스스로 자연을 보며 마음을 가라앉히는 방식을 택한 반면, 모리스 센닥은 환상의 세계로 아이들을 끌어 내지요.

아이가 느끼는 격한 감정을 이런 식으로 그림책에 담아 낸 모리스 센닥은 어려서부터 학교도 운동도 별로 좋아하지 않았지만, 아버지가 밤마다 자기를 위해 책을 읽어 주는 것을 무척이나 좋아했고 소중한 기억으로 간직하고 있었습니다. 또한 헨리 제임스의 책과 모차르트의 음악과 여러 가지 텔레비전 프로그램들과 오페라, 그리고 미키 마우스 만화와 1930년대 영화들을 먹고 자랐지요. 흠…… 잡식성이구만. 하긴, 잡식성이 창의성에 도움이 될 것 같아요.

누나들이 도서관에서 빌려다 주는 책에 의존했던 그가 처음으로 가진 '내 책'은 마크 트웨인의 『왕자와 거지』였습니다. 그것을 냄새도 맡아 보고, 비틀어 보기도 하고, 물어뜯어 보려고도 했다네요. 왜냐구요? 이렇게 좋은 책이 '내 것'이 되었다는 사실을 믿을 수가 없어서죠. 내용보다는 빨간 천, 빛나는 그림, 너무나 괜찮은 종이 등 책의 장정을 좋아했던 그는 몇 년 후에야 그 책을 읽지요. 여기서 그가 책을 만드는 사람이 된 까닭이 보이네요. 책을 만들면서도 내용보다는 디테일에 신경을 썼다고 하니까요.

그는 고등학교 다닐 때부터 삽화를 그렸고 미술학교에서 공부를 했습니다. 열아홉 살 때 *Atomics for the Millions*(원자 이야기)라는 교재에 삽화를 그린 후부터 책 만들기에 푹 빠집니다. 그리고 루스 크라우스(Ruth Kraus)가 쓴 *A Hole Is to Dig*(구멍은 파라고 있는 거야.)의 삽화를 그려 인정을 받게 되었지요. 그림이라기보다는 스케치에 가까운 이 작품에서 아이들은 그 시대에 유행했던 '완벽한' 중산층 아이들의 모습과는 사뭇 다른, 좀 땅딸막한 모습을 드러냅니다. 뭐랄까…… 키도 작고, 좀 뚱~ 하고, 통통하고, 깔끔함과는 거리가 먼 아이들의 모습이지요.

독특한 아이들의 모습을 스케치 형태로 담은 그는, 나중에 *Charlotte and the*

*White Horse*(샬로트와 하얀 말)에 색깔을 넣긴 했지만, 그래도 색보다는 선과 형태로 표현하는 것을 훨씬 더 좋아했습니다. 색깔이 주가 아니라, 선과 형태를 강조하기 위해서 색을 덧붙이는 거지요.

일 년 열두 달 닭죽만 먹는 꼬맹이를 세워 열두 달 이름을 알게 하는 *Chicken Soup with Rice*(치킨 수프)라는 책의 그림 역시 마찬가지입니다. 모리스 센닥은 'Once, twice, rice'를 재미있게 배열해서 시 열두 편을 썼고 얼음판에서 스케이트를 타며 수프를 들이키는 꼬마, 눈사람과 같이 식탁에 앉아 수프를 먹는 꼬맹이의 모습을 재미있게 그렸어요. 늘 괴물스러운 모양만 가득한 그의 책에서 좀 편안한 그림을 보네요. 여기서도 스케치한 것 같은 선이 중요하고, 색은 보조 역할만 합니다. 이 책의 글은 라임이 척척 맞아서 읽기가 재미나지요.

1월과 6월을 볼까요?

In January it's so nice / while slipping / on the sliding ice / to sip hot chicken soup with rice.
Sipping once / sipping twice sipping chicken soup / with rice.

In June I saw a charming group / of roses all begin to drop. / I pepped them up / with chicken soup!
Sprinkle once / sprinkle twice / sprinkle chicken soup / with rice.

그리고 열두 달이 다 끝나면 마지막 장에서 이 꼬마가 다음과 같이 읊으면서 또 수프를 먹으려 합니다.

I told you once I told you twice / all seasons / of the year / are nicefor eating / chicken soup / with rice!

이렇게 보면 모리스 센닥은 그림뿐 아니라 글에서도 재치를 보입니다.

'물고기'라는 뜻의 'sendak'성을 가진 사람답게 그는 잠시도 쉬지 않고 헤엄쳐 다닙니다. 그는 호수와 강, 바다를 가리지 않는군요. 발레와 오페라의 의상 담당에, 무대 디자이너도 했고, 자기 책의 이름을 딴 'Night Kitchen Theater'라는 극장을 설립했을 정도니까요. 모차르트 음악을 유난히 좋아하고, 그림책을 만들 때마다 '필이 꽂히는 대로' 여러 작곡가의 음악을 틀고 일하는 그는, 온 생애 동안 종이 위에 잉크와 수채화 물감으로 끊임없이 낙서를 했다고 합니다. 그는 이렇게 말합니다.

"그게 바로 내 머리 속에 숨어 있는 것을 찾아내기 위해 나의 상상력을 휘저어 놓는 방식이다."

그 결과 나온 것들을 그는 '꿈을 드러내는 그림들, 팬터지 스케치, 또는 머리를 계속 쓰는 연습'이라고 부릅니다. 그것들은 작가가 스스로에게 열정적으로 부과해 온 유일한 숙제이자, 자기에게 뭐든 가르쳐 주는 유일한 학교입니다. 저는 물고기들 중에서 열심히 노력하는 물고기가 제일 좋더군요.

# 아주 특별한 영혼의 양식

## 레오 리오니

1910년 네덜란드 암스테르담에서 태어났습니다. 이탈리아의 제노바 대학에서 경제학 박사 학위를 받았고, 혼자서 그림과 디자인을 공부했습니다. 1939년 나치의 박해를 피해 미국으로 이주했고, 광고 회사에서 아트 디렉터로 일하게 됩니다. 이후, 잡지사의 아트 디렉터로 일했고 자신의 그림들을 전시하며 예술가로서의 명성도 얻게 되지요. 1959년부터 어린이 책을 만들었고, 처음 만든 어린이 책은 『파랑이와 노랑이』였습니다. 잔잔한 무늬를 가진 그림들을 자르고 붙여 표현한 콜라주 기법의 그림들과 쥐, 개구리, 작은 벌레 등이 등장하는 우화를 통해 재미와 교훈을 전달합니다. 1999년 10월 세상을 떠났습니다. 작품으로는 칼데콧 영예상을 받은 『으뜸 헤엄이』『프레드릭』『새앙쥐와 태엽쥐』『꿈틀꿈틀 자벌레』를 비롯하여 『파랑이와 노랑이』『아주 신기한 알』『알파벳 나무』『티코와 황금 날개』 등이 있습니다. (표제 그림: 『프레드릭』, 시공주니어, 1999)

*Leo Lionni*

도서관에서 화집을 펼치고서 넋 놓고 있던 시절이 있었습니다. 인상파 화가들의 붓 터치 하나하나에 빨려 들어갈 것만 같았죠. 그런데 십수 년이 지나 시카고의 미술관에서 미술사에 나오는 수많은 그림을 진품으로 보는데, 맙소사, 감동의 끄트머리라도 잡고 싶은 제 꽉 쥔 손에서 공기만 새 나가더라구요. 마네, 모네, 드가…… 미술책에 나오는 그 그림들은 '그냥 그림'일 뿐이었습니다. 그때 깨달았지요. 화집으로 보더라도 감수성 예민한 때에 봐야 그림을 통째로 느낄 수 있다는 것을, 무뎌진 감수성으로는 어떤 위대한 진품을 보더라도 그저 그런 이발소 그림처럼 느낄 뿐이라는 것을요.

신경이 가녀린 나이에 늘 샤갈의 그림을 보고 자란 아이가 있었습니다. 네덜란드에서 다이아몬드 커터인 아버지와 가수인 어머니 사이에서 태어난 레오 리오니. 건축가인 삼촌은 조카에게 제도 용구를 선물하고, 현대 미술 수집가로 일하던 삼촌들은 벽에 샤갈의 그림을 걸어 주었지요. 신비로운 푸른색, 자유분방한 상상으로 가득찬 그 그림들은 이 아이에게 어떻게 다가왔을까요? 정확히 알 수는 없지만, 다른 아이들이 놀이터에서 놀 때 레오는 집 근처의 박물관에 가서 드로잉 연습을 하곤 했다니 그 마음을 미루어 짐작할 수 있겠네요. 후에 그는 렘브란트, 반 고흐, 몬드리안 그리고 건축과 음악이 자기에게 'one big mood'였다고 고백합니다.

젊음이라는 무한한 가능성을 열어 놓은 시절. 그때 그는 공부라는 배를 타 버립니다. 부모가 권해서인지 열 가지 재주를 가져서인지는 몰라도 그 배를 타고 강물

『파랑이와 노랑이』, 파랑새, 2003

을 따라 하염없이 흘러가다 건져 올린 것은 경제학 박사라는 학위. 그만큼 공부했으니 유럽 어느 고풍스런 대학의 경제학 교수가 되어 실물 경제와 무관하게(!) 살아도 그만이었을 텐데, 배에서 내려 발 디딘 땅은 그림과 건축의 세계. 그는 밀라노에서 건축과 관련된 글을 발표하면서 그래픽 디자이너로서의 활동을 시작하고 미국으로 와서 광고 회사와 『포츈』의 아트 디렉터로 일하게 됩니다.

저는 우연을 믿지 않습니다. 그래서 흐르는 세월에 몸을 맡겨 할아버지가 된 레오 리오니가 세 살과 다섯 살인 손자 손녀들과 맨해튼에서 코네티컷으로 가는 열차를 탔다가, 산만하게 돌아다니는 꼬맹이들에게 이야기를 들려주려고 『라이프』에서 노란색과 파란색 종이만 뜯어 이리저리 배열해 보며 파랑이와 노랑이가 나오는 이야기를 지어 내 '우연히' 그림책의 세계와 인연을 맺게 된 거라고는 생각하지 않습니다. 왜냐하면 레오가 어렸을 때 늘 보았던 샤갈의 그림, 많은 작품을 감상하고 직접 따라 그려 볼 수도 있었던 암스테르담의 박물관, 아트 디렉터로 일하면서 만난 많은 사진, 그림, 건축 작품 등등이 그림책 작가로 지낸 그의 노년에 풍부한 정서적, 실제적 바탕이 되었다고 생각하기 때문이지요. 세월은 그저 흘러가는 것 같지만 그 세월의 강에서 만나는 인연들은 참으로 귀한 것.

이 '예정된' 작은 사건 하나는 콜라주 기법으로 만들어진 『파랑이와 노랑이』(*Little Blue and Little Yellow*)라는 책으로 나오게 됩니다. 파란색 종이와 노란색 종이가 서로 겹쳐져 녹색 종이가 될 때까지 재미있게 놀지만, 결국은 헤어지는 이야기입니다. 이런 전개로 인해, 이 책은 우정과 동질성에 관해 이야기하는 책이라는 평가를 받습니다. 또 인종 차별 문제에 대한 지적과 교훈이 깔려 있다는 평가도 받게 되지요.

교훈이라…… 레오 리오니의 책들을 펴 본 분은 아시겠지만, 그의 책 대부분에는 이른바 '교훈'이 스며들어 있습니다. 작은 물고기들이 힘을 합쳐 큰 물고기에 대항하는 방법을 찾아 내는 이야기를 담은 『으뜸 헤엄이』(*Swimmy*)라든가, 다가올 겨울을 대비해 열심히 양식을 모으는 다른 쥐들과 달리 정신적인 양식을 모으는, 즉 물질만 추구하는 사회에서 예술가의 중요성을 알려 주는 『프레드릭』(*Frederick*), 새앙쥐와 태엽쥐의 우정을 담은 『새앙쥐와 태엽쥐』(*Alexander and the Wind-up Mouse*), 새의 먹이가 될 뻔하지만 재치로 극복하는 조그만 자벌레의 이야기인 『꿈틀꿈틀 자벌레』(*Inch by Inch*), 남과 달리 날개가 없어 소외되다가 황금 날개가 생기자 도리어 그 때문에 더 소외가 되었지만, 필요한 사람들에게

그 깃털을 하나씩 나누어 줌으로써 다른 새들에게 받아들여지는 (하지만 이미 바깥 세상에서 배운 바가 있어서 속으로는 다른) 『티코와 황금 날개』(Tico and the Golden Wings), 친구인 올챙이에게 다리가 나고 펄쩍 뛰어오르고 하는 모습이 부러워 자기도 그걸 꿈꾸어 보지만, 마침내 '나는 나'라는 개성을 찾고 즐기게 되는 물고기의 이야기인 『물고기는 물고기야!』(Fish is Fish) 등 책 한 권 한 권마다 교훈이 담겨 있어 어떤 사람들은 그림은 좋지만 내용이 너무 교훈적이라며 달가워하지 않고, 어떤 사람들은 내용도 좋고 그림도 좋다며 푹 빠지기도 합니다.

무지개 연못에 살고 있는 욕심꾸러기 개구리 세 마리가 일으키는 사건을 통해 협동과 나눔을 그리는 『내 거야!』(It's Mine!), 세상에서 제일 큰 집을 원하는 어린 달팽이에게 현명한 노인 달팽이가 들려주는 이야기인 『세상에서 가장 큰 집』(The Biggest House in the World) (음…… 이야말로 큰 집 좋아하는 우리나라 사람들에게 교훈적인 내용이구만요.), 악어 우뚝이에게서 독특한 개성의 즐거움을 알게 되는 『서서 걷는 악어 우뚝이』(Cornelius), 어느 날 미술관에 갔다가 자기가 화가가 될 운명임을 깨닫는 쥐의 이야기인 『그리미의 꿈』(Matthew's Dream), 애벌레가 글자에서 단어, 단어에서 문장이 이루어지는 것을 가르쳐 주는 『알파벳 나무』

(*The Alphabet Tree*), 달걀이라고 생각한 알에서 태어난 아기 악어에 대한 개구리들의 고정 관념을 다룬 『아주 신기한 알』(*An Extraordinary Egg*) 등에서도 작가는 전체적으로 같은 기조―분명한 메시지와 잔잔한 그림―를 유지하고 있습니다.

이 중에서 제 마음에 쏙 드는 책, 『프레드릭』(*Frederick*)에 대해 들려드리지요. 소들이 풀을 뜯고, 말들이 뛰어다니는 초원의 한편에 낡은 돌벽이 있습니다. 그 돌벽에는 들쥐 다섯 마리가 살고 있지요. 네 마리는 모두 눈을 초롱초롱하게 뜨고 날마다 열심히 일을 하며 다가올 겨울을 위해 옥수수 알갱이와 밀과 짚을 모으기에 여념이 없지만, 프레드릭은 늘 눈을 반쯤 감고 공상에 빠져 있지요. 다른 쥐들이 "넌 왜 일을 안 하니?"라고 물으면 돌아오는 대답 좀 보세요.
"나도 일하고 있어. 난 춥고 어두운 겨울날들 위해 햇살을 모으는 중이야."
"색깔을 모으고 있어. 겨울엔 온통 잿빛이잖아."
"난 지금 이야기를 모으고 있어. 기나긴 겨울엔 얘깃거리가 동이 나잖아."
우리가 「개미와 베짱이」에서 익히 알던 베짱이가 이 책에서는 온순한듯 하지만 자기 설명을 잘 하는 들쥐 프레드릭으로 바뀌어 있지요. 잠잠이가 말한 대로 겨울은 닥치고, 얼마 안 있어 음식도, 얘깃거리도 떨어지고 맙니다. 이젠 춥기만 하고 어느 누구도 재잘거릴 기분이 아닌데, 잠잠이는 돌 위에 올라가서 말하지요. (음…… 무대 체질이구만.) "눈을 감고 노란색을 떠올려 봐. 내가 황금빛 햇살을 보내 줄게." 쥐들은 그 따뜻한 노란 햇살을 느낍니다. 프레드릭은 비를 보내 주는 "Springmouse", 꽃에 색을 칠하는 "Summer", 호도와 밀을 갖고 오는 "Fallmouse", 그리고 차가운 발로 오는 "Winter"에 대해 이야기해 주며 우린 이 네 계절을 다 갖고 있으니 행복하지 않느냐고 묻습니다. 그러자 모두 박수를 치며 하는 말, "넌 시인이야!" 그러자 프레드릭은 얼굴이 빨개져서 수줍게 말하죠. "나도 알아."

영혼의 양식의 중요성을 레오는 이 조그만 시서(poet―mouse)를 통해 작은 소

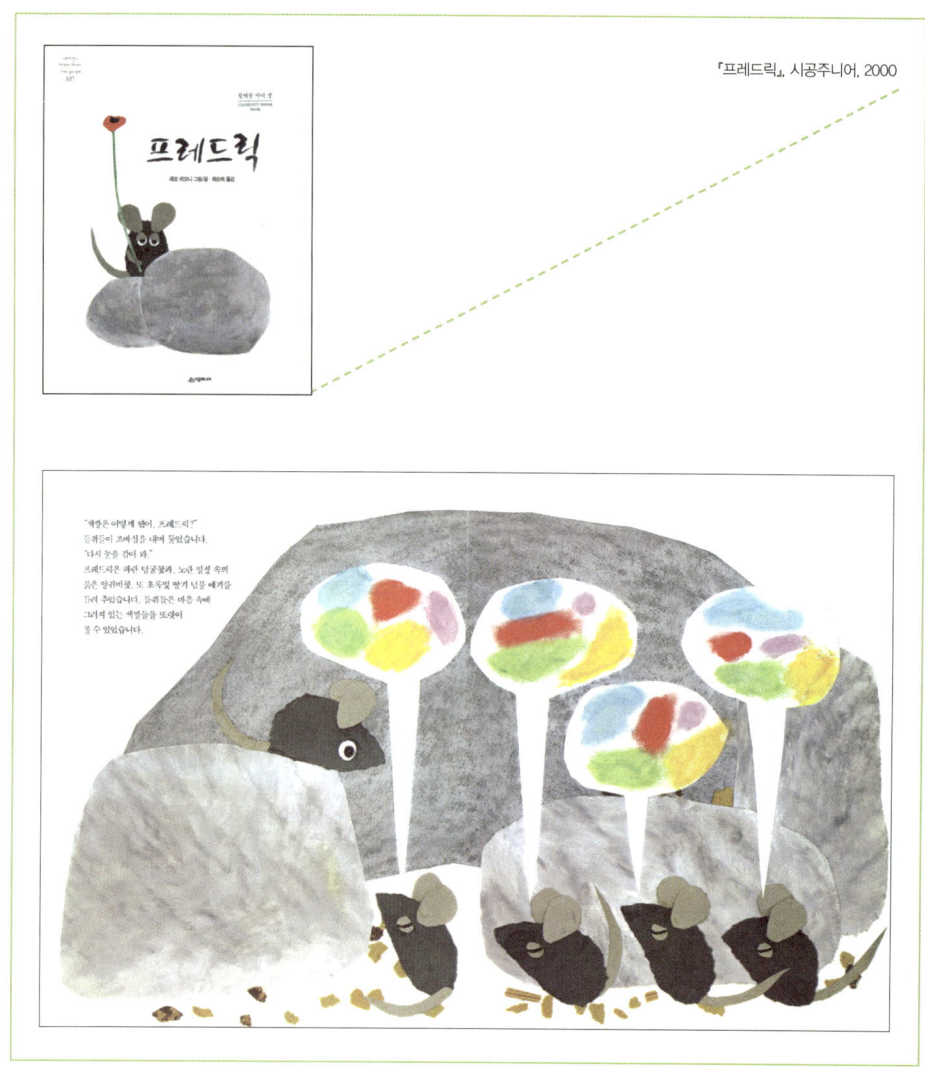

『프레드릭』, 시공주니어, 2000

리로 말하지만, 그 작은 소리는 추운 겨울에 프레드릭이 들려주는 이야기 속의 노란 햇살과 다채로운 색깔만큼 따스하게 마음속으로 번져 나갑니다. 그의 그림 또한 소리치지 않습니다. 여백이 많고 은은한 색으로 속삭이는 그림은 강렬한 색채만큼 마음을 확 잡아당기지는 않지만, 조용히 스미는 맛이 있지요.

그의 다른 책에서도 그림들은 프레드릭처럼 수줍어하는 색입니다. 레오는 이 색을 드러내기 위해 콜라주 기법에 색연필, 크레용, 파스텔, 유화, 수채화, 잉크펜 할 것 없이 다양한 도구를 쓰고 신문지 쪼가리와 벽지 찢어진 것, 채색 유리까지 골고루 사용하지요. 똑같이 콜라주를 많이 써도 수줍은 색이 주조라서, 화려한 느낌의 에릭 칼과는 아주 다른 분위기입니다.

1999년 가을, 제 홈페이지에 작가 소개란을 만들며 맨 처음 올린 작가가 레오 리오니였습니다. 그때만 해도 그는 생존해 있었고, 어느 초등학교 사이트에는 이렇게 현재형으로 글이 올라와 있었습니다.

"레오 리오니는 두 군데서 살아요.—이탈리아와 뉴욕에서. 그림 그리고 산보 하는 걸 좋아하지요. 책상은 세 개예요. …… 찰흙과 종이로 쥐를 만들 줄 알아요."

그런데 몇 달 후, 1999년 10월 12일에 레오는 세상을 떠났습니다. 그리고 다시 찾아 가 본 그 사이트에는 이렇게 과거형으로 바뀌어 있더군요.

"레오 리오니는 두 군데서 살았어요.—이탈리아와 뉴욕에서. 그림 그리고 산보 하는 걸 좋아했지요. 책상은 세 개였어요. …… 찰흙과 종이로 쥐를 만들 줄 알았어요."

그렇게 옛사람이 되었으나 호랑이가 죽어 가죽을 남기듯 그대는 죽어서 좋은 그림책들을 남겼으니 레오여, 그대의 영혼이 복될지어다.

# 내 발자국이 궁금해

## 에즈라 잭 키츠

1916년 미국 뉴욕 브루클린에서 태어났습니다. 어려서부터 미술에 재능을 보였고 고등학교 시절에는 스칼라스틱 사가 주최하는 대회에서 상을 받기도 했습니다. 1937년 잡지의 삽화를 그리기 시작하며 일러스트레이터로서 일하기 시작했고, 그 뒤 주로 잡지나 책의 삽화를 그리다가 1954년부터 어린이를 위한 책을 만들었습니다. 그는 1962년부터 피터가 등장하는 그림책을 만들었는데, 어린이 책에 흑인 아이를 등장시킨 것은 이 책이 처음이었습니다. 과슈와 콜라주 기법을 함께 사용한 그림들이 아이의 마음과 행동을 생생하게 표현하고 있습니다. 1983년 세상을 떠났습니다. 작품으로 1963년 칼데콧상을 수상한 『눈 오는 날』이 있고 Goggles은 1970년 칼데콧 영예상을 받았습니다. 이외에도 『우리 개를 찾아 주세요!』『피터의 의자』『내 친구 루이』『휘파람을 불어요』『클레멘티나의 선인장』과 Pet Show!, Louie's Search 등이 있습니다. (표제 그림: 『휘파람을 불어요』, 시공주니어, 2000)

*Ezra Jack Keats*

그림 그리는 제 이웃 얘기 한 토막 먼저 쫭!

"아빠, 저 미대 갈래요."

"미대는 안 돼! 평생 가난하게 살래?"

아빠는 엄마가 딸아이를 화실에 보내는 것을 못 본 척하지요. 나중에 나 원망 말아라, 미리 발목도 빼면서. 대학 입시가 닥치자 원서를 낸 딸은 그래도 아빠라고 달려와 부탁합니다.

"그 학교 경쟁률 좀 봐 주세요."

인터넷과 휴대폰이 아직 세상에 태어나기 전이니, 아빠는 학교까지 가 볼 수밖에요. 과별 경쟁률이 주욱 붙어 있는 표를 서로 먼저 보려고 와글거리는 학부모들 틈에서 당황한 아빠, 딸에게 전화를 합니다.

"미대에도 과가 너무 많아 어느 게 어느 건지 모르겠다. 너 동양화과니, 서양화과니?"

에즈라 잭 키츠의 아버지 또한 아들이 그림쟁이가 되는 것을 싫어했습니다. 초등학교 시절부터 천부적인 재능을 타고난 아들이 여덟 살 때 동네 가게의 광고 그림을 그려 주는 대가로 25센트를 벌어 오자 아버지는 한숨을 푹푹 내쉽니다. 이놈은 나중에 간판장이로 먹고 살 놈이여……. 키 크는 것만큼 그림 실력도 쑥쑥 자라 에즈라는 고등학교 때는 스칼라스틱 출판사 주최의 전국 미술 대회에서 실업자를 묘사한 그림으로 상을 받습니다. 하지만 아버지는 달가워하지 않지요. 당시 미국의 상황은 우리나라 IMF보다도 훨씬 심각했던 경제 공황기여서 도처에서 실업자

『우리 개를 찾아 주세요!』, 베틀북, 2002

　가 넘쳐 나니, 키피 가게 종업원으로 근근이 먹고사는 유대계 폴란드 이민자 아버지는 아들이 예술 쪽으로 기울어지기보다는 현실적 기술을 갖기를 절실히 바랄 수밖에요.
　고등학교를 졸업할 때 드로잉을 잘 했다고 상도 받고 상급 미술학교에서 장학금도 세 번이나 받기로 되어 있었는데, 아버지는 하필 졸업 전날 세상을 떠납니다.

아버지의 유품인 지갑에는 색이 누렇게 바랜 신문 기사가 들어 있었습니다. 아버지는 생활고 때문에 겉으로는 아들의 꿈에 반대했지만 속으로는 그 아들이 너무도 자랑스러워 미술 대회에서 아들이 수상했다는 기사를 오려 지갑 속에 정성스레 간직하고 있었던 거죠.

아버지가 나를 자랑스럽게 여겼다!

청년기로 막 접어든 에즈라에게 그것은 살아가는 데 큰 힘이 되어 주었습니다. 험난한 시절, 식구들을 부양하려고 상급 학교 진학을 포기하고 일터로 뛰어들어 벽화도 그리고 만화책 일러스트레이션도 하고, 군대에서는 군용 트럭이나 군복에 쓰일 위장 패턴(camouflage patterns)을 만드는 작업을 할 때도 하늘나라의 아버지는 언제나 격려해 주었지요. "You can do it!"(너는 할 수 있단다!) 군대에서 제대한 에즈라는 뉴욕으로 가서 1954년 엘리자베스 허바드 랜싱(Elisabeth Hubbard Lansing)의 책, *Jubilant for Sure*(와, 정말 기뻐!)에 그림을 그리면서 어린이 그림책에 입문합니다.

1960년에 나오고, 팻 셰어(Pat Cherr)가 글을 쓴, 『우리 개를 찾아 주세요!』(*My Dog Is Lost!*)에서는 후아니토라는 푸에르토리코 소년이 잃어 버린 개를 찾으려고 뉴욕의 차이나 타운과 리틀 이탈리아 등 소수 민족이 사는 지역을 뒤지며 그곳의 아이들과 힘을 합쳐 개를 찾는 이야기를 그렸는데, 그 때까지 소수 민족 어린이를 주인공으로 내세운 책이 없었다고 합니다.

소수 민족의 설움에 관한 한, 에즈라는 속이 까맣게 탄 사람이지요. 유대계 폴란드인인 그의 원래 이름은 'Jacob (Jack) Ezra Katz'였습니다. 성경에 나오는 '야고보'라는 이름은 유대인이라는 게 확 드러나고 'Katz'라는 성도 폴란드 이름임이 너무나 분명해서, 1950년대의 반유대적 분위기에서 차별의 대상이라는 것을 뼈저리게 느끼고 있던 그는 'Ezra Jack Keats'로 이름을 바꿉니다. 미국이야 호적 등본 같은 게 없으니까 법원에 가서 나 이렇게 이름 바꾸겠소이다, 하면 쉽게 바꿔 주니까 그 점만은 편했겠지요. 하지만 소수 민족이라는 이유 하나만으로 말도 안 되는 어려움을 겪는 사람들에 대한 그의 연민까지 바꾸지는 못했습니다.

어느 날 그는 그 옛날 1940년에 나온 『라이프』에서 오린 흑인 꼬마 사진을 보고 영감을 얻어 앞으로 자기 책의 주인공이 될 흑인 꼬마 피터를 구상하게 됩니다. 소수 민족들이 몰려 살던 브루클린의 어린 시절 경험과 자기가 차별받으면서 살았던 경험이 그림책으로 승화되는 순간이지요. 1962년, 꼬맹이 피터가 나오는 『눈 오는 날』(The Snowy Day)을 시작으로 이어지는 책 여섯 권에서 피터는 차츰 자라 마지막 책인 Pet Show!(애완동물 콘테스트)에서는 청소년의 대열로 들어갑니다.

하얀 눈이 소복하게 쌓인 길에 난 조그만 자기 발자국을 궁금하게 들여다보고 있는 꼬마 아이의 모습이 인상적인 『눈 오는 날』(The Snowy Day)은 책장을 넘길 때마다 혼자 눈밭에 나와 놀고 있는 아이와 내가 함께 놀고 있는 듯한 느낌을 주는 책입니다. 뽀드득 뽀드득 한 발 한 발 내디딜 때마다 작은 발은 눈 속으로 푹푹 빠지는군요. 아이는 발을 바깥쪽으로 해서 걸었다 안쪽으로 해서 걸었다 하며 눈 위에 여러 가지 모양의 발자국을 만들어 보기도 하고, 발을 일부러 질질 끌어 눈 위에 길다랗게 줄도 그어 봅니다.

눈 언덕 높이 올라가 미끄럼을 타고 주욱 내려오는 장면에 나오는, 솜을 뜯어 만든 구름은 아주 역동적이지요. 내일 갖고 놀려고 눈을 힘껏 단단하게 뭉쳐 주머니 안에 넣고 따뜻한 집 안으로 들어가는 피터. 밝고 따뜻하고 평화로운 집의 분위기는 엄마의 노란 옷에 잘 나타나 있습니다. 잠자러 가기 전에 아이는 주머니 속을 뒤져 보는데, 눈뭉치는 그만 없어졌군요. 아이의 모습이 잠깐 슬퍼 보이지만, 자고 난 다음 날 아침, 새롭게 눈이 또 내리니 아이는 신나게 친구를 불러 함께 깊고 깊은 눈 속으로 달려 나갑니다.

이 년 뒤에 나온 『휘파람을 불어요』(Whistle for Willie)는 이 시리즈 중에서 아이의 마음 상태를 가장 잘 드러낸 멋진 그림들이 가득한 책입니다. 그 전 책에서

『휘파람을 불어요』, 시공주니어, 2000

는 유아 수준이던 피터가 여기서는 딱 48개월만큼만 더 자라 있지요. 피터는 멍멍이 윌리를 휘파람으로 불러 보고 싶어 안달이 나서 열심히 연습하는데, 생각만큼 안 되지요. 속이 상한 피터는 연습하는 대신 신호등 주변을 빙빙빙빙 점점 빨리 돕니다. 돌다가 멈추면 아, 어지럽지요. 모든 게 위로 갔다 아래로 갔다……, 신호등의 불조차 떨어져 내립니다. 어른처럼 입으면 휘파람이 좀 잘 불어질까 싶어서 아빠의 낡은 모자를 쓰고 거울 앞에 붙어 서서 연습도 해 보지요. 입을 뾰족하게 내밀고 휘파람 연습을 하는 그림을 보니 저도 애가 탑니다. 밖에 나온 피터는 처음엔 아스팔트에 난 틈을 따라 걷다가 그 다음에는 벽에 어른거리는 자기 그림자에서 벗어나려고 마구 도망가지요. 그림자에서 펄쩍 뛸 때는 벗어난 것 같다가 탁, 땅에 떨어지니 자기 그림자가 정확히 붙어 버리네요. 이 장면을 보면 작가가 아이들 마음을 얼마나 잘 이해하고 있는지 정말 감동스럽습니다.

『피터의 의자』(Peter's Chair)에서 갓난 여동생이 생긴 피터는 소외감을 느끼고 샘을 냅니다. 그러다가 옛날에 앉던 작은 의자에 자기 엉덩이가 더이상 들어가지 않자 그제서야 자기가 다 컸다는 것을 깨닫고 그 의자를 동생에게 주려고 아빠와 사이좋게 분홍색으로 칠하지요. 분홍색 페인트를 밟은 멍멍이 윌리가 분홍색 발자국을 내면서 한쪽으로 슬슬 퇴장하는 마지막 장면이 재치가 넘칩니다.

『피터의 편지』(Letter to Amy)에서는 제 또래 여자애에게 수줍은 관심을 보이는 소년 피터의 모습을 그렸던 에즈라 아저씨는 Goggles(고글)에서 흑인 슬럼가에 살고 있는 피터네 동네 전체로 따스한 시선을 돌립니다. 이 책에서는 흑인 슬럼가를 표현한 듯 멀리 가난해 보이는 아파트가 보이고 피터와 아치가 자기들의 비밀 장소인 웅덩이 근처에서 놀고 있는 모습이 첫 장입니다. 어지러운 벽에는 주차장을 가리키는 표시가 있고 헌 문짝이 구덩이를 가려 주고 있네요. 기다란 토관 파이프가 삐죽 얼굴을 내밀고 있습니다. 주변에는 잡지 쪼가리, 빈 깡통, 타이어가 굴러 다니네요. 피터가 파이프 저 끝에서 외칩니다. "이걸 봐! 오토바이용 고글을 찾았어!" 노란 고글을 서로 써 보는 두 아이는 신이 납니다.

아, 그러나 갑자기 이들을 막아서는 커다란 그림자 두 개. 큰 아이들이 이 꼬맹이들에게 그 고글을 내놓으라고 하는군요. 아이들은 주려 하지 않지요. 실랑이를 하다가 땅에 떨어진 고글을 피터의 개 윌리가 얼른 물고 벽에 난 구멍으로 도망가 비립니다. 두 꼬마는 이 틈에 서로 반대 방향으로 튀어가 비밀 장소인 구덩이에 가서 숨습니다. 파이프에 대고 거짓 정보를 큰 소리로 외쳐 큰 애들을 헷갈리게 만든 아이들은 나중에 서로 만나 고글을 써 보며 정말 멋지다고 감탄하고, 윌리는 계단 밑에 한가하게 웅크리고 있고 아치의 동생들은 마당에 낙서를 하고 있습니다. 이 책은 1970년 칼데콧 영예상을 받았지요.

유난히 말이 없고, 한 군데 집착하는 루이. 어쩌면 살짝 자폐의 경향이 있는지도 모르지요.『내 친구 루이』(Louie)에서 수지와 (『피터의 의자』에 나왔던 아기 동생, 많이 컸죠?) 로베르토가 공들여 만든 인형 구씨(『꿈꾸는 아이』에서 나오는 종이 생쥐와 비슷하죠?)를 가지고 인형극을 하려는데, 그 루이도 나타납니다. 구씨를 보자마자 벌떡 일어나 "안녕! 안녕!" 외쳐 대며 인형극을 중단시켜 버린 루이 때문에 다들 당황하지만, 수지와 로베르토는 참으로 속깊은 아이들이네요. 세심하게 구씨의 입을 통해 루이를 진정시키고 인형극을 계속 하지요. 인형극에 나오는 구씨가 루이는 너무나 좋았나 봐요. 펄쩍펄쩍 뛰며 손뼉 칠 정도였으니까요.

인형극이 끝난 후 집에 와서 아이들의 놀림을 받는 꿈을 꾸는 루이. 하지만 밖에 나와 녹색 줄을 따라 가 보라는 쪽지를 받고 나가 보니 줄 끝에 구씨가 앉아 있는 거예요. 애써 만든 생쥐 인형을 루이에게 선물하는 아이들의 마음이 눈물겹게 아름답습니다. 그 루이는『상자 속 여행』(The Trip)에서는 낯선 동네로 이사가 쓸쓸해하다가 낡은 구두 상자 속을 들여다보고 옛날 동네를 상상 속에서 여행하며 친구들과 뛰노는 것으로 위로를 받기도 하지요.

에즈라 아저씨의 그림책마다 하늘은 무척이나 생동감 있게 묘사됩니다. 주로 마블링 기법으로 표현된 하늘은 어찌나 역동적인지 그 하늘을 보고 나서 실제 하늘을 보면 오히려 밋밋할 지경이지요. 그가 만든 책은 무려 여든다섯 권이 넘는데, 이제는 세상을 떠난 이 아저씨가 받은 가장 좋은 선물은 아무래도 1997년에 프로스펙트 공원의 놀이터에 세워진 피터와 윌리의 청동상과 피터의 의자일 것 같습니다. 햇볕 좋은 가을날, 에즈라 아저씨의 영혼이 가끔 그곳으로 내려와 놀이터에서 노는 아이들을 바라보고 있을까요?

# 숨을 깊이 내리고 다가간 여백의 세계

## 유리 슐레비츠

1935년 폴란드의 바르샤바에서 태어났고 어렸을 때부터 그림을 그렸습니다. 전쟁으로 바르샤바가 침공 당하자 유대인이었던 그의 가족들은 유럽의 여기저기를 떠돌다 팔 년만에 파리에 정착합니다. 1949년 이스라엘로 이주하여 살며 다양한 일을 하고 문학, 해부학, 생물학을 공부했습니다. 스물네 살이 되던 해, 뉴욕으로 가서 미술 수업을 받고 일러스트 작업을 하게 됩니다. 1963년에 첫 책, The Moon in My Room을 발표했고 아서 랜섬의 이야기에 그림을 그린 「세상에 둘도 없는 바보와 하늘을 나는 배」는 1969년 칼데콧상을 받았지요. 차분한 색과 안정된 구도는 담백하지만 깊은 이야기를 담고 있습니다. 작품으로 「세상에 둘도 없는 바보와 하늘을 나는 배」를 비롯하여 「비 오는 날」「새벽」「비밀의 방」「황금 거위」가 있습니다. 이외에도 The Treasure, Snow, One Monday Morning 등이 있습니다. (표제 그림: 「새벽」, 시공주니어, 2000)

*Uri Shulevitz*

　　　　봄눈 녹듯 가뭇없이 사라져 가는 어린 시절의 기억을 애타게 한 줌 집어 올리면, 한겨울 기왓골까지 덮어 버릴 정도로 펑펑 내린 하얀 눈 속을 뒹굴면서 폭신한 눈도 퍼 먹고, 혀가 붙어 버릴 정도로 쨍하게 차갑고 단단한 고드름도 따 먹곤 하던 풍경이 떠오릅니다.

　눈 내리던 그 어린 시절의 정취를 가장 잘 살린 그림책을 고르라면 저는 에즈라 잭 키츠(Ezra Jack Keats)의 『눈 오는 날』(*The Snowy Day*)과 유리 슐레비츠의 *Snow*(눈)을 고르겠습니다. 에즈라 잭 키츠는 우리에게 많이 알려진 작가이죠. 그럼 유리 슐레비츠는 누구일까요?

　그는 폴란드계 유대인 작가입니다. 제2차 세계 대전이라는 불행한 시절을 배경으로 삼아 태어난 유대인들은 아주 어려운 시절을 겪어야 했지요. 독일군이 폴란드에 쳐들어왔을 때 유리 슐레비츠는 겨우 네 살이었지만 그 시절을 생생하게 기억한다고 말합니다. 그만큼 전쟁의 광기는 사람들에게 벗어나기 힘든 심리적 상처를 안기지요. 그의 가족은 팔 년 동안 방랑자 생활을 하다가 1947년에 파리에 정착하게 됩니다. 거기서 그는 그만 만화와 사랑에 빠져 친구들과 만화책도 많이 만들죠. (저도 어렸을 때 많이 해 본 가락이긴 하나, 누군 그림책 작가가 되었고, 누군 이렇게 그에 대한 소개글을 쓰고 있는 차이가 있군요. 운명 탓일까요, 재주 탓일까요? 음……. 역시 후자겠죠?)

　1949년은 도처에서 돌팔매질 받던 유대인들에게 경사가 난 해입니다. 국제적인 이해 관계가 맞물려 이들은 팔레스타인을 내쫓고 그 자리에 이스라엘이라는 나라를 세웠지요. 유리 역시 다른 이들처럼 그곳으로 이주해서 거기서 고무도장장이의 도제 노릇도 하고 페인트공 노릇도 하고 예수님처럼 목수 노릇도 해 보는군요. 1952년부터는 텔 아비브에서 미술도 배우고 문학, 해부학, 생물학 과정을 듣기도 했죠. 군복무 중엔 청소년 잡지의 미술 담당으로 일도 해 보았고요. 그 뒤 뉴욕으로 건너와 브루클린 미술관의 아트 스쿨에서 공부하기도 합니다. 그러다가 어떤 출판사에서 어린이를 위한 유대계 책에 그림을 그립니다. 하지만 이때는 자기 마음대로 못 그리고 남의 간섭을 받던 시절이었죠.

1961년에 같은 길을 걷고 있던 헬렌과 결혼해서 안정을 찾고, 1962년에 전화를 받으면서 낙서를 하다가 자기만의 스타일을 발견합니다. (레오 리오니도 그랬잖아요? 낙서장이 그림장이 만세!) 이제 삽화를 그리고 싶어 포트 폴리오를 들고 하퍼 앤 로 출판사의 편집자 수잔 허쉬만(Susan Hirschman)을 찾아 가니 편집자는 그림 그릴 원고를 주는 대신 다른 제안을 합니다. 혼자 북치고 장구치고 다 해 보라고, 직접 글도 쓰라는 권고였죠.

"Write my own story?"(제가 이야기를 쓰라고요?)

그는 두려워집니다. 자기는 아티스트이지 작가는 아니니까요. 말을 다루어 글이라는 걸 쓴다는 건 호랑이를 길들이는 것과 다름없다고 생각했으니까요.

"I don't know how to write."(난 글쓸 줄 몰라요.)

"Why don't you try?"(시도를 해 보셔야지…….)

"But I have been speaking English for less than four years."(하지만 영어라는 걸 써 본 지 사 년도 안 된 걸요!)

"Don't worry, we'll fix your English."(걱정도 많소이다. 영어야 우리가 고쳐 주면 되지요.)

그래서 나온 첫 번째 책이 *The Moon in My Room*(내 방 안에 들어온 달)이었지요. 그런데 사람은 늘 무언가 깨달으며 사는 것. 유리가 책 만들다가 깨달은 것은 자기 문화권에선 말이 넘쳐난다는 사실. 그래서 그는 함축적인 동양 문화로 눈을 돌려 그는 뜻을 명확히 표현하되, 말은 조금만 하려 애쓰게 되죠. 그러다 보니 그림이 좋아질 건 당연한 일. 펜, 잉크, 수채화, 일본의 갈대로 만든 펜, 중국의 붓에 이르기까지 다양한 기법을 쓰며 좋은 그림책을 만드니까 상복도 솔솔 들어왔지요.

1985년까지 만든 그림책은 스물다섯 권 이상. 아서 랜섬(Arthur Ransome)이 우화를 다시 풀어 쓴 『세상에 둘도 없는 바보와 하늘을 나는 배』(The Fool of the World and the Flying Ship)에 삽화를 그려 1969년 칼데콧상을 받으며 이름이 높아집니다. 그가 글도 쓰고 그림도 그린 The Treasure(보물)은 1980년 칼데콧 영예상에 뽑혔고, 『비 오는 날』(Rain Rain Rivers)은 1970년 라이프치히 국제 도서박람회의 동메달, 『새벽』(Dawn)은 1975년 크리스토퍼 상을 받았지요.

제가 좋아하는 책 Snow(눈)는 1998년에 나온 책 중에서 가장 시적이고 완벽하게 만들어진 책으로 꼽습니다. 눈이 오지 않을 거라는 라디오와 텔레비전의 일기 예보, 눈앞도 제대로 못 보는 어른들의 대사와 눈이 오고 있다는 아이의 대사가 시소를 타는 것처럼 쿵덕쿵덕 장단을 맞추며 오르락내리락 하지요. 간결하면서도 위트가 넘치는 문장이 재미있습니다. 페이지를 넘길 때마다 어른들은 계속 "It's only a snowflake." "It's nothing." "It will melt." "No snow."(눈송이일 뿐이야. 아무것도 아니야. 곧 녹을 거야. 눈은 오지 않아.)라고 말하지만, 아이는 흐릿한 하늘에서 겨우 눈 한 송이 떨어지는 걸 보고 "It's snowing."(눈이 온다.) 하며 나가 놀 채비를 하지요. 바로, 꽃 한 송이에서 우주를 보는 것입니다. 물론 마지막 페이지는 온 세상이 눈으로 가득 덮여 있고, 아이는 단 한 마디, "Snow."(눈이다.)

이 책이 전쟁을 겪었던 작가의 체험에서 비롯되었다는 평론도 있긴 하나 (눈을 보는 어른들의 시각은 어떤 면에서 폭력이라고 얘기될 수 있다는 거겠죠.) 그건 너무 비약시킨 얘기 같아요. 아래의 수상 연설을 읽어 보면 느끼실 거여요. (이래서 전 평론을 싫어해요. 이론과 칼과 어긋난 끼워 맞춤이……) 이 책으로 황금연

*Snow*, Farrar, Straus and Giroux, 1998

Then
two snowflakes.
"It's snowing,"
said boy with dog.

"It's nothing,"
said man with hat.

And rooftops grow lighter,
and lighter.

"It's snowing," said boy with dog.

삽화상(The Golden Kite for Illustration)을 받았을 때 작가는 수상 연설에서 이렇게 말하지요.

"함박눈이 쏟아지는 날, 술 취한 이 두 명이 가로등 옆에 서 있었지요. 그들은 열띤 논쟁을 벌이고 있었어요.

한 사람이 가로등을 가리키며 말했지요. '이건 태양이야.'

다른 이가 맞받았지요. '달이여!'

논쟁엔 늘 중재자가 필요하죠. 그래서 그들은 지나가는 이에게 물었습니다.

'우리 둘 중 누구 말이 맞나요?'

그의 대답은 '저는 이 동네에 안 살아유.' 였지요.

이 이야기의 교훈이 뭐냐고요? 어딘가에만 한정되어 있는 진실(local truth)이란 없다는 거죠. 진실이란 사는 곳에 따라 다를 수 없을 터. 하지만 날씨는 그렇지 않습니다. 몇 년 전에 저희 동네에 눈이 16인치(약 44센티)나 내렸는데 근처 이웃 동네에선 날씨가 좋았지요. 하지만 날씨가 어쩌네, 하고 불평하는 대신 저는 그 날씨에 대한 그림책을 만들었죠. 그게 바로 이 책, *Snow*입니다."

유리 슐레비츠의 작품은 전체적으로 한 톤이 낮습니다. 마치 숨을 깊이 내리고 인간에 대해, 자연에 대해 생각해 보라고 하는 것 같지요. 『새벽』(*Dawn*)을 펴 봅니다. 새벽이란 어느 곳에서 맞든 의미가 깊지만, 고요한 호숫가에서 동터오는 새벽을 맞는 소년과 할아버지는 그대로 그 실바람과 연푸른 호수와 일체가 된 듯합니다. 산과 호수가 녹색으로 물 드는 장면을 제외하면 각 페이지의 그림들은 물방울 같은 둥근 테두리 안에 들어가 있습니다. 수묵화라고 해도 좋을 정도로 번짐의 효과가 흐뭇한 이 수채화 그림은 보면 볼수록 마음이 차분하게 가라앉습니다.

『비 오는 날』(*Rain Rain Rivers*)에서는 다락방 침대에 앉아 있는 여자애가 빗소리를 들으며 조용히 생각을 키우고 있고, *One Monday Morning*(월요일 아침)은 비 오는 월요일에 빈민가 소년이 카드를 한장 한장 펴 보면서 상상의 나래를 펴고

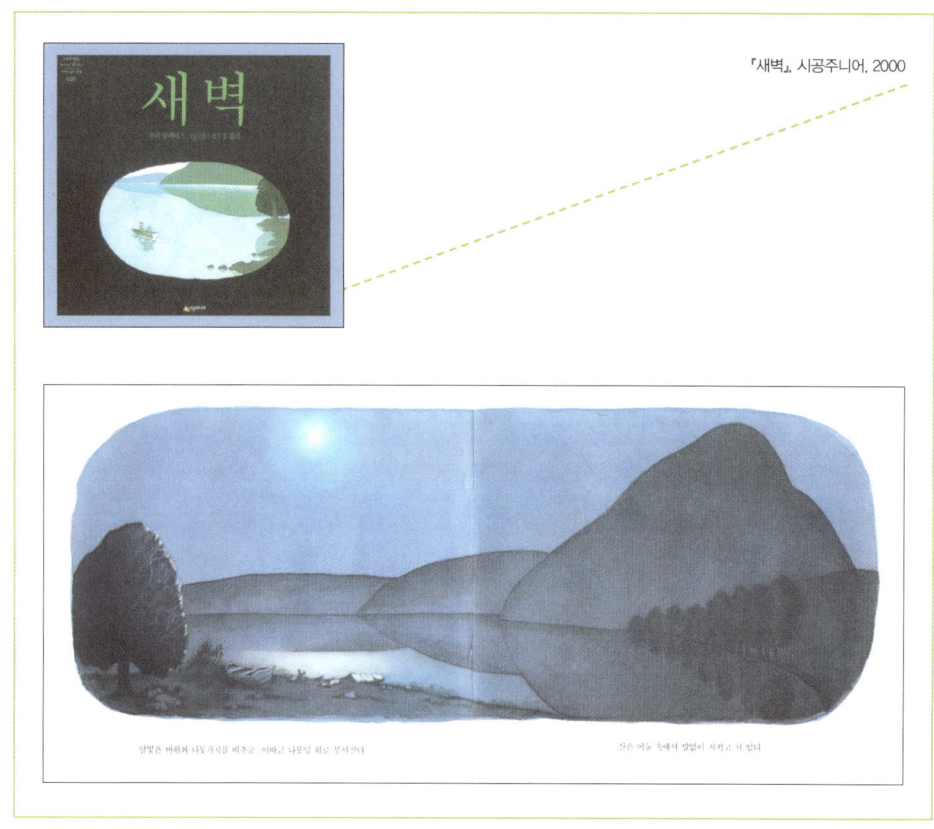

『새벽』, 시공주니어, 2000

있습니다. 작가는 자기 감정을 폭발적으로 내보이지도 않고, 아름답게 치장하지도 않습니다. 핏기 하나 없이 애잔하고 희미한 그림이 드러날 뿐입니다.

화려하게 채색된 그림에서도 그는 춤추지 않습니다. 『비밀의 방』(*The Secret Room*)에서는 수채화 기법을 쓰면서도 색깔이 매우 강한 그림을 보입니다. 하지만, 아라비아의 어떤 왕과 사막의 노인 이야기는 어린이 그림책으로는 어렵다 싶을 정도로, 숨을 깊이 들이마시고 천천히 내쉬게 합니다. 왕의 신임을 받아 재무상으로 일하면서 분명 빼돌린 재물이 집 안 비밀의 방에 가득 쌓여 있겠거니 하고 사람들은 자기의 얕은 마음 바닥을 드러내지만, 그 비밀의 방 안에는 사막에서 그가 짚던 막대기만 있을 뿐이지요. 창을 통해 들어오는 빛의 한가운데 서서 노인은 말합니다.

"폐하, 소인에게 이 모든 명예와 부를 주셔서 성은이 망극하옵니다. 하지만 소인은 그 동안 저 자신을 너무 돌보지 않게 되었사옵니다."(I must not get too full of myself.) "그래서 저는 날마다 이 방에 와서 자신을 돌아보았습니다. 소인이, 언젠가 사막에서 폐하와 만났던 흰 머리에 검은 수염을 지닌 사람과 같은 사람인지를……."

이 글을 읽는 그대여, 비밀의 방을 마련하고 계십니까? 그리고 그 방에는 과연 무엇을 두고 있는지요?

# 작고 섬세한 소리에 귀 기울이면…

## 로버트 맥클로스키

1914년 미국 오하이오 주에서 태어났습니다. 보스턴의 베스퍼 조지 미술학교와 뉴욕의 국립디자인대학에서 공부했고 그의 작품은 대통령상을 받기도 했습니다. 그는 자신의 주변과 일상을 돌아보며 그림을 그렸고, 그렇게 나온 첫 그림책이 *Lentil*입니다. 제2차 세계 대전이 끝난 뒤, 메인 주의 섬에 있는 집으로 돌아와 주변의 풍경과 일상적인 생활, 두 딸이 등장하는 그림책을 여러 권 만들었습니다. 메인 주에서의 생활을 바탕으로 만들어진 그림책으로 『딸기 따는 샐』『기적의 시간』『어느 날 아침』과 *Burt Dow, Deep-Waterman*이 있습니다. 이외에도 『아기 오리들한테 길을 비켜 주세요』를 비롯하여 *Homer Price, Burt Dow, Centerburg Tales* 등이 있습니다. (표제 그림: 『기적의 시간』, 문학과지성사, 2002)

*Robert Mccloskey*

손가락이 피아노 건반의 한 음계를 다 짚을 수 있을 정도로 길어지자 레슨을 받기 시작했던 꼬마가 있었어요. 신기한 소리의 나라에 푹 빠진 아이는 하모니카와 드럼과 오보에의 세계로 빠져들었고, 음악 연주만이 자기가 가야 할 길인 것 같았지요. 하지만 어느 날 아이의 눈에 '기계'라는 것이 확 들어옵니다. 아이는 낡은 시계, 전동 모터, 철사줄, 강철 조립 세트 등을 소중하게 모으기 시작했고, 새로 뛰어든 이 발명의 세계는 놀라웠습니다. 리모콘을 누르면 훌륭하게 돌아가는 기차와 크레인도, 불꽃을 튕기며 빙글빙글 도는 크리스마스 트리도 만들어 낼 수 있었으니까요. 물론 실패하는 경우도 있었나니, 솜사탕 기계를 만들었다가 벽과 커튼을 온통 끈끈한 당밀투성이로 만든 적도 있었지요.

그래도 이렇게 빙글빙글 돌다 보니 다른 세상, 물감과 붓이 어울리는 세상이 열렸죠. 고등학교 때 리포트와 연감에 그림을 그리다 눈이 뜨였다니 학교 덕분에 열리는 세상도 있군요. 재주가 뛰어나 장학금을 받으며 보스턴, 뉴욕, 로마에서 그림 공부를 하고 메인 주에 정착하면서 뛰어난 그림책을 여러 권 만들어 칼데콧상을 다섯 번이나 수상한 이 사람은 '로버트 맥클로스키'.

한때 발명에 푹 빠져서 (비록 실패하긴 했지만) 솜사탕 기계까지 만들었던 그를 그림책 세상에 널리 알린 책은 『아기 오리들한테 길을 비켜 주세요』(*Make Way for Ducklings*)입니다. 알을 안전하게 낳아 살 곳을 찾아 헤매던 오리 부부는 보스턴의 이곳저곳을 찾아 헤매다가 공원에서 멀지 않은 찰스 강의 어느 작은 섬에 정

『아기 오리들한테 길을 비켜 주세요』, 시공주니어, 2000

착하지요. 경찰관인 마이클이 그들에게 땅콩을 모이로 주곤 했고 새댁 오리가 알을 여덟 개 낳아 드디어 엄마 오리가 되었고, 거기서 부화된 아기 오리들을 공원에 데리고 가면서 벌어지는 일을 담은 이야기입니다. 도로를 건너기 위해 엄마 오리와 아기 오리들이 꽥꽥거리는 소리를 듣고 급히 달려온 마이클은 차들을 세우고 오리들을 먼저 건너게 하죠. 운전자들이 황당해하는 모습과 콧대를 높이 들고 건너는 엄마 오리의 모습이 아주 재미있는 책입니다.

그가 이 책을 만드는 데는 꼬박 삼 년이 걸렸다네요. 『혼 북』과의 인터뷰에 따르면, 그림은 일단 다 완성해 놓고서 글을 쓰고, 고치고, 또 고치고 했답니다. 그러다가 자기가 아는 여자아이들 이름 "Jack, Kack, Lack, Mack, Nack, Ouack, Pack, Quack"을 다 모아 자꾸 읽어 봤더니 점점 아기 오리들 같은 느낌이 들었다는군요. 이 책이 칼데콧상을 받게 되어 로버트 맥클로스키가 유명해지긴 했지만, 오리들이 스스로 먹이를 구하지 않고 사람들이 주는 땅콩에만 매달리는 내용이 비판을 받기도 했지요. 이 책은 13개 이상의 언어로 번역되었고, 엄마 오리와 아기 오리 여덟 마리의 청동 조각상이 세워져 보스턴에서 관광객의 눈길을 끌고 있답니다.

그의 책 중에서 제가 처음 읽은 것은 블루베리와 곰과 아이가 나오는, 은은한 청색 그림이 정답고 내용도 잔잔하면서 은근히 재미있는 책이었는데, 제목도 지은이도 기억을 못해 안타까웠었죠. 그래서 도서관에 갈 때마다 이리저리 둘러보곤 했는데 이 년쯤 뒤에 드디어 *Blueberries for Sal*이라는 책이 다시 내 눈앞에 나타나 주었을 때의 그 기쁨! 바로 그 책이었답니다.

우리말로는 『딸기 따는 샐』로 번역이 되어 있지만, 블루베리는 딸기가 아니라 앵두보다 더 작고 검푸른색이 나는 열매입니다. 사전을 찾아보니 '월귤'이라고 나왔는데, 이름이 좀 서먹하군요. 여름 한철 잠깐 나오는데, 'Bing cherry'라는 품명의 체리가 크고 단단하며 달고 화려한 맛이라면 블루베리는 작고 소박하고 심심한 맛이 나고 열매가 물렁물렁해서 금방 으깨지기 때문에 살살 씻어야 한답니다.

책을 펼치면 기본색은 모두 한 가지, 블루베리와 같은 색이라는 사실을 깨닫고 작가의 세심한 면에 마음이 아릿아릿해집니다. 엄마는 큰 양철통, 샐은 작은 양철통을 갖고 블루베리 언덕으로 블루베리를 따러 가는 길. 엄마는 통에 그 수줍은 남보랏빛 알들을 열심히 따 모으지만 샐은 세 개를 톡, 택, 톡 넣어 보았다가 다시 집어 먹는답니다. 그리곤 엄마 뒤를 졸졸 따라 다니며 엄마의 통 속에 든 블루베리를 한 줌 가득 꺼내 먹는 귀여운 모습. 슬슬 다리가 아파지자 그냥 덤불 틈에 주저앉아 마음껏 블루베리를 따 먹기 시작하는데……. 언덕 저 편에서는 엄마 곰과 아기 곰이 블루베리를 먹으려고 언덕을 오르고 있었어요. 엄마 곰의 말이 재미있어요.

"Little Bear, eat lots of berries and grow big and fat. We must store up food for the long, cold winter."(딸기를 많이 먹어서 몸집도 커지고 살도 쪄야 한다. 이제 춥고 긴 겨울이 오면 아무것도 안 먹고 잠만 자야 하니까.)

음식을 배 안에 넣든지, 병조림으로 만들든지, 겨울을 위해 저장하는 건 사람이나 곰이나 다를 바가 없군요. 이 아기 곰도 엄마를 뒤따라 다니면서 블루베리를 따 먹다가 그만 발이 아파서 아예 덤불 틈에 주저앉아 블루베리를 따 먹기 시작했죠. 그러다가 샐은 엄마 곰을 따라다니게 되고, 아기 곰은 샐의 엄마를 뒤따라 다니다가 나중에 진짜 엄마들과 다시 만나서는 원위치. 마지막 장을 펼치면 부엌에서 블루베리 잼을 만드는 엄마의 모습이 보입니다. 작가는 자기 딸과 아내의 모습을 샐과 샐의 엄마로 그렸다고 합니다. 부엌도 자기 집 부엌과 똑같고요. 단지 난로만 메인 주에 있는 어머니의 집에 있는 것을 본따 그렸다네요. 요리와 난방을 같이 할 수 있는 이런 무쇠 난로를 박물관에서 본 적 있는데, 처음 나왔을 때는 부유층 전용이었겠구나 싶을 정도로 단단하고 기품 있게 생겼더군요.

블루베리를 야금야금 주워 먹고 잼을 만드는 엄마 옆에서 장난을 하던 어린 샐은 『어느 날 아침』(*One Morning in Maine*)에서 조금 자라 이젠 동생까지 거느린 이엿한 언니가 되었습니다. 섬에 살면서 아빠와 항구에 가기로 한 날, 양치질을 하다가 이가 흔들리는 것을 깨닫는 샐. 태어나서 처음 있는 이런 일에 놀란 요 꼬마는 엄마에게 뛰어가 아파서 침대에 드러누워 있어야겠다고, 아침도 못 먹고, 아빠 따라 항구에도 못가겠다고 외칩니다. 하지만 엄마는 젖니가 빠지면 더 크고 예쁜 간니가 나올 거라고 알려 주죠. 이가 빠지면 우리나라에서는 지붕 위로 던지죠.

(요즘같이 고층 아파트가 즐비한 곳에서는 어찌 하는지 궁금하군요.) 셀비 빌러(Selby Beeler)의 책, 『이가 빠지면 지붕 위로 던져요』(Throw Your Tooth on the Roof: Tooth Traditions from Around the World)에 보면 세계 여러 나라의 풍습이 나오는데, 미국과 캐나다에서는 빠진 이를 베개 밑에 넣고 자면 이빨의 요정(tooth fairy)이 그걸 가지고 가고 대신 반짝거리는 돈을 놓고 가죠. 이 책에서 샐의 엄마는 이빨의 요정이 '돈'을 놓고 가는 대신 '소원을 들어 준다'고 말하는군요.

하지만, 아빠를 도와 조개를 줍다가 그만 어느 순간 흔들리던 이가 없어진 것을 알아챈 샐—뻘밭에서 조개를 잡던 진흙투성이 손을 입에 넣어 확인해 볼 수도 없고 당황해하는 모습이 정말 귀엽습니다. 샐은 너무 속상했지만, 그래도 아쉬워서 뻘밭만 들여다보며 가다가 갈매기의 깃털을 발견하지요. 샐은 아주 궁금해집니다. 자기의 젖니가 빠지고 새 이가 나는 것처럼 갈매기도 깃털이 빠진 자리에서 새 깃털이 나올 것인지요. 그리고 갈매기도 베개 밑에 빠진 깃털을 넣고 자며 아무도 모르는 소원을 빌 건지요. 아빠는 그렇지 않을 거라고 얘기해 주죠. 그러자 샐은 이 깃털을 잃어 버린 젖니로 삼겠다고 말합니다.

자, 이제 샐은 아빠와 어린 동생 제인과 함께 보트를 타고 항구로 갑니다. 우유랑 먹을 것도 사 와야 하거든요. 배의 모터가 고장나서 아빠는 힘겹게 노를 저어 항구에 간신히 도착합니다. 샐은 여전히 그 깃털을 들고 자랑 겸 보고를 하지요. "저 이가 빠졌어요." 그리고 우리 배의 모터가 고장났다는 것도요. 가게에서 일하는 아저씨들은 입을 아~ 벌리는 여자아이를 귀엽게 바라보지요. 그리고 주인아저씨는 샐과 제인에게 초콜릿 아이스크림 콘을 줍니다. 비록 빠진 젖니를 잃어 버렸지만, 깃털을 들고 있던 샐은 속으로 애타게 바라던 단 한 가지 소원, 초콜릿 아이스크림 콘을 먹는 바로 그 소원을 이루었답니다. 『딸기 따는 샐』의 그림과 거의 비슷한 스타일의 목탄으로 그린 그림들은 매우 정겹습니다. 물고기를 낚아채는 매와 물오리와 물개에게 차례차례 "나, 이가 흔들려!"라고 외치다 해초에 미끄러져 버리고, 그래도 좋다고 아빠에게 팔랑팔랑 뛰어가는 샐이 절로 미소를 짓게 합니다.

『기적의 시간』, 문학과지성사, 2002

　　메인 주 바닷가에서 약간 떨어진 섬에 집을 마련한 작가는 그 작은 섬에서 식구들과 보낸 여름을 시적인 글과 시원한 그림으로 나타낸 『기적의 시간』(*Time of Wonder*)을 펴냅니다. 꼬맹이들은 이 책에서 조각배를 노저을 수 있을 정도로 제법 자라 있지요. 비구름이 점점 커지면서 페놉스코트 만의 물 위에 떠 있는 작은 섬들이 점점 그림자 지는 첫 장면을 시작으로, 먼 바다 저쪽의 구름에서 비가 쏟아져 내리고, 비가 그치면서 아직은 흐릿한 모습으로 유령처럼 서 있는 바닷가 뒤쪽 나무들, 그 키 큰 나무들 옆에서 아주 작은 고사리들이 돌돌 말린 연초록 머리를 천천히 펴고 늘이는 소리를 듣고, 하늘에 돋아난 노란 별들과 물에 비친 별빛이 올려다보는 가운데 작은 배를 노저어 가는 자매. 허리케인이 휘몰아치는데 짠 바닷물이 들어오는 것을 막으려고 부엌 수건으로 문틈을 틀어막는 아빠, 폭풍이 다 지나간 후 쓰러진 나무 위를 걷는 아이들, 그리고 여름이 고개를 숙이자 떠날 준비를 하면서 마지막 항해를 하는 그림을 보면서 작가가 자연의 일부로 살았던 그 섬의 여름에 읽는 이 역시 스며들어 갑니다. 이 섬세한 그림책의 마지막, 섬을 떠나면서 파도와 하늘에 마지막 눈길을 보내는 장면의 글은 참 아름답습니다.

"뒤에 둔 곳을 생각하면 약간 슬프고 앞에 둔 곳을 생각하면 약간 기뻐요."

소녀들의 앞에 놓인 것은 무엇일까요? 이 책을 펼치는 아이들과 어른들 앞에 놓인 것은 무엇일까요? 슬픔과 기쁨이 미묘하게 교차되며 삶은 이어지는 것. 물감을 섞을 때마다 조금씩 다른 색이 번져 나오듯 미래를 향해 한 발자국씩 떼며 우리는 바뀌지 않을 듯하면서도 조금씩 바뀌어 갑니다. 작가도 바뀌어 갑니다.

"…… 최근에는 갈매기와 물고기들과 많은 시간을 보내며 바다에서 삽니다. 오늘 아침에 면도를 하면서 내 구레나룻을 자세히 들여다보았지요. 하지만 그게 비늘로 바뀌고 있는지 깃털로 변하고 있는지 말하기는 아직 이르군요."

우리가, 우리 아이들이 무엇으로 변하고 어떻게 바뀌어가든 고사리들이 돌돌 말린 연초록 머리를 천천히 펴고 늘이는 소리에 가끔 귀 기울이면 좋겠습니다.

원고 정리를 하며 다시 자료를 찾다가 작가가 2003년 6월 30일에 세상을 떠났다는 소식을 읽었습니다. (그는 메인 주 바다 위를 날아다니는 새가 되었을까요……?)

# 3

## 접힌 날개, **활짝 편 날개**

# 할아버지 얘기 들어 볼래?

## 윌리엄 스타이그

1907년 미국 뉴욕에서 태어났습니다. 어려서부터 그림을 그리며 자랐지요. 뉴욕에 있는 예술대학에서 공부했습니다. 1930년부터 「뉴요커」에서 일하기 시작하여 오랫동안 만화를 연재했습니다. 그림책은 예순 살이 거의 다 되어서 만들기 시작해서 스무 권 정도를 펴 냈습니다. 2003년 세상을 떠났습니다. 윌리엄 스타이그의 책, 「슈렉」은 영화로 만들어져 큰 인기를 끌기도 했지요. 그림책과 더불어 몇 편의 창작 동화도 썼습니다. 칼데콧상과 칼데콧 영예상, 뉴베리 영예상 등 여러 상을 받았고 1982년에는 한스 크리스찬 안데르센 상을 받았습니다. 작품 으로 그림책 「당나귀 실베스터와 요술 조약돌」, 「멋진 뼈다귀」, 「아빠랑 함께 피자 놀이를」, 「부루퉁한 스핑키」, 「자바자바 정글」 등과 「도미니크」, 「진짜 도 둑」, 「아벨의 섬」 같은 창작 동화가 있습니다. (표제 그림: 「슈렉」, 비룡소, 2001)

*William Steig*

　나이 예순이 되면 세상 사물의 이치가 눈에 잘 들어온다고 해서 '이순'(耳順)이라고 하지요. 헛되고 헛되니 모든 것이 헛되다는 쪽으로 방향을 잡기도 하고, 뜻밖의 깨달음 때문에 선의 세계로 몰입하기도 하는데……. 그럼 뉴욕의 만화쟁이 윌리엄 스타이그 할아버지가 이순이 지나서 비로소 만들어 댔던! (그는 엄청 많이 만들었습니다.) 그림책은 어땠을까요?

　『엉망진창 섬』(Rotten Island)과 『자바자바 정글』(The Zabajaba Jungle), 그리고 『슈렉!』(Shrek!)을 보면서 '아, 이 사람은 누구의 눈치도 보지 않고 거침없이 그리고 마음껏 쓰는구나.'라는 생각이 들었습니다. 현란한 색깔과 만화 같은 그림은 그렇다 치고, 이야기가 무척 자유롭지요. 붕붕 날아다닌다고나 할까요? 『엉망진창 섬』은 흉칙한 괴물들이 서로 침을 뱉고 불을 내뿜으며 서로를 죽이고 잔인하게 구는, 괴물들의 천국으로 그려집니다. 『자바자바 정글』은 자기가 왜 거기 와 있는지 모르는 상태에서 정글을 헤치고 나가는 소년의 이야기인데, 위아래 도막이 뚝 잘려 나간 꿈에서 얼토당토않은 황당한 사건을 따라가는 것 같지요. 『슈렉!』은 끔찍스럽게 생긴 괴물이 역겨운 냄새를 풍기면서 자기보다 더 역겹게 생긴 공주를 찾아가 불과 연기처럼 하나가 되어 영원히 무시무시하게 사는 이야기를 담았습니다.

　구태여 찾아내자면 이 책들에서 어떤 식으로든 교훈을 끄집어 낼 수 있죠. 하지만 어린이들, 또는 책 선택권을 가진 어른이나 판매 때문에 전전긍긍하는 출판사의 눈치는 구름 너머로 던져 버리고 '자, 이렇게 마음껏 상상하고 그려도 돼, 읽을 테면 읽고 말려면 말아.'하며 웃어 대는 할아버지의 모습이 더 유쾌해 보이네요.

　꼬마들이야 고개를 갸우뚱하겠지만, 이 할아버지는 원래부터 할아버지가 아니었답니다. 지금부터 거의 한 세기 전, 1907년에 미국 브루클린의 오스트리아계 이민자 가정에서 한 아기가 태어났어요. 부모는 다 아마추어 예술가였고, 형제들 또한 예술을 하는 집안이었죠. 자라면서 그는 그림에 뛰어난 재주를 보였고, 그림 형제의 동화와 『로빈슨 크루소』, 찰리 채플린의 영화들, 『로빈 후드』, 『아서 왕과 원탁의 기사』 그리고 『피노키오』에 빠져 있었지요. 고등학교 때는 교내 신문에 만화도 연재했지만 특히 운동에 능했습니다. 타히티 섬은 고갱에게만 천국이 아니라 그에게도 천국처럼 보여서 언젠가는 그곳에서 살겠다고 마음먹었고, 운동을 직업으로 삼고 싶기도 했고, 멜빌처럼 바다 사나이가 되고도 싶었는데, 그만 경제 공황이 닥쳤습니다. 그리하여, 당장의 궁핍을 해결하기 위해 만화를 그려 『뉴요커』에 팔게 된 그는 그렇게 만화와 일러스트레이션을 그려서 수십 년 동안 명성을 쌓았고 『뉴스위크』로부터 '카툰의 왕'이라는 칭호를 받기까지 했지요. 그러다가 남들은 은퇴할 나이인 61세에 *C D B!*(시, 디, 비!)와 *Roland the Minstrel Pig*(음유 시인 돼지 롤란드)를 내서 그림책 세상에 뛰어 들었습니다.

　윌리엄 스타이그는 그림책에서 동물을 주인공으로 자주 등장시킵니다. 이유는 간단합니다. 일단 동물은 사람에 비해 이야기를 다양하게 끌어갈 수가 있고 (심지어 이렇게도 말하지요. "사람이 하면 미친 짓밖에 안 되는 것을 동물들한테는 마음대로 하게 할 수 있지 않나요?") 아이들은 동물이 자기가 아는 사람들처럼 행동하는 것에 매혹되기 때문입니다. 결국 동물들은 인간의 행동을 상징하는 셈이죠.

『멋진 뼈다귀』(The Amazing Bone)에서 장미꽃 한 송이와 기발한 요술쟁이 뼈다귀—상상력을 상징하는—를 들고 다니는 돼지는 언제나 무언가를 꿈꾸고 있는 아이들의 정신 세계를 상징하고, 『치과 의사 드소토 선생님』(Doctor De Soto)에서 환자인 여우는 남들에게 위협을 가하는 사람들을 대표하며, 치과 의사인 작은 쥐는 현명한 사람이 할 바를 보여 줍니다. 이 같은 상징은 『녹슨 못이 된 솔로몬』(Solomon, the Rusty Nail)에서 코딱지를 후비다가 갑자기 녹슨 못으로 변하는 토끼와, 그 토끼를 잡아먹으려고 온갖 꾀를 다 내는 애꾸눈 고양이에게도 똑같이 적용됩니다. 그런가 하면 『생쥐와 고래』(Amos and Boris)에서는 바다에서 모험을 벌이다가 고래의 도움을 받는 생쥐와, 뭍으로 떠내려와서 생쥐와 코끼리의 도움을 받는 고래를 통해 사람들이 서로 돕는 사회를 그려 냅니다.

소설에서도 동물은 인간의 행동을 드러냅니다. 『아벨의 섬』(Abel's Island)에서 일 년을 섬에서 외톨이로 생존해야 했던 쥐는 로빈슨 크루소의 변신입니다. 『도미니크』(Dominic)에 나오는 자유와 삶을 사랑하는 의협심 많은 개는 유쾌하고 주먹 센, 하지만 마음이 여린 사람들의 전형입니다. 한편 『진짜 도둑』(The Real Thief)에서 억울하게 도둑으로 몰린 왕궁 보물의 창고지기 거위는 엉뚱하게 죄를 뒤집어 쓴 사람들의 마음이 얼마나 기가 막힐지 고스란히 드러내지요.

물론 『용감한 아이린』(Brave Irene), 『부루퉁한 스핑키』(Spinky Sulks), 『장난감 형』(The Toy Brother), 『아빠랑 함께 피자 놀이를』(Pete's a Pizza)처럼 사람이 등장하는 책들도 있습니다. 사람이 등장하면 아무래도 행동에 한계가 있고 도덕적 교훈이 들어가기 쉬운데, 작가도 그 덫을 피하지는 못합니다. 그래도 이 책들이 즐거운 것은 표정 묘사 때문이지요. 『감옥으로부터의 사색』의 저자 신영복 선생님

『아빠랑 함께 피자 놀이를』, 보림, 2000

은 아버지 목수에게서 큰 감명을 받았다고 합니다. 집을 그릴 때는 대개들 지붕부터 먼저 그리는데, 그 분은 주춧돌부터 그려 올라간다고 하지요. 현장 체험이 없었다면 나올 수 없는 진솔한 그림 그리기 방식이죠. 윌리엄 할아버지는 표정 묘사를 자기 그림의 주춧돌로 삼았습니다. 그림 그릴 때 언제나 얼굴을 먼저 그리는 거죠. 표정은 매우 단순하지만, 그 단순한 선으로 갖가지 미묘한 감정을 썩 잘 드러내니, 아무래도 사람으로 살아온 세월이 길다 보니 그렇게 된 걸까요?

윌리엄 할아버지는 '어린 시절의 기억'을 책으로 만들어 내는 게 아니라 '어린 시절의 진수'를 뽑아서 책을 만듭니다. 신나는 상상, 꿈, 요술…… 어린 시절은 이런 것들에 문을 활짝 열어 두지요. 또한 그는 어떤 사람이든 근본적으로는 착하고 아름다운데, 노이로제가 평화와 행복을 방해한다는 생각을 갖고 있습니다. 그 생각을 현실로 확인시켜 준 사건이 있었지요.『당나귀 실베스터와 요술 조약돌』(Sylvester and the Magic Pebble)에서 아들이 없어지자 엄마와 아빠는 경찰을 포함해서 이 동물 저 동물에게 자기 아이를 못 보았느냐고 물어 보러 다니는 장면이 있는데, 책을 보고 실제 경찰 쪽에서 항의를 했습니다. 내용인즉, 책에서 시민의 신고를 (출동도 하지 않고) 넘겨 버리는 살찐 돼지로 경찰을 묘사했다는 거였지요. 그래서 몇몇 주의 도서관에서는 이 책을 치워 버리는 사건까지 일어났으니, 그야말로 인간의 노이로제가 어느 정도까지 갈 수 있는지를 보여 주는 경우였죠. 그러자 할아버지는『뉴욕 타임즈』에 입장을 밝혔습니다.

"전 아이들을 정치적인 선전으로 괴롭히는 그런 류의 사람이 아닙니다."

결과는 물론 경찰의 패배!

언젠가 소설가 이윤기 선생님이 하신 말씀이 있습니다.

"난 내 애들한테 출퇴근하는 직업을 갖게 하기 싫어……."

그 집 아이들이 더 커 봐야 알겠지만, 지금은 아버지가 바라는 쪽으로 흘러가고 있는데, 윌리엄 할아버지도 마찬가지. 아이들이 'nine-to-five jobs'(9시 출근, 5시 퇴근 일자리)를 갖게 하고 싶지 않답니다. 예술적 재능으로 넘치는 이 집에서 아들은 재즈 플루티스트로, 딸 둘은 각각 화가와 배우로 끼를 빛내고 있군요.

가스등을 켜고 말이 끄는 소방차가 달리던 시대에 태어났던 할아버지는 수많은 그림책으로 우리를 즐겁게 해 주고 2003년 10월 3일 저 세상으로 떠났습니다. 그럼 이제 자손들의 끼를 기대해 볼까요? 이들도 이순이 넘어 갑자기 그림책 세상으로 뛰어들지 모르니까요.

# 날자, 다시 한 번 날아 보자구나

## 데이비드 위스너

1956년 미국 뉴저지 주에서 태어났습니다. 어렸을 때부터 선사 시대와 공룡에 관심이 많았고, 이런 관심은 르네상스와 초현실주의 미술로 가게 되지요. 로드 아일랜드 디자인 학교에서 일러스트로 학사 학위를 받았습니다. 고등학교 때부터 말 없는 만화책 Slop the Wonder Pig, 무성 영화 The Saga of Butchula를 만드는 등, 말보다 그림으로 많은 것을 보여 주고 상상하게 만드는 이야기 전개에 관심이 많은 작가입니다. 그의 그림은 구체적으로 묘사하면서도 환상적인 세계를 보여 주지요. 작품으로는 「구름 공항」, 「이상한 화요일」, 「아기돼지 세 마리」, 「1999년 6월 29일」, 「허리케인」이 있습니다. 이외에도 Loathsome Dragon, Moo! 등이 있습니다. Rainbow People, Ugly Princess, Night of the Gargoyles 등의 책에도 그림을 그렸습니다. (표제 그림: 「1999년 6월 29일」, 미래아이, 2004)

*David Wiesner*

자기 전에 어떤 아이는 꼭 동생과 싸웁니다.
자기 전에 어떤 아이는 꼭 물마시겠다고 하지요.
자기 전에 어떤 아이는 꼭 오줌 마렵다고 하죠.
자기 전에 어떤 아이는? 재미있는 그림 벽지를 들여다보며 상상 속에 빠져듭니다.

꼬마 데이비드 위스너는 상상 속에서 자기만의 세계를 날마다 새로 만들어 냈습니다. 그의 집은 선사 시대의 정글이 되기도 하고, 우주 공간 속에서 떠도는 행성도 되기도 했지요. 또 이 꼬마가 좋아한 것은 바로 백과사전. 디테일이 풍부한 사전 속의 그림들을 보면서 어린 데이비드는 이런 그림을 그리는 사람들은 대체 누구일까 궁금해졌답니다.

몸과 마음이 함께 커 가면서 그 궁금증을 풀기 위해 미술사로 풍덩 뛰어든 그는 르네상스의 거장 미켈란젤로와 레오나르도 다 빈치를 거쳐 달리, 마그리트, 지오르지오 드 키리코 등의 초현실주의 작가들의 그림에 푹 빠지게 되지요. 그러나 그는 '그림'보다는 '그림을 엮어 이야기를 만드는 것'에 훨씬 더 관심이 있었습니다. 그래서 그는 아버지가 마련해 준, 떡갈나무로 만든 커다란 도안용 테이블 앞에 앉아 *Slop the Wonder Pig*(굉장한 돼지 슬로프)처럼 글자 없는 만화책들과 드라큘라가 획획 지나가는 *The Saga of Butchula*(버츌라의 전설) 같은 무성영화를 만들어 내게 됩니다. 네모 칸의 예술 작품인 만화와 한 컷 한 컷 이어져 나가는 영화의 묘미를 알고 실험에 옮긴 거지요.

『이상한 화요일』, 비룡소, 2002

개구리가 연잎을 타고 날아다니는 『이상한 화요일』(*Tuesday*)은 바로 그림으로 이야기를 전개해 나가는 거의 글자 없는 그림책으로, 만화의 칸들을 알맞게 이용한 책입니다.

그런데 왜 개구리가 날아다니냐고요? 이 아이디어는 갑자기 나온 것이 아니었어요. 작가는 1989년에 만화 잡지 『크리켓』의 3월호 표지를 맡게 되었는데, 이때의 주제는 '성 패트릭의 날'과 '개구리'였습니다. 성 패트릭은 아일랜드의 성인으로, 상징색은 녹색입니다. 개구리 역시 녹색이죠. 데이비드 위스너에게 성 패트릭의 날은 별로 흥미가 없었지만, 흐느적거리는 축축한 개구리들은 매력 그 자체였죠. 그래서 『내셔널 지오그래픽』을 보면서 통통한 개구리, 비쩍 마른 개구리, 울퉁불퉁한 개구리, 미끌미끌한 개구리들을 스케치해 놓았습니다. (평소 그의 아이디어는 모두 스케치 북에 담겨 있답니다.) 자, 그리긴 그렸는데 이 개구리들을 어떤 식으로 다루어야 할지 몰랐던 그는 그림을 끄적이다가 평평한 연잎에 개구리 한 마리를 앉혀 놓습니다. 어? 이게 가만히 보니 날아가는 비행접시 위에 앉은 것 같네? 그래서 독자들은 그 달의 『크리켓』 표지에서 수많은 개구리들이 연잎을 타고 날아다니는 것을 보게 되었지요.

그는 이 개구리들을 잡지 표지에만 놔 둘 수가 없었습니다. 그림책을 하나 만들고 싶었던 거죠. 그런데 그림책 이야기를 어떻게 엮어 나갈지 고심하던 그는 스스로에게 질문을 던지요. '자, 내가 개구리라고 치자. 근데 내가 날 수 있다는 것을 알았다. 그럼 이제 무엇을 하고 싶지?' 역시 어렸을 때 만화책을 많이 본 저력이 여기서 나옵니다. 바로 악동 개구리들이 나타난 겁니다.

악동 개구리들이 날아다니는 『이상한 화요일』(*Tuesday*)에서 첫 장은 세 칸의 그림으로 이루어져 있습니다. 그런데 이 세 칸은 각각 독립적인 것 같으면서도 실상은 한곳의 풍경을 클로즈업하고 있지요. 첫 칸은 저녁놀이 지는 늪의 풍경을 멀리서 잡았고(이때 멀리 통나무가 보입니다.), 두 번째 칸은 하얀 달이 풀숲에서 슬그머니 솟아 올라오는 광경을 보여 주고(통나무가 제법 가까워집니다.), 세 번째 칸은 하얀 보름달이 점점 크게 떠오르면서 뭔가 수상하고 의심스러운 분위기가 술렁거리는 듯한 분위기를 불안해하며 이곳저곳을 바라보는 도마뱀 한 마리를 클로즈업하고 있습니다.(통나무가 화면의 반을 차지할 정도로 크게 그려집니다.) 그리고 다음 장에는 양쪽 페이지로 펼쳐진 큰 칸. 보름달을 뒤로 하고 연잎을 타고 개구리 부대가 날아옵니다. 다음 장의 세 칸에서 연잎을 타고 날아가는 개구리들이 마치 360도 회전 카메라로 찍은 듯이 빙빙 돌아갑니다.

개구리들은 동네를 휩쓸며 날아다니지요. 밤 11시 21분에 샌드위치를 먹는 남자에게 손을 흔들면서 지나가기도 하고, 미처 걷지 못한 빨래에 휩싸이기도 하고, 배트맨처럼 그 빨래들을 망토처럼 날리며 날아가기도 합니다. TV를 보다 꾸벅꾸벅 조는 할머니를 에워싸고 날아와 긴 혓바닥으로 리모콘을 조정하며 진지하게 TV를 보는 개구리들, 개를 보고 연잎 위에서 급브레이크를 밟고 도망가는 개구리. 이들은 곧 와해전술(인해전술)로 개를 공격합니다. 새벽이 오고 멀리서 여명이 보이는 장면에서 개구리들은 모두 다 다시 물 속으로 뛰어 들어가지요. 물론 다음 화요일에는 다른 동물들인 돼지들이 날아다니고 있습니다.

개구리들이 악동이 되는 날을 보름달이 떠오르는 날로 잡았다는 게 재미있습니다. 서양의 보름달은 충만하고 신령스런 이미지를 가진 우리나라의 보름달과는 전혀 다릅니다. 달의 형용사형은 'lunar'이고, 거기서 나온 단어, 'lunatic'은 '미친'이란 뜻입니다. 보름달은 바로 '광기'를 의미한답니다. 아, 알겠다. 개구리들은 그래서 초승달이나 반달이 뜨는 밤이 아니라 보름달이 뜨는 밤에 바로 그 요상한 달빛을 받고 그렇게 평소와 다른 행동을 했던 것이었군요? (그러나, 다음 화요일에도 왜 또 보름달이 뜨는지……? 위스너의 화요일에는 늘 보름달이 뜨나 보죠?)

그럼 왜 제목이 하필 일요일도 아니고, 월요일도 아니고, '화요일'일까요? 작가는 'Tuesday'가 요일 중에서 가장 우스워 보이는 단어라서, 또 그 단어가 개구리들에서 연상되는 어떤 특성―축축한 데서 뭔가 배어 나오는 'ooze'라는 특성이 가장 잘 드러나서 그랬다네요. 자, 한 번 길게 발음해 보세요. 'Tues-ooze'(튜우즈-우우즈) 뭔가 찐득찐득한 게 배어 나오는 것 같지요? 이런 책을 읽은 아이들은 상상력을 키워 니깝니다. 초등학교 1학년 꼬마들이 이 작가에게 편지를 썼다지요.

"우리 반에서도 책을 만들었는데, 제목을 '수요일'로 했어요. 그 책에는 수학 시험지들도 그렸고, 가위들이 날아다녀요."

아마 수요일에 수학이 들었나 보죠?

아, 그리고 위스너는 마치 알프레드 히치콕처럼 자기 얼굴을 그림책에 넣는 것을 잊지 않았어요. 야밤에 샌드위치를 먹는 남자는 바로 자기 자신의 얼굴을 본따 그린 거랍니다.

이 책을 끝낸 후, 작가는 다시 책을 들여다보다가 문득 이런 생각에 빠집니다.
"왜 내가 날아다니는 것을 내려가게 했지? 일단 뭔가 날아올라가는 게 먼저인데 말이야."

그리고 그는 꼬마 아이가 구름을 타고 하늘로 날아오르는 책, 『구름 공항』(Sector 7)을 만들어 냅니다. 뿌옇게 안개가 낀 창문에 물고기들과 문어 모양을 손가락으로 그리는 아이—이 창문은 집의 창문도 아니고 학교의 창문도 아니고, 바로 스쿨버스의 창문이랍니다. 그것을 어떻게 아느냐고요? 바로 다음 장에 노란 스쿨버스에서 내리는 아이들이 보이거든요.

안개가 자욱한 날 뉴욕의 엠파이어 스테이트 빌딩으로 현장 학습을 간 꼬맹이들. 그중에서 빨간 모자, 빨간 목도리, 빨간 장갑을 낀 꼬마가 장난꾸러기 구름과 친구가 되어 구름 발송 본부에 가서 모양이 비슷비슷한 따분한 구름들 대신 물고기, 문어 등 여러 가지 바다 생명체들의 모양으로 구름이 날아갈 수 있게 해 주는 이야기를 담은 이 책은 글자 없는 그림책입니다. 하지만 줄거리가 매우 뚜렷해서 아이들이 책장을 넘기면서 즐겁게 따라갈 수 있지요.

나중에 다시 엠파이어 스테이트 빌딩으로 돌아가, 스쿨버스를 타러 빌딩 밖으로 나가 마주치는 하늘을 한 번 보세요. 정말 멋지답니다. 안개가 개어 가는 연파랑 하늘에 물고기와 문어 모양 구름들이 떼를 지어 둥둥 떠다니고 있으니까요. 집 안에 갇혀 있는 고양이들은 창문을 지나가는 물고기 구름들을 잡으려 신이 났습니다. 맨해튼 빌딩들이 병풍처럼 둘러쳐 있는 호수(바다?)의 물고기들도 하늘을 떠다니는 구름 물고기들을 보며 펄쩍펄쩍 뛰네요. 아이들은 스쿨버스를 타고 재미있게 바라봅니다. 스쿨버스는 달려가고 하늘에는 물고기 구름, 스쿨버스 옆에는 빨간 모자를 쓴 장난꾸러기 구름······. 구름 공항의 직원들은 다시금 구름 도안을 합

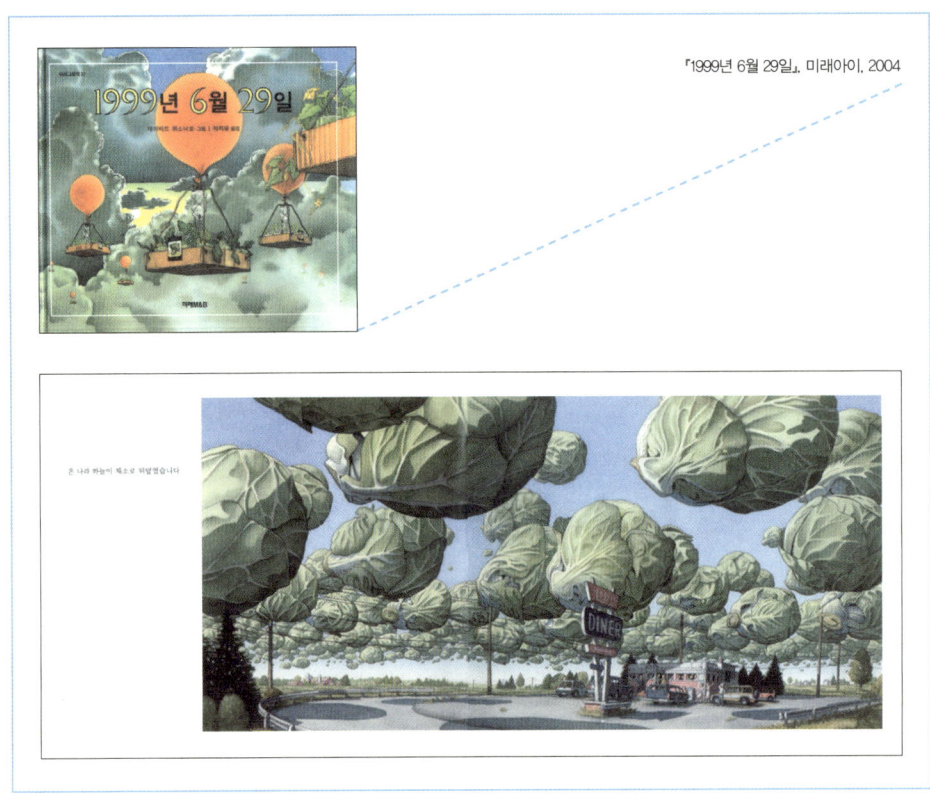

『1999년 6월 29일』, 미래아이, 2004

니다. 무슨 모양인지 알아맞혀 보세요!

  이 책에서 데이비드 위스너는 빨간색과 모자를 중요한 모티브로 삼고 있습니다. 안개 낀 날답게 그림색이 전체적으로 흐릿한데, 이 아이만 빨간색 모자와 목도리, 장갑을 끼고 있죠.

  남달리 생동감있게 세상을 본다는 뜻일까요? 그리고 모자를 쓰고 있을 때는 날지 못하는데 (그건 현장 학습을 온 다른 사람들 모두 마찬가지. 다들 모자를 꾹꾹 눌러 쓰고 있지요.) 이 아이가 모자를 장난꾸러기 구름한테 뺏긴 순간부터 상상의 세계가 펼쳐지고 구름타고 하늘을 날아오르게 되니까요.

  그런데, 데이비드 위스너 씨. 왜 그렇게 '하늘을 나는 것'에 유난히 집착하세요?

"아……, 그냥 상상이 이끄는 대로 가다보면 결국 하늘을 날게 되더라구요."

『1999년 6월 29일』(*June 29, 1999*) 역시 날아다니고 있습니다. 뭐가요? 이번엔 야채들 차례지요. 과학 보고서 때문에 어느 여자아이가 오랫동안 실험을 계획해서 풍선을 열기구 삼아 하늘로 채소 씨앗들을 날려 보냅니다. 외계의 조건이 채소들의 성장에 어떤 효과를 미치나 알아보기 위해서였죠. 그런데 한 달이 지난 6월 29일이 되자 엄청난 크기의 순무들이 로키 산맥 위를 날아다닙니다. 이뿐인가요? 오이, 리마콩, 호박, 양배추…… 가지가지 거대한 채소들이 하늘을 날아 땅에 내려앉지요. 사람들은 호박을 파서 집도 만들고, 거대한 감자 조각을 하기도 합니다. 여자아이는 집 앞에 떨어진 거대한 브로콜리 앞에 앉아 하늘을 보며 궁금해합니다. 이 모든 건 내가 날려 보낸 씨앗들이 아니었는데 대체 누가 보낸 걸까?

이 작가의 재미난 상상력이 다음 장에 펼쳐집니다. 외계인들이 타고 있던 우주선에서 보조 요리사가 그만 실수를 해서 먹을 것들을 몽땅 우주 공간에 날려 보내게 된 거죠. 작은 푸른 별 쪽으로 '떠내려가는' 거대한 야채들을 넋 놓고 보면서 앞으로 뭘 먹고 살지 하도 한심해서 다들 한숨 쉬고 있는데 둥실둥실 무엇이 떠오고 있는지 아세요? 바로 지구의 소녀가 날려 보냈던 아주 작은 채소들…… 그새 쬐끄만 열매들이 달려 풍선에 둥실둥실 떠오르는데, 이때 외계인들이 읽고 있던 책은 바로 '보통 크기의 채소를 대형 채소로 만드는 방법'(MEGA-VEG)이었답니다!

하늘로 둥둥 날아다니던 그의 상상력은 이번에는 바다 속으로 향합니다. 표지에 눈동자가 보이네요. 빨간 물고기의 눈동자인가요? 거기 비친 모습은 무엇일까요? 광각 렌즈로 찍힌 듯 둥글게 휘어 있는 그 모습의 정체는 책을 펼치면 자연히 알게 된답니다. 글자 없는 그림책인 『시간 상자』의 원제목은 '*Flotsam*'입니다. '잡동사니/표류화물'이란 뜻이지요.

바닷가에서 놀던 소년은 소라게 한 마리를 잡아 들여다봅니다. 소년의 커다란 눈동자 하나와 소라게의 휘둥그레진 눈동자 두 개가 보이는 장면을 가만히 보면, 중간에 뭔가 하나 끼어 있는 것 같지요. 다음 장면에 바로 나오는군요. 바로 확대 렌즈였어요. 이 확대렌즈는 앞으로의 상황을 암시해주는 소도구라고 할 수 있지요. 소년이 바닷가에서 소라게와 놀다가 우연히 건진 것이 바로 표류하던 수중 카메라고, 그 카메라가 그간 찍었던 것이 앞으로 주욱 펼쳐질 예정이거든요. 즉, 보통 때는 맨 눈으로 '좁은' 세상을 보던 소년은 '확대' 렌즈로 소라게를 보았고, 이어서 수중 카메라가 찍은 '자기는 몰랐던 세상'을 보게 되는 거지요.

파도에 밀려 온 수중 카메라 안에는 필름이 들어 있습니다. 소년은 그 필름을 인화한 뒤 그야말로 자신의 눈을 믿을 수 없을 정도로 놀랐지요. 태엽과 프로펠러가 달린 기계 물고기, 막 이사해서 정신없는 낙지네 집, 거북이 등 위의 소라성, 무엇보다도 놀라운 것은 아이가 찍힌 사진을 들고 있는 또 다른 아이의 사진이었어요. 소년이 고배율현미경을 사용해서 들여다보니, A가 든 사진에는 B가, B는 또 C의 모습이 찍힌 사진을 들고 있고……. 사진의 색채는 칼라에서 점점 빛이 바래며 세피아 톤으로 바뀌고, 아이들의 머리 스타일이나 옷까지도 점점 과거로 향합니다. 이런 것을 보면 데이비드 위스너가 디테일을 잘 잡아낸다는 생각이 듭니다.

큰 거울을 들고, 더 커다란 거울을 비춰 본 적이 있나요 그러면 거울을 든 자신의 모습이 계속 안쪽 거울, 또 그 안의 거울, 또 그 안의 거울에 비춰지지요. 데이비드 위스너도 그 놀이를 해본 게 틀림없어요. 바로 그런 모습으로 아이들 사진 그림을 그려 냈으니까요. 소년은 가만히 그 사진을 들여다보다가 자기도 그 사진을 들고 사진을 찍지요. 그리고 수중 카메라를 다시 바다로 돌려보냅니다. 바다 속을 헤집고 다니다 파도에 밀려 온 카메라는 또 다시 어느 아이의 손에 닿게 되고요.

자, 수중 카메라의 상표가 'Melville'인 것에 주목해보지요. 헐만 멜빌은 주로 바다를 배경으로 한 소설, 특히 『백경』을 쓴 소설가로, 자신이 포경선 선원으로 일하며 태평양을 돌아다니기도 한 사람입니다. 수중 카메라의 상표는 어쩌면 그를 기린 것인지도 모르겠어요. 다시 바다로 던져진 수중 카메라가 바다 속을 떠다닐 때, 회색 고래 한 마리 외눈으로 카메라를 힐끗 봅니다. 아마 『백경』에 나오는 모비딕이 아닐까 싶네요.

화려한 색깔과 풍부한 표현력, 수중 카메라라는 장치로 시간의 흐름을 이어준 이 책은 2007년 칼데콧 메달을 받았습니다.

책을 읽다 잠이 든 아이가 상상 속에서 여러 나라를 돌아다니는 글자 없는 그림책 *Free Fall*(자유 낙하), 태풍이 불어 나무가 송두리째 뽑히자 그 나무를 정글과 바다, 우주 삼아 노는 남자아이들을 그린 『허리케인』(*Hurricane*), 전래 동화 속에 갇혀 버린 돼지들이 그림책의 틀에서 벗어나 안전한 곳으로 가는 이야기를 그린 『아기돼지 세 마리』(*The Three Pigs*)에서도 재치있는 그림과 뛰어난 상상력을 보여 준 데이비드 위스너. 톡톡 튀는 그의 상상력이 다시 날아다닐 곳은 어디일까요? 부탁 하나 할게요. 너무 높이 올라가진 마세요. 날개를 붙인 밀랍이 녹아 버린답니다. 그래도 괜찮다고요? 아, 맞다. 태양을 저 아래 두고 머나먼 우주 공간으로 날아가면 되겠군요!

# 백지만 보면 기가 죽어

## 에릭 로만

1957년 미국 일리노이 주에서 태어났습니다. 어린 시절, 소년 야구 리그에서 뛰었고, 만화책을 즐겨 읽고, 돌, 곤충, 나뭇잎 들을 모으기도 했습니다. 고등학교 때는 브룩필드 동물원에서 동물원 관리를 위한 자원 봉사로도 일했지요. 일리노이 주립대학, 애리조나 주립대학에서 미술, 북 메이킹, 생물학과 인류학 등을 공부했습니다. 그림책 작가로서 뿐만 아니라 화가로서도 그 재능을 인정받았는데, 미국의 여러 주와 유럽에서 작품을 전시했습니다. 지금까지 그가 글을 쓰고 그림을 그린 책은 모두 네 권인데, 이 중에서 『이상한 자연사 박물관』은 1995년 칼데콧 영예상을 받았고, 『날마다 말썽 하나』는 2003년 칼데콧상을 받았습니다. 작품으로 『이상한 자연사 박물관』과 『날마다 말썽 하나』을 비롯하여 『열 개의 눈동자』, Pumpkinhead 등이 있습니다. 또 King Crow, The Prairie Train 등의 책에 그림을 그렸습니다. (표제 그림: 『열 개의 눈동자』, 미래아이, 2003)

*Eric Rohmann*

땡볕에 아이와 나폴리의 박물관까지 찾아 갔던 이 년 전 어느 날, 어두컴컴한 계단을 내려가다가 그만 소스라치게 놀랐습니다. 이천 년 전, 베스비오스 화산 폭발로 용암과 화산재에 묻혀 버린 폼페이에서 발굴된 시체가 그 계단 밑에 엎드려 있었거든요. 대체 어떤 운명을 타고 태어났기에 이 사람은 꽃 피고 꽃 지고 낙엽 지고 눈 오고 하는 세월을 수없이 지나 지금 내 앞에 이 모습을 드러낸 걸까? 이 사람과 나와의 사이에 쌓여 있는 시간의 부피란 엄청나구나…….

제게는 '부피로 쌓이는' 시간이 어떤 사람에게는 흘러서 갑니다. 『이상한 자연사 박물관』이라는 번역 제목으로 나온 *Time Flies*(시간은 흐른다)에서 에릭 로만은 박물관에 서 있는 공룡에 날아드는 새의 여행을 통해 그 영겁의 세월을 거슬러 올라가 한때는 푸르렀던 공룡의 '청춘'을 시원스런 그림으로 보여 주고 있습니다. 물론 뼈를 통해 거슬러 올라갔던 시간은 다시 뼈를 통해 자연스레 내려옵니다.

박물관 창밖으로 새 한 마리가 보입니다. 이 새는 포르르 날아 박물관의 공룡 전시실로 들어가지요. 이리저리 구경 다니다가 어느 공룡의 이빨에 턱하니 앉아 보기도 합니다. 그리곤 다시 포르릉 날아가는데, 순간 공룡의 뒤에서 번개가 번쩍하는 게 보이는군요. (번개는 여기서 중요한 모티프입니다.) 그와 동시에 뼈로만 이어져 있던 공룡의 다리는 단단한 근육으로 뭉치고 새는 이제 그 공룡과 함께, 공룡들이 생명의 힘을 뿜으며 살았던 시대로 나들이를 합니다. 자세히 보면 번개가 번쩍하는 장면까지는 그림이 직사각형 흰 테두리 안에 들어 있습니다. 이 책의 해설

자 이지유 님은 그림 둘레에 있는 여백은 아직 새(아이)가 현실 속에 있음을 나타내고, 여백 없이 종이에 가득한 그림은 새(아이)가 판타지의 세계로 몰입했다는 것을 알려 준다고 설명하고 있습니다. 다리에 살이 붙기 시작하는 부분부터는 현실에서 상상의 세계로 옮겨 가는 장면이라서 오른쪽 끝에는 흰 테두리가 없지요.

상상의 세계에서 새와 공룡이 노닐 때, 시간의 흐름은 하늘을 통해 드러납니다. 이들이 처음 들어선 세계는 붉게 동터 오르는 하늘이 장관인, 선사 시대의 거친 힘과 아름다움이 그대로 느껴지는 세계입니다. 다음 장을 넘기면 붉은빛이 스러지며 하늘에는 노란빛이 가득하고, 그 다음에는 연푸른빛이, 그리고 푸른빛이 돌다가 뿌연 구름이 가득해집니다. 그러더니 아, 그만 현실로 돌아가자는 건지 공룡이 새를 입 안에 넣어 버리고 순간 하늘에서 번개가 번쩍, 치는군요. 이제 돌아가야 할 시간을 알려 주는 거지요. 새가 공룡의 입 속을 통과해서 뒤로 나옵니다. 물론 이제 살은 없고 뼈만 남아 있는 현실로의 여행이기에 가능한 일이지요. (역시 흰색 테두리가 생겨납니다.) 이제 박물관을 나서는 새. 하지만 이 새의 마음속에는 방금 시간의 흐름을 거슬러 올라가 다녀온 그 선사 시대가 선연하게 남아 있군요.

글 없이 그림만으로도 이야기를 풍부하게 담아 낸 이 작가는 바로 에릭 로만이라는 사람입니다. 미국 일리노이 주에서 태어나 일리노이 주립대학에서 미술을 전공하고 생물학과 인류학을 부전공했습니다. 그리고 애리조나 주립대학에서 북 메이킹을 공부했지요. 흠, 여기서 제 흥미를 당기는 게 있군요. 미술과 생물학과 인류학이라……. 『이상한 자연사 박물관』이라는 책이 나올 수 있는 배경을 그 시절에 공부한 것 같군요. 그러나 공룡의 뼈를 봤다고 해서 누구나 이런 그림책을 만들 수 있는 건 아닐 터. 저 또한 시카고 자연사 박물관에 갔을 때 거의 삼 층 높이의 엄청난 공룡을 보았지만, 그저 '무지하게 크구만.' 하는 생각만 들었습니다. 시간을 거슬러 올라가 보면 그 공룡도 푸른 풀밭과 황홀한 햇빛을 흐뭇하게 즐겼을지도 모르지만, 그런 생각은 조금도 나지 않았었지요.

『이상한 자연사 박물관』, 미래아이, 2001

하긴, 이 작가는 어렸을 때 늘 한쪽으로 물러나 앉아 주변의 세계를 느끼는 법을 배웠다고 합니다. 풀내음이 섞인 공기, 미루나무 잎들이 바람에 버석이는 소리, 시냇물에서 올챙이가 왔다갔다하는 작고 빠른 움직임, 그리고 별똥별들, 그런 것들……. 작은 소리와 움직임에 예민했던 그때 그 시절은 일러스트레이터로 생활을 이어 나가기 힘들던 그에게 『이상한 자연사 박물관』의 생각을 키울 수 있게 해 준 귀한 바탕이 되었을 것 같네요.

그러나 어린 에릭은 독서를 썩 즐기지는 않았습니다. 그것은 가정환경 탓도 컸는데, 아버지에게는 독서장애증(dyslexic)이 있었고, 어머니는 책을 그다지 많이 읽지 않았다는군요. 그 결과 에릭은 글보다는 그림 위주로 읽게 되었는데, 그 말은 즉, 만화책을 좋아했다는 뜻이랍니다. 모리스 센닥, 조지 해리만 등의 그림책도 좋아했지만, 손닿는 만화책이라면 무조건 다 읽어댔어요. 물론 만화책 다음에는 영화였고, 최초로 읽은 소설은 영화를 소설로 각색한 것이었다네요. 고마운 것은 그가 어린 시절에 좋은 선생님들을 만났다는 사실이군요. 즉, 아, 이 꼬마는 손에 그림 재료만 있으면 집중력이 대단하구나, 하고 깨달은 선생님들이 계셨네요. 덕분에 학창 시절은 수월했고, 청소년기에는 동물원에서 일하며 한때 수의사를 꿈꾸다가 미대에 들어가 본격적으로 그림을 그렸답니다.

어른이 된 그는 평소에 긴 이야기를 조각조각 나누어 그림을 그려보곤 했는데, 어느 정도 시간이 흐르자 이런 그림을 엮어서 책으로 만들어 볼 생각을 하게 됩니다. 더미북을 만드는데 여섯 달 남짓 걸렸는데, 당시 여름학교에서 영상 미술 관련 과목을 가르치고 있던 그는 학생 중에서 똑똑한 6학년짜리 여자애에게 『이상한 자연사 박물관』의 더미북을 보여 주었어요. 그런데 그 애가 하는 말, "이거 어디서 본 책 같은데요."

그래서 에릭은 좌절하고 그것을 이 년 동안 쳐다보지도 않았다는군요. 단지 그 아이가 그런 말을 했다고 그 정도로 상처를 받았으니, 나름 여린 영혼이었나봐요.

그러다가 1993년 뉴욕에 포트폴리오를 가져가서 편집자와 아트 디렉터를 열네 명이나 만나 보는데, 그중 열다섯 번 이상을 거절당했다는군요. 그러다 한 편집자가 더미북과 『이상한 자연사 박물관』의 두 장면을 담은 그림을 보고는 끄덕끄덕, 마침내 이 책이 나오고, 칼데콧 영예상을 받게 되지요.

이 분야에서 일하는 이들은 대개 책을 서너 권내고, 독자들도 생기고 교사들과 사서들에게 명성도 좀 쌓고 난 뒤에야 받는 칼데콧상을 첫 책으로 상을 받으니 "예정보다 빠른 출소"라고 농담까지 하는 에릭 로만은 자기는 자신을 위해 책을 만든다고 말합니다. 참으로 솔직하군요. 결국 작가가 가장 잘 이해하는 독자는 자기 자신이니까요. 물론 내가 좋아서 그리는 그림책을 어린 독자들이 함께 좋아해 준다면 그의 말마따나 '축복을 받은 셈'이 되겠지만요. 그래도 그의 입장에서는 어린이들이 가장 좋은 독자랍니다.

"어린이들은 가장 좋은 독자입니다. 왜냐하면 그들은 호기심이 많고, 열정적이며, 충동적이고, 너그러우며 단순한 기쁨에도 즐거워하기 때문이지요. 어린이들은 웃기면 그냥 웃어대고, 합리적이지 않더라도 그냥 믿어버립니다. 어린이들은 역설적이거나 현실적이거나 무관심하지 않고, 대신 희망을 품고 있고, 마음이 열려 있으며 가슴이 따뜻하고, 그림과 이야기를 엄청나게 좋아합니다."

또한 그는 매우 중요한 점을 하나 지적합니다.

"책에는 다른 예술 작품들과 뚜렷이 구분되는 특성이 있다. 책은 '시간'이라는 요소를 포함한다."

독자가 책장을 넘기면서 사건들, 즉 이야기가 드러날 때 당연히 시간도 같이 흐르게 되지요. 『이상한 자연사 박물관』에서 그는 책이 가진 그 특성, 즉 '시간'의 흐름을 매우 뚜렷하게 구체화시켰다고 할 수 있습니다. (이런 의미에서, 작가의 의도를 번역본의 제목이 못 따라가는 것 같아 안타깝습니다.)

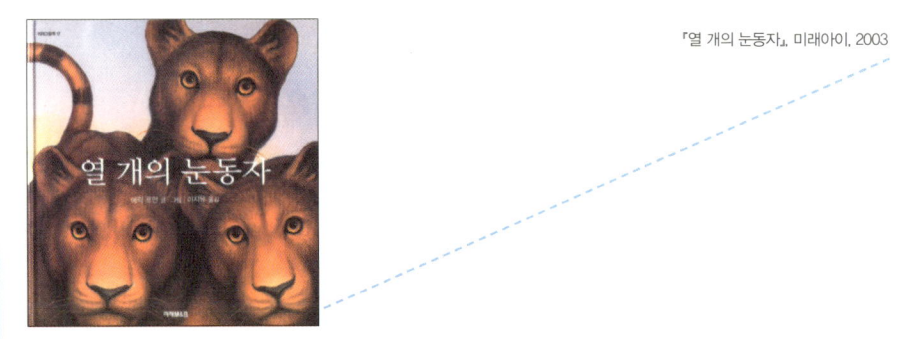

『열 개의 눈동자』, 미래아이, 2003

영화 감독이 영화를 위해 가장 좋은 장면을 생각하고 또 생각해 보듯이 에릭 역시 각도와 빛을 끊임없이 바꿔 가며 자신의 그림을 보려고 합니다. 흥미롭고 역동적인 배치를 하려면 어떻게 해야 하나, 그리고 이야기 구조를 더욱 강화시키려면 어떻게 해야 하나 영화 감독 못지않게, 혹은 그 이상으로 노력하는 거지요. 그런 의미에서 『열 개의 눈동자』(The Cinder-Eyed Cats)는 성공했다고 하겠습니다. 도서관에서 이 책 저 책 구경하던 제 등을 오싹하게 했던 책이거든요. 뭔가 저를 노려보고 있는 듯한 느낌이 들어서 휙 돌아서니 바로 그 책, 웬 '즘생'들의 눈동자가 또렷하게 저를 정면으로 바라보고 있었으니까요.

원본 제목에 나온 'cinder'는 '불꽃은 없지만 뜨거운 숯'이라는 의미입니다. 그러니까 색깔로 따지자면 이 눈동자는 잿빛 눈동자지만 언제든 입김만 불어넣어 주면 다시 불이 활활 붙는 숯과 같이, 속에 활화산을 담고 있는 눈동자지요. 그런 눈을 가졌다는 것은 중요한 암시입니다. 흐릿한 배경으로 있다가 소년과 만나면서 점점 환하게 불이 붙어 환상의 세계로 뛰어 들어가는 눈이거든요. (물론 소년과 헤어지고 나서는 스르르 감기는 눈입니다.) 번역본에는 '열 개의 눈동자'라고 되어 있지요? 표지를 보면 여섯 개밖에 없는데? 라고 하지 마시고 뒤표지까지 펴서 보세요. 열 개 맞습니다.

환상의 세계로 떠나는 배들이 공중에 떠 있는 어느 부두. 아이는 탐험에 쓸 망원경과 물통을 다부지게 챙겨 끈 사다리를 올라 배에 탑니다. 처음에는 갈매기들도 두어 마리 주변을 맴돌지만 곧 소년은 오롯이 혼자만의 여행을 하지요. 하늘에 떠 있는 배는 아이가 배를 기울이는 방향대로 아래의 섬과 수평선이 같이 기울어집니다. 다음 페이지까지 이어지는 수평선을 보면 그야말로 '지구는 둥글다'는 게 한눈에 보이지요. 이 작가에게 각도가 매우 중요하다는 게 느껴지는 장면입니다. 이렇게 아이는 지구를 휘익 돌아 초록의 섬에 닿습니다. 하늘에서 멀리 있는 섬을 바라볼 때 뭔가 보이나요? 웅크리고 있는 고양이인지 호랑이인지 암사자인지, 재규어인지 표범인지, 아무튼 고양이 과(cat family)에 속하는 짐승인 듯한 게 두어 마리 아슴푸레하게 보이지요? 그 다음에 배에서 닻이 내려지는 그 꼬리와 마찬가지입니다. 산마다 섬마다 웅크린 그 모습들이 좀 더 뚜렷하게 보입니다.

아이가 섬에 내려 해변에서 모래를 다져 커다란 물고기를 만드는 동안 그 호랑이들은 (번역본에 호랑이라고 나와 있습니다.) 또렷한 꼬리를 잠망경처럼 쑥 내밀어 아이를 관찰하고 있군요. 땅거미가 지자 (백주대낮에는 환상 사절! 햇빛이 몸을 숨긴 밤에만 환영!) 모래 물고기가 눈을 슬며시 뜨고 아이의 주변에는 호랑이같아 보이는 그림자들이 다가오지요. 바로 표지에 나온 그 열 개의 눈동자가 또렷하게 아이를 쳐다보고, 아이는 깨어납니다. 눈동자, 눈동자, 눈동자들…… 그리고 둥근 달빛이 (역시 보름달이군요.) 잠든 세상을 환하게 비추고 바다 속 친구들이 휘익 솟구쳐 오르지요. 이들은 모두 함께 어울려 놀다가 모닥불을 사이에 두고 둥글게 둥글게 돌기 시작합니다. 바로 그 장면은 둥근 호랑이의 눈동자에서 훨훨 타오르고 있는 불꽃과도 같지요.

하지만 한바탕 놀이 뒤에는 헤어져야 할 시간. 아침 햇살이 손을 내밀고, 이제 다들 제자리로 돌아가야 합니다. 모두들 사라져 버린 썰렁하고 너른 해변가에 호랑이들과 아이만 남아 있습니다. 아이 역시 배에 올라 떠날 준비를 하지요. 불길이 타오르던 눈동자에서 이제 순하디 순한 눈동자로 바뀐 나긋나긋한 호랑이들이 아이와 작별 인사를 합니다. (그래, 너희들은 서로를 길들인 거야.) 아이의 배는 하늘로 둥싯둥싯 떠가고 불타던 호랑이들의 눈은 지그시 감겨 있습니다. 둥근 달이 뜨면 다시 만나기를 바라며…….

『열 개의 눈동자』말고도 환상의 세계를 다룬 그림책은 참 많습니다. 환상 그림책들은 제가 특히 좋아하는 *Looking for Atlantis*(아틀란티스를 찾아서)처럼 전체적으로 그림이 복잡한 책이 많지요. 하지만 『열 개의 눈동자』는 분위기가 매우 다르답니다. 인상을 한 마디로 얘기하자면, '둥글다'는 느낌입니다. 화려한 맛은 전혀 없지만 둥글고 부드럽고 편안한 느낌. 또한, 색깔도 전혀 튀지 않고 어디서나 은은히 배어납니다. 발그레하게 물들어 있거나 연보랏빛, 파란 하늘빛이 배어 나오는 구름, 다양한 색조의 푸른색이 배어 나오는 하늘과 바다. 글 또한 간결하고 시적입니다. 사실 이 책은 글이 아예 없어도 될 정도입니다. 그림만으로도 이야기가 충분히 전달되거든요. 그래도 "머나먼 섬"이라는 첫 마디로 시작해서 나직하고 조용히 간결하게 속삭여 주는 글맛도 좋습니다.

분수 조각인 물고기가 생명을 얻고 하늘을 물 삼아 헤엄치는 책도 있지요. 그림책에서 어린이가 아끼는 장난감이 밤에 깨어나 아이와 함께 환상 여행을 즐기는 이야기는 지루할 정도로 흔합니다. 그런데 어떤 방식으로 그리느냐에 따라 책이 확 달라지지요. 밥에 비유해볼까요? 우리는 날마다 '밥'을 먹습니다. 그러나 쌀이 철원쌀인지 이천쌀인지, 햅쌀인지 묵은쌀인지, 오곡밥인지 발아 현미밥인지, 백미밥인지, 밥솥이 쿠쿠인지 쿠첸인지, 돌솥인지, 가마솥인지, 물은 약수인지 수돗물인지에 따라 밥맛이 매우 달라집니다. '밤에 인형이 깨어나 아이와 함께 환상 여행을 떠나는 줄거리'는 밥이긴 밥이되, 작가가 어떤 재료로, 어떤 솥에, 어떤 물로 지었는지에 따라 그림책 맛이 확 달라지는 거죠. 『클라라의 환상 여행』(*Clara and Asha*)은 제게는 햅쌀과 약수를 가마솥에 넣고 장작불로 갓 지은 윤기가 자르르 흐르는 밥입니다.

『열 개의 눈동자』에서도 말씀 드렸지만, 앞표지 뒤표지를 쫘악 펴서 연결시켜 봐야 하는 책들이 있는데, 이 책도 그렇습니다. 까만 눈동자를 한 잠옷 차림의 클라라 뒤에 물고기 아샤가 장난스런 표정으로 뱅긋 웃고 있습니다. 뒤표지까지 펴보면 아샤의 매끈한 유선형 몸매가 잘 드러나는군요. 정해진 규격(현실)을 요리조리 빠져나가 환상 세계로 날렵하게 들어가는 안내자로 물고기를 택한 것은 영리한 선택이라고 할 수 있지요. 또한 검은색과 푸른색 줄무늬는 마치 샤갈의 푸른색처

『날마다 말썽 하나』, 뜨인돌어린이, 2014

럼 환상적인 색채입니다.

  첫 장을 보면 잠옷 차림의 아이가 동물 인형들을 놓고 비눗방울 놀이를 하고 있지요. 창밖으로 둥실둥실 떠오르는 비눗방울을 보고 커다란 물고기 아샤가 들어옵니다. 그리고 클라라는 회상합니다. 둘은 공원에서 처음 만났지요. 입에서 물줄기를 뿜어내는 공원의 조각상이었던 아샤는 클라라를 보는 순간 생명을 얻고 함께 재미있게 놉니다. 아샤가 클라라의 뒤를 따라가는 장면들을 보세요. 아샤는 하늘을 '날지' 않습니다. 공기 중이 물속인양 부드럽게 '헤엄'치지요. 클라라의 집에 온 아샤는 클라라의 목욕통 안에서 장난감을 쌓아올리며 재미나게 놉니다. 어디서 많이 보던 장면이죠? 바로, 『날마다 말썽 하나』(My Friend Rabbit)에 나왔던 동물 사다리와 비슷하군요. 아샤는 어항 속에서 금붕어와 함께 놀기도 하고, 할로윈데이 때 어부인 클라라의 낚시에 잡혀 가는 물고기인 척도 합니다. 하지만 그 낚시에는 바늘 대신 구슬이 달려 있지요. 겨울 장면에서 눈에 동그랗게 뭉쳐진 아샤를 보세요. 에릭 로만의 생각이 무척 기발하죠?

  (회상은 끝났고) 클라라는 아샤와 둘이 하늘을 훨훨 날 거라서 비눗방울을 힘껏 크게 불고 그 위에 둥실 올라탑니다. 이들이 밤하늘에 둥실둥실 날아다니는 장면은 마치 광각 렌즈로 찍은 듯 둥글지요. 『열개의 눈동자』의 장면들이 생각나지 않나요? 클라라와 아샤가 달이 물속에 비치듯, 밤 호수에 비치는 장면은 매우 서정적입니다. 여행은 끝나고, 이제 클라라는 정말로 잠을 자려고 했는데…… 마지막 장면에서 악어인 형이 커다란 진짜 악어로 변해 들어오는 바람에 도저히 잘 수가 없군요. 클라라의 환상 여행은 또 시작되겠지요.

  이 책에 나온 아샤는 낯익지요? 바로 『열개의 눈동자』에서 소년이 기대앉았던 그 모래 물고기랍니다. 그 물고기가 눈을 슬며시 뜨고 소년과 호랑이들과 함께 둥글게 춤추며 놀았지요. 이 책은 2006년 미국 도서관협회의 '주목할 만한 어린이 책'에 뽑혔답니다.

그의 그림책에는 어디서나 동물이 등장하지요. 물론 에릭이 동물원에서 일한 경험이 있지만, 동물 그림 그리는 게 더 재미있어서 그렇다기 보다는 가령 하마를 그리면 하마를 노인으로 그려도 상관없고, 아메리칸 인디언으로 그려도 상관없고, 여동생이나 누나로 그려도 전혀 상관없기 때문이라고 하네요. 즉, 매우 말랑말랑하게 어떤 모양으로도 빚어낼 수 있다는 거지요. 게다가 "동생을 그린 것보다 하마 그려 놓은 게 더 웃기잖아요."

어렸을 때 손닿는 만화책이라면 무조건 다 읽고 멋진 기계들을 따라 그려 보기도 하고, 괴물, 기사, 공룡, 배들을 그려 댔던 에릭 로만. 그러나 일러스트레이터와 그림책 작가로 성공하면서도, 자신이 아주 좋아하는 일을 막상 하려면 자기의 능력과 노력에 대해 한숨 쉬게 되는 많은 다른 이들과 똑같습니다.

"제게 스튜디오는 가장 달려가고 싶은 성스런 장소이기도 하고, 한편으로는 죽어도 가고 싶지 않은, 괴물들이 우글우글 모여 있는 곳이기도 합니다."

그런 이중적인 느낌의 스튜디오에서 그는 주로 유화 물감을 써서 책을 만들었습니다. 유화는 성품이 느릿느릿해서 마르는 데 오래 걸리고, 따라서 자기의 그림을 천천히 다시 탐색할 시간을 가질 수 있었다고 그는 말합니다. 또 유화는 회화 같은 냄새가 나고, 자기와 역사가 감성적으로 연결되고 있다는 생각도 든다네요.

하지만 스타일과 기법과 도구는 변하는 법. 『날마다 말썽 하나』(*My Friend Rabbit*) 에서 에릭 아저씨는 같은 작가가 그린 것이 맞나 싶을 정도로 여태 해오던 유화와 회화 느낌의 그림 스타일을 시원스레 바꾸어 버립니다. 그는 깡총이 책을 만들기 위해 온갖 방법을 다 실험해 보지요. 석판화, 목판화, 스크래치 보드, 과슈, 콜라주, 종잇조각, 수채화, 파스텔, 펜, 잉크……. (헉헉, 종류도 많네!) 그러다가 마지막으로 그가 택한 것은 릴리프 페인트였어요. 턱턱 거친 느낌이 드는 생동감 있는 판화라서 자기가 구상한 이야기와 잘 어울린다고 생각했거든요.

그럼 깡총이 책을 소개하기 전에 잠깐 딴 얘기 하나. 전에 세 살짜리 꼬맹이 둘을 목욕탕 속에 넣어 놓고 언니와 제가 오랜만에 수다 모드로 들어갔는데, 물 속에서 철벅거리며 깔깔거리던 아이들 소리가 문득 사라졌습니다.

"애들이 왜 이렇게 조용하지? …… 조용하다는 건 뭔가 사고를 쳤다는 뜻인데?"

목욕탕에 가 보니, 수건이란 수건은 다 젖어서 철벅철벅한 바닥에 쌓여 있는 게 아니겠어요?(미국 살이 시절, 목욕탕은 탕 안에만 배수구가 있지 바깥은 그냥 마루나 다름없었거든요.) 이 아가들이 탕 안에서 신나게 펄쩍거리며 물장난을 하다가 물이 마루로 흘러내리자 나름대로 재빠른 판단을 내린 거였죠. '엄마한테 혼나겠다, 얼른 수건으로 닦아야지.' 하여, 이 꼬마들은 마른 수건으로 바닥의 물을 닦긴 닦았는데, 그 다음에 어떻게 해야 하는지를 몰라 물이 뚝뚝 떨어지는 그 수건을 탕에 담갔다가 짠답시고 짜고, (세 살배기들은 짜는 힘, 하나도 없습니다.) 전보다 물이 더 떨어지는 그 수건으로 다시 마루를 훔치고 (점점 물이 많아지네? 이상도 하다.) 당황해서 다른 수건으로 똑같은 행동을 반복하고, 하다 보니 모든 수건을 다 적셔 버렸답니다. 우리가 문을 열자 발가벗은 두 아가들이 물이 뚝뚝 떨어지는 수건을 들고 얼어 있는데…… 쯧쯧, 나름대로 잘해 보려고 한 일이니 용서할 수밖에요. 누구나 다 친구(또는 가족)를 위해 잘하려고 한 행동이 엉뚱하게 빗나갈 때 속이 상하지요. 하지만 이 책에서 우리의 깡총이는 아주 발랄합니다. 빗나가면 그 문제를 해결할 방법을 즐겁고 씩씩하게 찾아내니까요.

깡총이와 찍찍이는 눈빛만 봐도 통하는 것 같아요. 표지 그림에서 둘이 마주보는 그 눈빛을 보면 우정과 사랑이 잘잘 끓고 있는 것처럼 보이죠? 책을 펼치면 사건이 일어난 배경이 숲임을 암시하는 녹색 종이로 도배된 양면이 나오고, 그 다음에는 어디선가 선물을 받았는지, 포장 끈이 나풀나풀한 박스에서 장난감 비행기가 나오고, 찍찍이는 약간 두려워하며 조종석에 앉아 있는데, 깡총이는 양팔을 벌리며 환하게 웃습니다. 앗, 재미날 것 같은데? 문제는 이 깡총이가 원래는 잘하려고 하는 건데도 뭘 만지거나 어디로 움직였다 하면 말썽이 생긴다는 거죠. 깡총이는 찍찍이가 멋있게 한번 비행기를 타고 날게 해 주려고 한 거였지만, 제멋대로 비틀비틀 날아가는 비행기에서 찍찍이는 떨어져 나가고, 비행기는 나뭇가지에 걸려 버립니다.

비행기의 궤적을 굵은 홈질(!)로 표시한 재치가 재미나지요? 간간이 거기서 실밥도 터져 나옵니다.(웃음) 높은 곳에서 깡총이와 찍찍이를 내려다보는 시각적인 효과가 두드러지는 장면이 바로 여기지요. 다음 페이지는 양면이 텅 비어 있습니다. 좋은 생각이 있다며 신나게 뛰어가는 깡총이의 모습. 어디로 가는 것일까요? 땀을 삐질삐질 흘리면서 꼬리 하나를 부여잡고 힘을 쓰고 있군요. 오마나~! 거대한 코끼리를 턱하니 찍찍이한테 데려다 놓고 또 어디론가 달려가네요. 이번엔 안 끌려가려고 앞발로 버티는 코뿔소를 우격다짐으로 밀어다 놓고, 불굴의 깡총이 용사가 이번엔 하마를 번쩍 들고 옵니다.

사슴과 악어와(악어 머리 위에는 다람쥐가 앉아 있고), 그 다음엔 곰을, 그 다음에는 거위를 들고 오는데, 끌려오는 동물들의 눈매를 보세요. '아니, 이거 정말, 뭐 이런 게 다 있어!' 하는 듯, 어처구니도 없고 약간 화도 내는 눈빛이지요. 그 와중에 찍찍이는 아기 거위들 틈에서 척척 행진하고 있어요. (잠깐 또 딴 얘길 하자면 저희 어머니의 고등학교 시절, 학교에서 불이 나는 바람에 무슨 괴력이 생겼는지 두 여학생이 강당의 피아노를 번쩍 들고 옮겼는데, 상황이 수습된 뒤에는 아무리 피아노를 옮겨 보려 해도 들리지조차 않더라는 얘기…….) 이 꼬마 토끼도 친구 찍찍이를 위해서 갑자기 괴력이 생긴 거, 맞죠? 지치지도 않고 그 거대한 동물들을 번쩍번쩍 들고 오는 장면을 보면 한 마리씩 데리고 올 때마다 힘이 더욱 솟구치는지 깡총이가 점점 더 커지는군요.

자, 깡총이는 이제 동물 사다리를 만들어 냅니다. 사다리는 길어야 제 맛이죠. 그래서 작가는 가로가 긴 직사각형 무대를 빙그르르 돌려서 세로가 긴 무대로 바꿔 버리지요. 책을 돌리면서 제 눈도 함께 돌아가니 심리적인 길이는 훨씬 더 긴 것 같네요. 코끼리, 코뿔소, 사슴, 곰, 하마, 악어가 올라선 위에 깡총이와 찍찍이가 층층이 올라가서 다람쥐 엉덩이를 받쳐 주고 있는데도 나뭇가지 위의 비행기에 닿을락 말락, 안타까운 정경이 펼쳐지죠. 물론 응원단이 언제나 있게 마련. 발랄한 노란색 유니폼을 맞춰 입고 주황색 부리를 단 새끼 오리들이 저 밑에서 꽥꽥거리며 응원을 하고 있습니다.

　작가는 여기서 처음에는 두 페이지를 그냥 펼친 상태에서 동물 사다리를 만들어 보려고 했답니다. 그러나 사다리가 너무 짧고 짜부라져 보였다네요. 그래서 한 번 띠이익 돌려 봤더니 아주 훌륭한 결과! 내친 김에 책을 완전히 한 바퀴 돌리게 할까 생각도 해 봤지만, 그렇게 하면 독자가 "음, 이 작가, 머리를 엄청 돌렸군." 하며 책을 덮어 버릴 것만 같아 수직으로 돌리는 정도로 끝냈다고 합니다. 사실, 저도 책 안에 어떤 장치가 있는 것을 좋아합니다. 가운데 접힌 종이가 있어 크게 펼쳐 보거나 플랩을 열어 보거나 하는 행위를 통해 그 책 내용 자체에 참여하고 있다는 뿌듯한 느낌이 들거든요. 책을 조금 돌리기만 하면 되는 간단한 레이아웃으로도 참여의 기쁨이 새록새록~!
　어쨌든 마지막으로 다람쥐가 찍찍이를 안아 올렸는데, 어머나~ 저 밑에서 응원단이 기겁을 하며 꽥꽥거리면서 흩어져 버리잖아요? 오오, 사다리가, 사다리가…… 공간 확보! 다이빙! 엉성한 착지! 드높았던 동물 사다리는 이제 와르르 무너지고 동물들은 저마다 사나운 표정으로 깡총이를 노려봅니다. 그들의 공격을 받는 순간, 비행기를 탄 찍찍이가 날렵하게 날아와 깡총이를 구해 주지요. 그러나 다음 순간 이들은 또 다시 나뭇가지에 걸립니다. 이렇게 이야기는 돌고 돌겠지요.

　에릭 아저씨는 동물들이 쌓여 있는 드로잉을 했다가 갑자기 거기서 아이디어를 얻어 이 책을 만들었다고 합니다. 어렸을 때 장난감을 쌓아 올린 다음에 뭘 하나

던져서 허물어뜨리곤 했던 게임을 즐겨 했는데, 동물 사다리에 그걸 적용하면 재미있을 것 같아 이 이야기를 만들었다네요. 하지만 예전 책과 깡충이 책은 스타일이 완전히 다르니만큼 꽤 용기가 필요했겠네요. 사실 그림 그리는 이들은 가끔 이런 권고를 받는다네요.

"한 가지 스타일만 유지하는 게 마케팅이나 작품을 브랜드화 하는 데 도움이 되니까 같은 스타일로 쭉 그리도록 하여라."

하지만 이 작가는 그 논리에 저항을 한 거지요.『이상한 자연사 박물관』이나 『열 개의 눈동자』처럼 섬세하고 자연스러운 유화 방식으로 『날마다 말썽 하나』를 낸다면 이야기와 도무지 맞지 않을 것 같다면서요.

"나는 예술가의 '스타일'은 자연스럽게 발전되어야만 한다고 생각한다. 그것은 인위적으로 만들어지거나 선택되는 것이 아니다. 예술가가 일을 할 때는 손과 눈과 마음이 함께 어울려 특정한 방식, 즉 자기만의 독특한 방식으로 시작하게 마련이다. 아직 초보였을 때 나는 내가 존경하는 다른 이들의 시각을 빌려 오려고 했다. 그때의 영향이 아직도 많이 남아 있지만, 지금은 내 식대로 작품을 만들어 내는 방법이 생겨나기 시작했다. 책이란 그저 글과 그림을 담는 그릇이 아니다. 모양, 재료, 무게, 제본 등 책의 형태가 그 책의 전체적인 효과에 영향을 미친다."

이런 생각을 바탕으로 그는 스타일을 새로이 발전시키게 되었는데 사실 그 계기는 고장 난 레코드처럼 같은 스타일을 반복하는 자신에 대한 채찍질에서 비롯되었습니다.

"몇 년 전에 나는 북 재킷 그림을 그렸다. …… 나는 내 그림 방식이 너무 쉽게 느껴졌고, 그 방식에 너무 익숙해진 나머지 더 이상 독창적으로 그리지 않고 나 자신을 계속 복사하기 시작했다. …… 마침내 나는 내 방식에 충격을 주기 위해서, 뭔가 변화시켜야 한다고 느꼈다."

그리하여, 스타일의 변화 때문에 책이 안 팔릴지도 모른다는 위험을 감수하면서 보다 단순하고 대담한, 한편으로는 검은 테두리 때문에 복고적으로 보이는『날마다 말썽 하나』를 낸 에릭 로만. 그런데 뜻하지 않게 칼데콧상 수상작으로 뽑혔다는 전화를 받지 않겠어요? 새벽 여섯 시에 미국도서관협회에서 온 전화를 받자 '어, 무슨 일이 생길 것 같아.'라는 생각과 '반납하지 않은 책이 몇 권 있는데…….'라는 생각이 동시에 들었다는 이 아저씨. 상이란 독이 될 수도, 약이 될 수도 있지만 이 작가의 말을 들어 보니 초심을 잃을 것 같진 않군요.

"어떤 상을 받았든 간에, 내가 스튜디오 문턱을 넘어섰을 때 백지를 보고, 이제 거기에 모든 것을 다시 시작해야만 하는구나, 생각할 때처럼 예술가로서의 나 자신을 더욱 낮춰 주는 것은 없다."

백지만 보면 오메, 기가 죽는다는 에릭 로만 아저씨. 자신은 게으른 편이지만 다음에 뭐가 올지 보고 싶어 하는 호기심과 욕망으로 그 게으름을 극복할 수 있다는데, 저도 그런 호기심으로 게으름을 가볍게 넘어섰으면 좋겠습니다. 폴짝!

# 영원히 상상하는 법

## 콜린 톰슨

1942년 영국 런던에서 태어났습니다. 런던에서 미술학교를 다녔는데, 자신보다 그림을 잘 그리는 사람이 많다는 사실에 매우 당황해했다고 합니다. 실크 스크린 인쇄, 그래픽 디자인 등 다양한 일을 했고 BBC 방송에서 다큐멘터리도 제작도 했습니다. 숲 가장자리에 집을 지어 살며 나무도 심고 호수도 만들기도 했지요. 여러 일을 하다가 1990년부터 어린이 책에 그림을 그리고 글을 쓰기 시작했고, 1992년에 첫 책인 *The Paper Bag Prince*를 만들며 어린이 책 작가가 되었습니다. 작품으로 *Pictures Of Home, Looking For Atlantis, Ruby, How To Live Forever, The Paradise Garden, The Last Alchemist, Falling Angels, The Violin Man, How To Live Forever, Pepper Dreams* 등이 있습니다. (표제 그림 : *The Last Alchemist*, Knopf Books, 1999)

*Colin Thompson*

# 환상적인 그림이 펼쳐지면서도 아주 꼼꼼하게 디테일을 그려 넣은 *Looking for Atlantis*(아틀란티스를 찾아서)라는 책이 있습니다. 세로로 단면을 내서, 집 안의 모든 것이 투명하게 속을 다 드러낸 그림이 펼쳐지죠. 벽, 나무판자, 천장, 하늘, 굴뚝, 하수관, 어두운 모서리 하나하나가 살아 숨 쉬지 않는 것이 없습니다. 마룻바닥 밑 역시 작은 층계, 배, 어둔 공간을 노랗게 비추는 전등불이 있고, 요정들이 살고 있는 숨 쉬는 공간입니다.

일생 동안 항해를 하며 바다에서 떠돌던 할아버지가 세상을 떠나면서 열 살 난 손자에게 궤짝을 물려주며 아틀란티스를 찾아보라고 합니다. 할아버지가 물려준 궤짝 안에는 그 삶을 알려 주는 보물들이 담겨 있습니다. 하늘을 단박 두 쪽 낼 수 있을 정도로 날카로운 단도, 가장 깜깜한 바다 속에서도 인어를 찾을 수 있을 만한 망원경, 밤만큼이나 어두운 해적용 눈가리개, 금화, 은빛 별 등등…… 아, 그런데 커다란 색소폰 아래 깔린 1000달러짜리 지폐 밑에 숨어 있는 작은 문이 보이는군요. 그 문을 열기만 하면 새로운 세계가 펼쳐지지요.

하지만 아이는 아직도 다락방에서 불 밝히고 아틀란티스를 찾으려 애쓰고 있습니다. 아이만 깨닫지 못할 뿐, 주변의 세계는 이미 새롭게 열려 있습니다. 어느 구석 하나하나도 살아 있지 않은 곳이 없습니다. 목욕탕의 하수관에 살고 있는 벌레, 변기 물 밑의 바다에 떠 있는 잠수함, 목욕탕 거울에 비치는 다른 세계로 들어가는 계단…… 그러나 아이는 침대 끝에 걸터앉아 고민을 합니다. 모든 게 뒤죽박죽입니다. 이미 아이의 방 뒤쪽에는 너른 하늘과 연푸른 바다가 열려 있는데 그것을

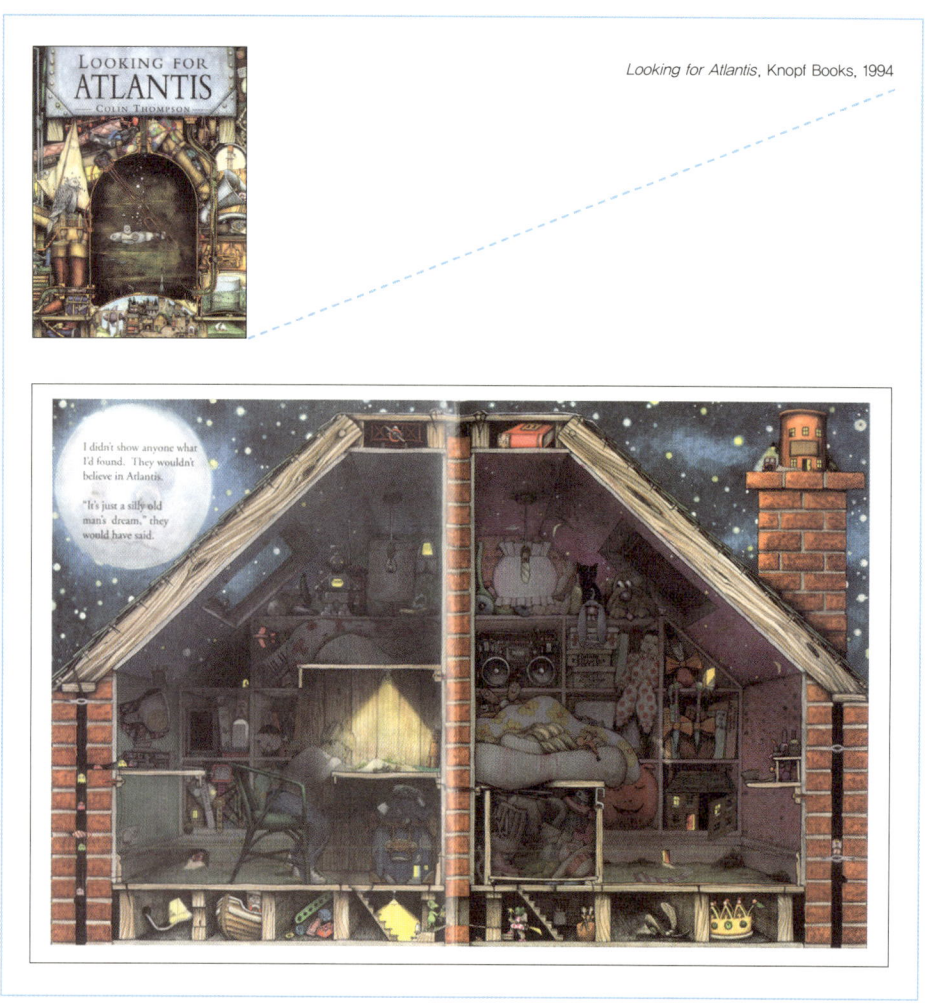

*Looking for Atlantis*, Knopf Books, 1994

보지 못하는군요. 아이는 책도 찾아보고, 어두운 구석마다 다 들어가 뒤져 봅니다. 찬장도 뒤져 보고 선반도 뒤져 보지요. (냉장고 그림에는 냉동실에 이글루도 있고 눈사람도 있군요. 그리고 부엌 파이프는 바다로 연결되어 있고요.) 하지만 여전히 아이는 눈에 보이는 것만 볼 뿐입니다. 낙심해서 나무 계단에 쭈그리고 앉아 있는 아이. (나뭇결의 옹이들은 다 살아 있는 눈(eyes)처럼 보입니다.) 그러다가 할아버지의 앵무새가 계단 밑의 어둠 속으로 떨어져서 머리를 다칩니다. 아이는 얼른 지하실로 달려 내려가 삼십 년 동안 살아 있는 생명이었으나 이제는 차가워지는 그 몸을 만지고, 약하디 약한 맥박을 느낍니다. 그 앵무새 가슴에 아이의 눈물이 떨어집니다. 그 둘은 자신들이 사랑하던 할아버지를 잃은 상실감을 느끼며 어둠 속에 그렇게 오래도록 서 있습니다. 어둠이 점점 깊어집니다. 그런데 눈을 감고 그 마음에 집중하자 깨달음의 순간이 왔군요. 어두운 지하실에 있던 그들 앞에 노오란 해가 떠오르고 세상이 열립니다. 거기가 바로 아틀란티스입니다.

꿈의 세계, 상상의 세계를 향하는 아이의 자각을 뛰어난 묘사를 통해 그려 낸 콜린 톰슨은 1942년, 영국에서 태어났습니다. 미술학교를 이 년 간 다니면서 자기보다 훨씬 잘 그리는 사람들이 너무 많다는 데 좌절을 하고, 실크 스크린 프린터, 그래픽 디자이너, 극장 무대 매니저로 일했고, BBC에서 다큐멘터리 작업을 하기도 했지요. 1968년에 마조르카에 자리 잡고 벽걸이 융단을 만들었는데, 발힘으로 직조기를 돌리는 일이 마치 '물속에서 자전거 페달을 밟는' 것 같았다는군요. 경제적으로도 너무 힘들어 결국 그 일을 포기하고, 쿰브리아의 숲에 자리한 낡은 농가에 터를 잡고 이십 년 동안 도자기 만드는 일을 하며 나무를 수백 그루 심고, 호수도 만들었지요.

1987년 경에 그림을 다시 그리기 시작해서 1989년에 집과 가정을 주제로 'The Leeds'라는 회사의 달력을 만들었는데, 뜻하지 않게 그의 마음속에 '아, 이 그림들을 그림책으로 내고 싶다.'라는 소망이 떠오릅니다. 출판사 문을 두드리다가 1992년에 낸 첫 책은 집이 아니라 환경을 주제로 한 *The Paper Bag Prince*(종이 봉지 왕자). 이 책을 낼 때 그는 로버트 먼치(Robert N. Munsch)가 쓰고 마이클 마첸코(Michael Martchenko)가 그린 『종이 봉지 공주』(*The Paperbag Princess*)라는 책이 있는 줄 전혀 몰랐다고 합니다. 주제가 완전히 다르기도 했고요.

*The Paper Bag Prince*(종이 봉지 왕자)는 젊은 시절 자기의 농토가 정부 때문

에 쓰레기 매립장으로 변해 버린 한 농부의 이야기입니다. 그는 생명이 넘쳐나던 자기 땅이 쓰레기로 뒤덮여 있는 것이 마음 아파, 그곳을 못 떠나고 날마다 찾아옵니다. 쓰레기 위에 또 쓰레기가 쌓이고 사람들이 버린 물건이 빽빽하지만, 자연은 끈질겨서 아주 조그만 틈만 있어도 녹색 생명이 그 틈을 뚫고 나옵니다. 40년이란 세월이 흐르고, 쓰레기 정책도 바뀌어 소각장이 생기면서 정부는 이 버려진 땅을 농부에게 되돌려 주지요. 자연은 인간이 망친 이 땅과 농부를 조금씩조금씩 치유해줍니다.

작가가 한때 어느 집의 방 하나를 빌려서 산 적이 있었는데, 그 집 주인이 종이 봉지를 열성적으로 모았다는군요. 자기가 음식을 해 먹고 쓰레기를 밖에 내다 버리면 다음 날, 모든 봉지가 다시 집 안으로 들어와 있었답니다. 깡통은 잘 씻어서 이층 침실 안의 상자 속에 쌓아 놓고, 종이 봉지는 따로 모아 묶어서 계단에 차곡차곡 쌓여 있어, 이 층으로 간신히 올라다니곤 했다는데, 그 집에서의 특이한 기억을 되살려 이 책을 만들게 되었다는군요.

이 첫 책에서 콜린 톰슨은 디테일과 색채가 아주 뛰어난 인상적인 그림을 보여줍니다. 깨진 전구, 찢어진 소파, 외바퀴만 남은 자동차들이 빽빽하게 들어차 있는 그림은 있는 그대로의 현실을 보여 주지 않습니다. 유리병 안에 들어가 있는 집, 바퀴 속에서 보이는 계단, 세탁기 속에 들어 있는 물고기…… 그는 사물이 그저 사물이 아니라 '꿈'을 가진 생명체임을 보여 주고 있습니다. 쓰레기로 뒤덮인 땅도 나름대로 녹색 생명체가 피어나리라는 꿈을 갖고 있는 거죠.

그가 내고 싶어 했던 달력 그림들은 *Pictures of Home*(우리가 꿈꾸는 집)이라는 그림책으로 되살아납니다. 그 그림에 어울리는 글을 쓸 재간이 없어 영국 어퍼바이 중학교에 다니는 10~11세 아이들의 글 중에서 가려 뽑았지요. 아이들은 집에 대해 가지고 있는 따뜻한 생각들을 풀어 놓고 있습니다. 이 중에서 어느 아이는 이렇게 집을 묘사합니다.

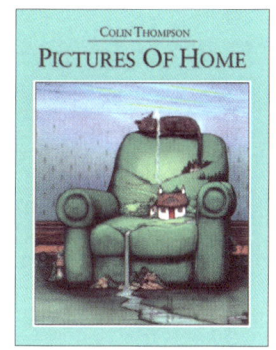 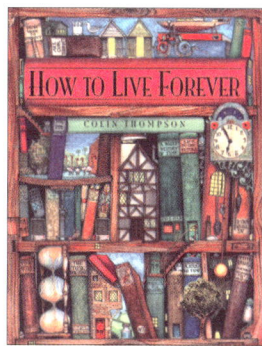 

"Home is my parents.
You should have love in all homes.
Love is my parents."

집은 엄마 아빠라는 뜻.
모든 집에는 사랑이 있어야 해.
사랑은 바로 엄마 아빠지.

이 작가는 유난히 집에 집착합니다. 그의 그림책을 펼치면 어딘가에서 집 그림을 찾아볼 확률이 아주 높습니다. 톰슨 씨, 왜 그러시죠?

"집 그리는 게 좋아요. 집에는 끝없는 변화와 가능성이 열려 있고…… 무엇이든 일어날 수 있을 거라고 상상할 수 있으니까요."

집 못지않게 그는 책에도 푹 빠져 있습니다. 집과는 '두께만 다를 뿐'이고 제목이 덤으로 붙어 있으니 말장난하기도 좋으니까요. 대영박물관의 도서관을 들락날락거리면서 만든 책, *How to Live Forever*(영원히 사는 법)에서는 서가에 꽂힌 수많은 책들의 제목을 아주 재미있게 붙여 놓았습니다. 예를 들어 볼까요?

All Our Yesterdays, A Stitch In Time, Immortality for Beginners, Time After Time, Parsley, Sage, Rosemary, and Time.

마지막 책인 'Parsley, Sage, Rosemary'(파슬리, 세이지, 로즈마리)는 다 허브 이름이고, 그 다음에 'Thyme'(백리향)이어야 할 부분을 비슷한 발음의 'time'으로 슬쩍 바꾸어 놓은 겁니다. 사이먼과 가펑클의 노래,「*Scarborough Fair*」(스카보로 페어)에 바로 이 허브들이 요 순서 그대로 나오지요.

  도서관 시간이 끝나서 사람들이 다 나가고 어둠이 깔리면 서가의 책들은 깨어나 새로운 생활을 시작합니다. 책 속에 사는 꼬마 아이가 '영원히 사는 법'이라는 제목의 책을 찾아 헤매는 이야기를 담은 이 책은, 언젠가 한글 번역이 나오겠지만, 그 번역자 누군지 참 안됐다, 라는 생각이 들 정도로 서가의 책들 제목이 기기묘묘합니다. 아는 만큼 보인다는데, 제 능력으로는 알기가 좀 힘들더군요. 이 책의 표지에서 딴 그림은 1998년『로스앤젤레스 타임즈』의 책 축제 광고 게시판으로 쓰이게 되었습니다. 어느 인터뷰에서 그 이유가 뭐냐는 질문을 받자, 작가는 우문현답을 합니다. "제 그림에 책이 많이 들어가서 그렇겠죠."

  1995년에 콜린 톰슨은 뜻하지 않게 오스트레일리아를 방문하게 됩니다. 그의 책 *Looking For Atlantis*를 읽고 감탄한 어느 학교의 사서 교사가 아이들과 함께 기금을 모아 비행기 표를 영국까지 보내 이 작가를 초청했기 때문이지요. 헌데 그만 오스트레일리아라는 나라와 이 사서 교사를 동시에 사랑해 버린 작가는 영국 생활을 정리하고 돌아와 이 교사와 새 출발을 합니다. 그곳에서 처음 만든 그림책이 *The Tower to the Sun*(태양을 향해 쌓은 탑).

  지구는 오염되어 푸른 하늘을 잃고, 태양마저 볼 수도 없게 되었지요. 그러자 이 세상에서 가장 부유한 노인이 구름 너머의 파란 하늘과 눈부신 태양을 보고 싶어 도시와 멀리 떨어진 곳에 있는 세상에서 가장 큰 바위 위에 탑을 세우려 합니다. 탑을 짓다짓다 못해서 아예 온 세계의 집과 (이글루도 끼워 줘!) 커다란 빌딩들을 한데 쌓아올려 거대한 탑을 만들지요. 파란 하늘과 태양을 보고 싶은 모두의 소망이 담겨졌다고나 할까요? 캥거루의 소망, 창문의 소망, 연두색 잎이 달린 나무의 소망, 마지막으로 피사의 사탑이 제일 꼭대기에 얹혀져 마침내 두꺼운 잿빛 구름을 뚫고 이 노인은 손자와 함께 하늘과 태양을 만나게 됩니다. 많은 사람들이 이 탑 위로 올라가려고 끝도 없이 줄서고 있고요.

오스트레일리아에 대한 작가의 사랑은 이 책 이곳저곳에서 볼 수 있습니다. 도시 풍경은 시드니가 배경이고 탑이 올라가는 바위는 그 나라에 있는 길이 3.6km, 너비 2km, 높이 348m, 가장자리 9.4km인, 세상에서 가장 큰 바위 울루루를 모델로 하고 있습니다. 자세히 보면 캥거루가 여기저기서 뛰어다니기도 합니다.

소음과 내면의 고요한 평화를 대비시킨 *The Paradise Garden*(파라다이스 가든)은 우울할 정도로 조용한 책입니다. 물론 첫 장은 그렇지 않죠. 피터의 주변은 늘 시끄럽습니다. 달팽이 인형이 비명을 지르고 빨간 비행기가 위이잉 내려오고, 쑥 나타난 손은 망치질을 합니다. 노래 「오 솔레미오」, 병 속의 화산 폭발 자명종, 기차, 전축, 믹서기 돌아가는 소리…… 도시의 소음은 끝이 없군요.

사방에서 시끄러운 소리가 들려 미칠 것만 같았던 피터는 여름 방학 동안 조용한 가든으로 탈출합니다. 엄마한테는 (따로 사는) 아빠와 방학을 보낸다고 해 놓고 파라다이스 가든으로 가 버린 거지요. (작가가 어려서 자주 찾던 영국의 큐(kew) 가든이 모델이라네요.) 별 아래서 잠들고, 카페에서 먹을 것을 사고, 옷은 연못에서 빨고, 열대 식물 온실에서 바나나를 따 먹고……. 집에서는 고양이나 개, 물고기도 키울 수가 없었는데 여기서는 많은 동물들을 사귈 수 있었지요. 나중에는 돈이 다 떨어져 남들이 먹다 버린 음식도 주워 먹지만 소년에게는 이곳이 마치 천국과도 같습니다.

하지만 여름도 점차 시들어갑니다. 꽃들은 땅으로 고개를 떨구고 나뭇잎들은 금빛으로 물들어 떨어지기 시작하지요. 피터는 이제 집으로 돌아갈 시간이라는 것을 깨닫습니다. 그래도 파라다이스 가든에서 보낸 여름은 이 아이에게 희망을 주었습니다. 그동안 여기서 모은 씨를 자기 집 뒷마당에 심었으니까요.

주변은 하나도 변한 게 없었죠. 엄마는 소리치고, 이웃은 고함지르고, 도시는 으

*The Paradise Garden*, Knopf Books, 1998

르렁거리지만 이제 이 아이에게는 자기만의 정원, 바로 낙원을 만들어 낼 수 있으니까요.

표지를 보면 파라다이스 가든으로 들어갈 때, 소년은 땅을 밟지 않고 연못 위에 떠 있는 연잎을 밟고 들어갑니다. 직선의 벽으로 둘러싸인 도시에서 가든으로 들어가는 길은 이렇게 꿈을 밟는 길입니다. 그리고 그 안에는 노란 태양이 떠오르고, 멀리 눈을 인 산이 보이고 물이 흐르고 꽃이 피어나고 창문에서 노란 불빛이 새어 나오고, 굴뚝에서는 하얀 연기가 피어오르는 작은 집들……. 그리고 어김없이 입구 한 구석에는 '카페 맥스'(CAFE MAX)가 자리 잡고 있습니다.

'카페 맥스'는 작가에게 매우 큰 의미가 있는 이름입니다. 맥스는 1984년에 태어나 14년을 한 식구로 살고 세상을 떠난 작가의 개입니다. 작가는 딸들과 함께 동물 보호 센터에 고양이를 얻으러 갔다가 엉뚱하게 이 개를 데리고 오게 되지요. 물론 보너스로 개벼룩 열여덟 마리도 딸려오고! 그때 맥스는 너무 작아서 작가의 손바닥에 앉을 수 있을 정도였답니다. 십수 년을 한 식구로 살았던 그의 이름을 딴 카페와 노란 불빛을 배경으로 한 그의 실루엣은 작가의 그림책 여기저기에 매우 자주 나타납니다. 맥스는 세상을 떠나는 날 밤에도 보름달을 배경으로 바로 이 친숙한 실루엣을 보여 주었다고 합니다.

*The Last Alchemist*(마지막 연금술사)는 바로 이 개, 맥스에게 헌정된 책입니다. 중세의 어느 한 도시에서 더 많은 금을 원하는 사람들의 열망은 금을 캐내는 게 아니라 만들어 내려고 애쓰게 했고, 그 중심에 서 있던 인물들이 바로 연금술사였는데 불행히도 실패만 거듭하지요. (물론 화학의 발달은 이들 덕분이었지만.) 백성들에게 세금을 거두어들여 연금술사의 실험에 퍼붓는 왕 때문에 나라는 가난해졌고, 사는 게 덧없어진 이 나라에 열아홉 번째 연금술사가 등장합니다. 욕심에 덧난 왕은 이 연금술사에게 새 천 년—오, 지금부터 약 천 년 전이군요.—까지 황금을 만들지 못하면 목숨을 보장하지 못한다고 아예 날짜를 지정해 줍니다. 연금술사에게는 순진한 도제, 아서가 있었나니, 촉매제로 쓰일 금을 구해오라는 명령을 받고도 아서는 걱정할 게 없었습니다. 금이 여기저기서 반짝이고 있었으니까요. 햇빛, 카나리아, 금잔화, 달걀노른자, 해바라기…… 정말 예쁘고 사랑스러운 금빛 아닌가요?

어리석은 도제 때문에 화가 난 연금술사는 겨우내 백성들로부터 금을 거두어 온

Colin Thompson

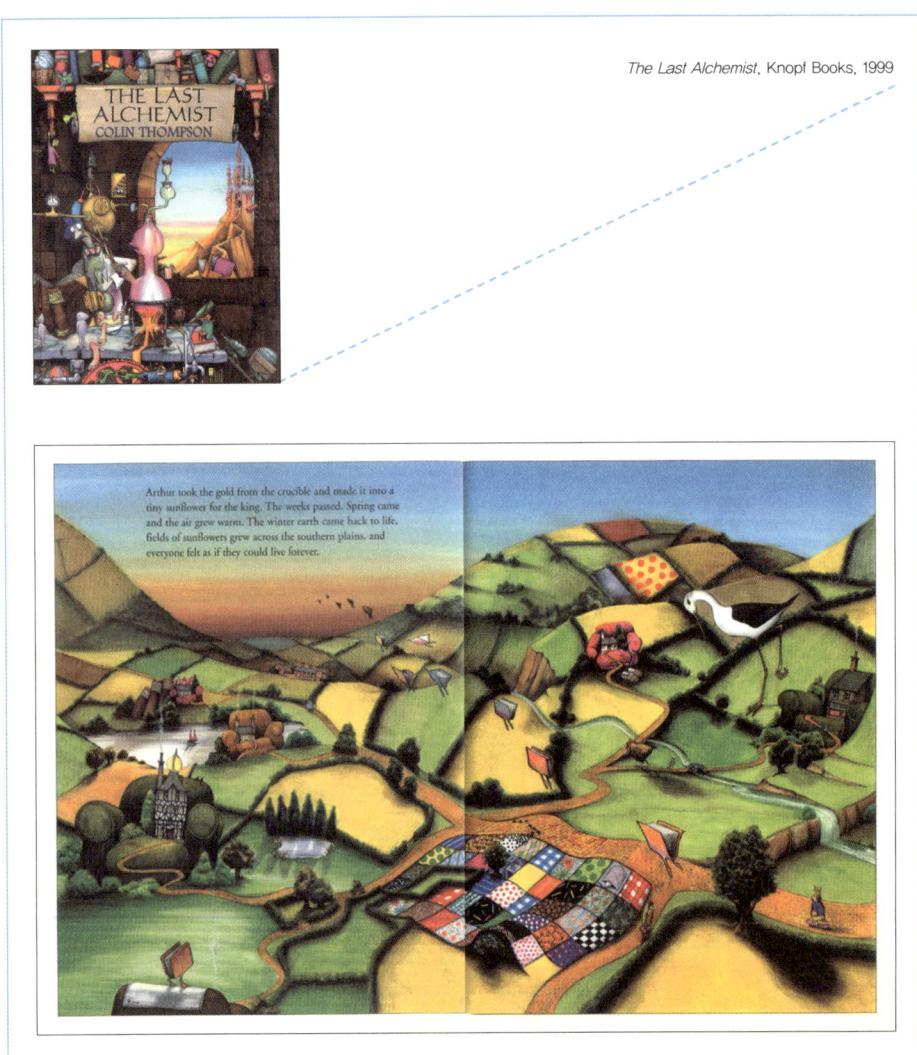

The Last Alchemist, Knopf Books, 1999

갖 실험을 해 보다가 마지막으로 굉장한 실험을 생각해 냅니다. 지하실부터 지붕을 꿰뚫는 어마어마한 기계를 설치하고 태양열을 받아 작동시키려는 거였지요. 과연, 일이 되긴 되어 갑니다. 햇빛이 렌즈를 통해 엄청난 금빛 폭포처럼 쏟아져 들어와 거미줄과 어둠을 싹 씻어가 버리고 천장까지 금빛으로 차올랐거든요. 그 와

중에 연금술사는 폭발하는 별처럼 빛을 내뿜으며 사라져 버리자 왕의 마음을 차지하고 있던 욕심도 가뭇없이 사라졌지요. 이 나라에는 봄이 찾아오고 해바라기가 가득 피어납니다. 이제 금에 대한 욕심이 사라지고 금빛으로 물든 나라는 평온해졌지요. (노랗게 물든 나라의 논밭 중 하나를 퀼트 이불로 표현한 게 재미있습니다. 나라가 포근해졌다는 의미겠죠. 왕은 한가하게 스케이트보드를 타며 즐기고 있군요.)

구성과 줄거리가 좀 모호하지만 그림만큼은 놀랍습니다. 기계의 파이프를 통해 쏟아져 내려오는 금빛 물살이 지하의 음습함과 과거의 눅진눅진한 어두움을 씻고 내려가는 표현력이 놀랍고, 말장난 또한 재미납니다. 아서와 친한 요리사 아줌마의 부엌에 놓인 비비꼬인 포도주 병에는 'Vin Gogh'라고 써 있군요. (빈센트 van 고호의 이름을 vin(뱅―포도주)으로 슬쩍 바꿔 놓는 익살을 부립니다. 서가에 가득한 책 제목도 뭔가 다른 것들을 비틀어 썼을 텐데 제 수준으로는 알 길이 없군요.) 이 책에서도 어디서나 맥스를 찾아볼 수 있으니, 맥스여, 그대를 'Ubiquitous Max'(유비쿼터스 맥스)에 봉하노라.

어린이들이 자기 그림책을 보거나 말거나 (실상, 이 사람은 자기 독자층을 정확히 정해 놓고 그림을 그리지 않습니다. 그런 걸 한 번도 생각해 본 적이 없다고 말하니까요.) 늘 무겁고 진지한 주제를 다루는 작가가 오랜만에 좀 쉬운 얘기를 그려 낸 책이 *Falling Angels*(떨어지는 천사들)입니다. 아니, 톨스토이 책도 아니고, 왜 천사들이 떨어지고 그럴까요? 사실 이 책의 제목은 꽤 비틀어져 있습니다. 처음부터 끝까지 하늘을 나는 얘기만 나오는데, 제목은 날개 접고 추락하고 있으니까요.

샐리는 채 기어 다니기도 전에 자기가 하늘을 날 줄 안다는 걸 알게 되었습니다. 그리고 조금 커서는 아기 동생이 나는 것도 보았죠. 더 커서는 하늘을 날아 온 세상의 아름다운 곳들을 두루 찾아보고 침대에 누워 계신 할머니와 엄마한테 자랑하지만, 엄마한테서 꿈 깨라는 말이나 듣죠. 샐리는 자기가 진짜로 날 수 있다는 것을 보여 주기 위해 아프리카 열대림에 가서 아름다운 야생란을 찾아 내 할머니한테 갖다 드리고 사막에서 귀한 돌을, 파타고니아 해변에서는 조개껍질을 주워 갖다 드립니다. 할머니는 샐리의 말에 귀를 기울여 주지요.

어느 더운 날 할머니가 죽기 전에 눈을 꼭 보고 싶다고 하자 샐리는 아무도 가 보지 못한 광대한 눈밭으로 날아가 눈을 동그랗게 뭉쳐 집으로 갖고 옵니다. 할머니는 그 눈덩이를 그동안 간직해 온 상자 속의 호수에 넣습니다. (그 상자에는 칸칸이 마른 난초와 귀한 돌들과 호수가 있었죠.) 할머니는 샐리에게 꼭 꿈을 간직하라고 말합니다. 그리고 마지막으로 손녀와 함께 하늘 높이 날아올라 햇빛과 녹색 초원으로 들어가지요. 물론 샐리는 커서도 마음은 영원한 아이로 남아 자기의 아이들을 데리고 하늘을 날고요.

할머니가 "어떤 사람들은 보이는 대로만 세상을 보지."라고 말하는 장면의 그림에는 문들이 엄청나게 많습니다. 이렇게 다채로운 문들이 있구나, 놀라게 되지만 그 문들이 모두 다 꼭꼭 닫혀 있다는 사실은 다음 장을 넘어 가야 비로소 깨닫게 됩니다. "어떤 사람들은 마음으로 세상을 본단다."라고 말하는 그 장면에서는 문 저편의 생명력 넘치는 풍경들을 볼 수 있기 때문이지요. (물론 어디서나 카페 맥스가 보이고.)

다른 책들에 비해서 그림이 좀 평이한 편인데 (인물 표정 묘사가 마음에 안 듭니다.) 이 책이 '영어 협회 선정 올해의 그림책'(English Association Picture Book of the Year)으로 뽑힌 걸 보면 보는 눈이 제각각이라는 말이 맞는 것 같습니다.

하도 복잡한 그림을 그리다 보니 책 내기 전에 항상 혹시라도 잘못된 곳이 없는지 참빗질 하듯 꼼꼼하게 다시 보던 그는 애플맥과 포토샵의 세계로 입문합니다. 그래서 그림 그리는 게 훨씬 쉬워졌다고 하는데 (그러나, 컴퓨터는 그대의 그림 질을 보장해 주지 않느니라.—아이디어가 없으면 말짱 꽝!) 2003년에 나온 *The Violin Man*(바이올린 할아버지)는 바로 컴퓨터 작업으로 그린 거랍니다. 먼저 떠나보낸 딸, 자기 가슴 속에 영원히 여덟 살짜리 아이로 남아 있는 딸을 생각하며 거리에서 바이올린을 연주하는 어느 할아버지의 이야기를 담은 이 책은, 제가 다른 책들은 하드커버로 보고 이것만 페이퍼백으로 봐서 그런 건지 아니면 컴퓨터 그래픽이라는 선입관 때문에 그런 건지 그림이 너무 매끈하고 환해서 전혀 질감을 느낄 수 없군요. 이 작가의 원래 스타일이 살아나지 않아 좀 아쉽습니다.

바이올린 할아버지처럼 그도 이제는 나이가 들어 질풍노도의 시기에 접어든 손자 손녀를 셋이나 둔 할아버지가 되었습니다. 계속 하늘을 날며 다채로운 꿈의 세계를 그릴 수 있을지 궁금하군요. 아, 특이한 점 하나—디테일과 색채 묘사가 뛰어난 이 작가는 자기가 왼손잡이에 색맹이라고 주저 없이 말하는군요! 적록색맹이라고 일찌감치 건축과를 포기했던 후배 생각이 나서 안타깝습니다. 우리나라에서는 아예 받아 주질 않으니……. 쯧쯧, 인재 하나 잃었네!

# 책을 펼쳐라, 집이 열린다

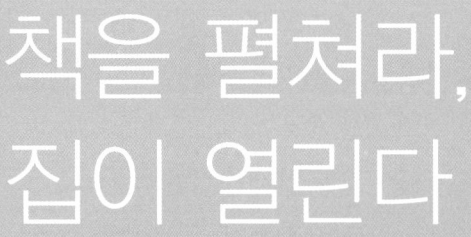

## 얀 피엔콥스키

1936년 폴란드의 바르샤바에서 태어났습니다. 여덟 살 때 처음으로 책을 만들어서 아버지에게 선물로 주었다고 합니다. 전쟁이 일어나자 폴란드를 떠나 오스트리아, 독일, 이탈리아를 떠돌다 1946년 영국에 도착합니다. 케임브리지에서 대학을 다니며 문학을 공부했고, 포스터와 무대 디자인 일을 했습니다. BBC 방송에서 어린이를 위한 TV 시리즈 Watch!의 그래픽 작업을 하며 어린이 책을 만들기 시작했습니다. 1971년 존 에이켄의 *The Kingdom under the Sea*에 실루엣 기법으로 그림을 그려 케이트 그린어웨이 상을 받았고, The Haunted House로 1979년에 같은 상을 한 번 더 받았지요. 작품으로 팝업 북인 *Robot, Pizza!, Goodnight, Dinner Time, Haunted House*와 아기들을 위한 책 *123, ABC, ZOO* 등이 있습니다. 또 *Meg and Mog* 시리즈에 그림을 그렸습니다. (표제 그림 : *Meg and Mog*, Viking Children's Books, 1976)

*Jan Pienkowski*

　손전등 하나로 재미있는 놀이를 해 보신 적이 있나요?
　깜깜한 방에서 거울을 보며 입을 아~ 벌리고 손전등으로 입 속을 비춰 보는 놀이 같은 거요. 그 불빛이 요상스럽게 시퍼렇다면 좀 더 효과가 나지요.
　아, 물론 머리를 앞으로 쫘악 내리고 선글라스를 끼고 목언저리부터 위쪽으로 불빛을 비추면 으스스합니다.

　팝업 북을 보면서 소름이 쪼~옥 끼칠 수도 있다는 것을 얀 피엔콥스키의 *Haunted House*(유령 들린 집)를 보면서 알았습니다. 표지는 그 집으로 들어가는 문 모양이지요. 색깔은 녹색―시체가 부패되어 곰팡이와 이끼가 낀 색깔을 드러내는 녹색치고는 매우 밝군요. 벌레 한 마리 꿈틀거리며 우편함 속으로 들어갑니다. 우리도 벌레를 따라 유령 들린 집에 들어가 한 바퀴 돌아야겠죠?
　첫 장을 열면 계단이 나오고, 계단에는 거미 한 마리가 대롱대롱 매달려 있지요. 화살표 손잡이를 당기면 벽에 걸린 액자 속에서 여자의 눈과 검은 고양이의 눈이 휙휙 돌아갑니다. 흠…… 흰자위가 많이 보이는 눈은 역시나 무섭군요. 다음 장에서 부엌으로 들어가면 문어가 설거지를 하고 있고, 괴물이 붉은 목젖을 드러내며 입을 벌려 댑니다. 냉장고나 찬장에는 갖가지 기괴한 음식들이 쌓여 있고요.
　다음 장은 거실입니다. 오랑우탄이 폭신한 의자에서 긴 팔을 벌리며 몸을 일으키고 검은 고양이는 붉고 노란 불길이 넘실대는 벽난로를 향한 채 뒷모습만 보여 주고 있습니다. 와중에 화살표를 당기면 새들이 푸드덕거리며 날아가고요. 욕실도

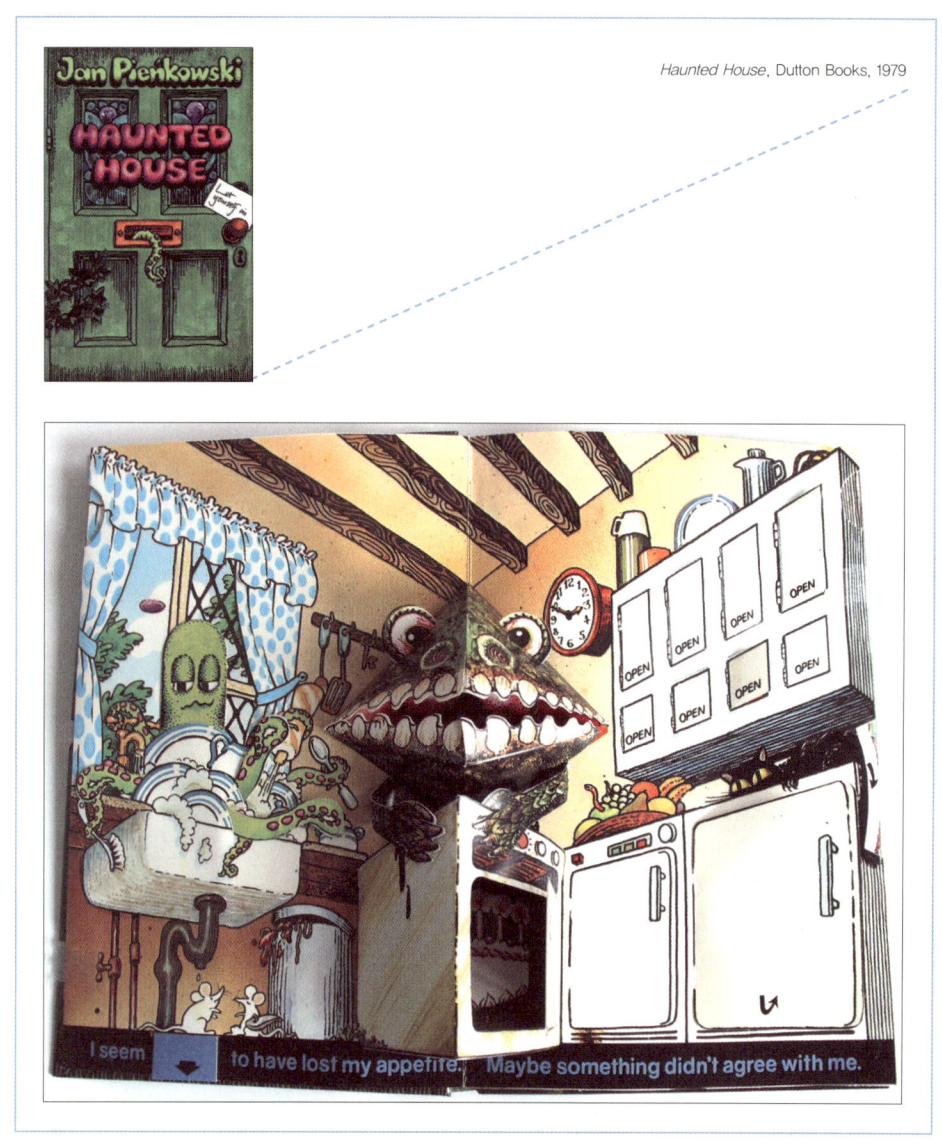

Haunted House, Dutton Books, 1979

으스스하긴 마찬가집니다. 화살표를 당기면 욕조에서 악어가 튀어 나오고 변기 뚜껑을 열면 검은 고양이가 노란 눈을 빛내며 스윽 올라오는군요. 침실은 신비로운 보랏빛 색조인데, 장롱을 열면 해골이 튀어 나오고 침대 벽에서는 유령이 스멀스

멀 모습을 보입니다. 마지막 장을 펼치는데 끼끼긱 소리에 소름이 끼쳤지요. 잡동사니가 모여 있는 다락에서 박쥐 한 마리가 날개를 펼치자, 그 밑에 있는 상자에서 톱 하나가 스윽 나오며 그런 기괴한 소리를 내거든요.

이 책을 만든 얀 아저씨는 그림을 전공하지는 않았지만 그림 동네와 아주 가까이 살고, 태어난 재주를 어쩌지 못해 결국 그 길로 나간 사람입니다. 1936년에 폴란드의 바르샤바에서 태어났는데, 일가친척 중에 건축가와 예술가가 꽤 있었다네요. 어린 나이에 전쟁 때문에 오스트리아와 독일, 이탈리아를 떠돌다가 1946년에 영국에 정착하게 됩니다. 열 살 먹은 소년에게는 영어라는 언어가 이국적으로 느껴져, 호기심의 대상이었을까요? 그는 영국살이를 시작하며 경험하게 된 새로운 일 두 가지를 '학교와 영어'로 꼽습니다. 떠돌던 아이에게 그 두 가지는 참으로 즐거웠을 겁니다. 그러다 보니 계속 앞으로, 앞으로…… 런던의 카디너 바간 스쿨을 거쳐 케임브리지 킹스칼리지에서 고전과 영어를 공부하지요. 이때 학부 행사에서 세트와 의상뿐 아니라 포스터까지 만들고 나니 이름이 알려졌다네요.

졸업을 하고 그는 카드를 만드는 회사를 차리고, 광고와 출판일을 하고 BBC의 TV 시리즈인 'Watch!'(조심해!)에서 그래픽 작업을 합니다. 그러다가 책의 세계로 뛰어들어 조앤 애이컨(Joan Aiken)의 *Kingdom Under the Sea*(바다 밑 왕국)에 드라마틱한 효과를 내기 위해 실루엣 기법으로 그림을 그려 1972년에 케이트 그린어웨이 상을 받게 되지요.

*Haunted House*도 1980년에 같은 상을 받습니다. 이 책에서 얀 아저씨는 아주 창의적인 면을 보여 줍니다. 책을 펼칠 때 새로운 모양이 튀어 나오는 것(pop-up)은 기본이고, 다이얼을 빙그르르 돌리면 병 속의 색깔이 기괴하게 바뀐다거나(dial-turn), 화살표 방향으로 안내지를 끌어당기면(pull-out) 문어가 설거지를 하고 있다거나 하는 장면은 지금은 비슷한 류의 팝업 북이 많이 나와서 으레 그렇거니 하지만, 그 당시만 해도 매우 새로운 시도였다고 합니다. 그래서 그는 '현대 팝

*Meg and Mog*, Viking Children's Books, 1976

업 북의 선구자'라는 찬사를 받게 되지요. 이 책은 시디롬으로도 제작되어 나왔습니다.

그는 이 책이 자기가 겪은 전쟁의 공포와 대장간의 경험이 모두 녹아 있는 책이라고 말합니다.―대장간이라뇨? 샤갈은 푸주간을 하는 삼촌네 집에 들락날락거리면서 동물(!)을 구경했다는데. 흠, 그래서 샤갈 그림에 소와 말이 그렇게 자주 나오나요?―얀 아저씨는 어렸을 때 대장간에 자주 들락거렸다네요. 불구경이란 게 촛불이 되었든 뭐가 되었든 들여다보고 있으면 참으로 신비롭지요. 아예 대장간에 출근을 한 어린 얀은 탁탁 튀는 불꽃과 훨훨 타는 불, 그리고 시끌벅적한 소리 및 완벽한 기술에 매혹되었다고 합니다. (저도 유리 공장에 구경을 갔다가 긴 대롱으로 달군 유리 덩어리를 불어 유리병을 만들어 내는 모습에 온 마음을 빼앗긴 적이 있었지요.) 달군 쇠 대신 종이를 오려 붙여 기막힌 디자인을 해내, 무시무시한 팝업 북을 만들어 재미가 든 얀 아저씨는 그 후 *Robot*(로보트), *Dinner Time*(저녁 식사), *Good Night*(잘 자요)등 열일곱 권의 팝업 북을 만들어 냅니다.

*Haunted House*를 보면 마치 연극 무대에 갖가지 장치를 해 놓아 조명과 배경이 획획 바뀌는 것과 비슷하다는 생각이 드는데, 이런 느낌은 팝업의 '팝'자도 찾을 수 없는 아주 단순한 책인 '*Meg and Mog*'(메그와 모그) 시리즈에서도 마찬가지입니다.

메그는 조그만 마녀입니다. 자정이 되어 부엉이가 세 번 울면 그제서야 잠자리에서 일어나 마녀들끼리 모여 주문을 외는 파티에 나갈 준비를 하지요. 줄무늬 고양이 모그, 부엉이를 데리고 노란 달이 떠 있는 밤에 언덕에 올라 다른 마녀들과 함께 개구리와 거미 등을 커다란 가마솥에 넣고 요술약을 만드는데, 그만 주문이 잘못되었는지 폭발이 일어나 다른 마녀들이 쥐로 변하는 바람에 모그는 신나게 쥐 잡기놀이를 하게 되지요. 문제는 이 주문이 풀리려면 내년 할로윈 파티까지 기다려야 한다는 점!

이 시리즈에서 얀 아저씨는 아주 단순한 선과 색을 즐겨 씁니다. 무엇보다도 글 풍선 및 그림 풍선을 이용한 만화적인 표현 덕분에 어린이들은 등장인물들이 무엇을 생각하는지 금방 알아 낼 수 있지요. 예를 들어 Meg's Car(메그의 자동차)를 보면 메그와 모그, 부엉이가 모두 차에 타고 싶다는 생각을 하는데, 각자가 다 다른 자동차를 원하고 있다는 게 그림 풍선에 재미나게 드러나 있지요. 또한 메그는 아침을 준비하러 계단을 내려가다가 줄무늬 고양이 모그를 밟게 됩니다. 그런데 그 부분의 문장도 계단을 따라 내려가며 쓰여 있어서 마치 연극 무대에서 대사를 한 마디, 한 마디 하며 동작으로 그 의미를 극대화시키는 것과 비슷한 효과를 주고 있습니다.

마녀가 가는 길에 주문이 없을 수 없죠. '수리수리 마수리'도 '리, 리, 리'로 끝나고, '수리, 수리' 두 번 반복에 모자 하나 얹어 '마수리'로 해서 강조가 되는, 주문 중에서는 제일 꼭대기에 있을 만한 재미있는 주문인데, 메그가 외우는 주문은 상황마다 다르답니다. 그런데 그 주문 역시 라임으로 되어 있어 소리 내 읽으면 아주 재미납니다.

| *Meg and Mog* (메그와 모그) | *Meg's Car* (메그의 차) | *Meg's Eggs* (메그의 알들) |
| --- | --- | --- |
| Frog in a bog | Boot and bonnet | Lizards and newts |
| Bat in a hat | Rattle and clang | 3 loud hoots |
| Snap crackle pot | Make me a car | Green frogs legs |
| And fancy that | That goes with a bang | 3 big eggs |

'Meg and Mog' 시리즈의 마법 주문

재미난 주문, 만화적인 표현 방법, 단순한 이야기 구조 등으로 이 시리즈는 인기를 끌어 드디어는 TV 만화 영화 시리즈에 진출하게 되지요. 로저 메인우드가 감독을 맡고, 레이 리플리가 메그의 목소리를, 알랜 베네트가 부엉이를, 필 콘월이 모그의 목소리를 연기한 이 시리즈는 CiTV에서 이미 두 차례 방영되었고, 이후에도 다시 방영될 예정이랍니다.

기본적으로 색깔과 모양을 배열하는 데 매우 관심이 많다는 얀 아저씨는 여전히 무대 디자인을 좋아해서 로얄 발레단의 「미녀와 야수」, 「잠자는 숲 속의 공주」의 무대를 만들기도 했습니다. 템스 강을 바라보고 있는 얀 아저씨의 다락방 스튜디오 벽에는 무엇이 붙어 있을까요? 아래에서 골라 보실래요?
 1) 포스터 2) 실제 크기의 미이라 관 사진 3) 설형 문자 4) 개구쟁이 데니스 책
 5) 어금니 모양으로 생긴 치과 의사용 거울 6) 모두 다.

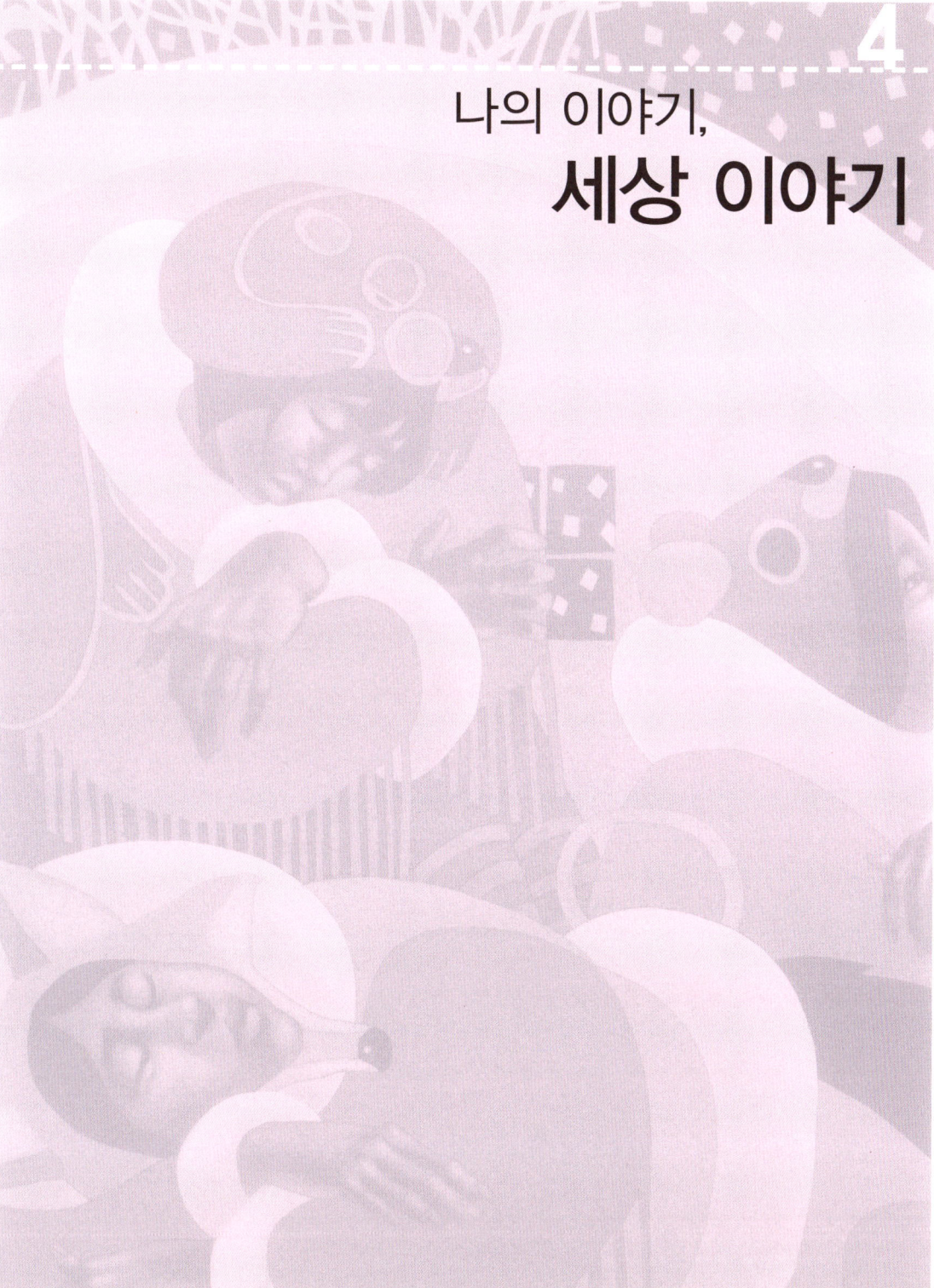

# 4

## 나의 이야기,
# 세상 이야기

# 내 이야기 들려줄까?

## 패트리샤 폴라코

1944년 미국 미시간 주의 랜싱에서 태어났습니다. 미국과 오스트레일리아에서 공부했고 러시아와 그리스의 회화와 도상학을 연구하여 미술사 박사 학위를 받았습니다. 41세부터 어린이 책을 만들었는데, 그녀의 많은 작품들은 자전적인 경험에서 비롯되었습니다. 어머니 쪽의 친척은 러시아와 우크라이나에서 왔고 아버지 쪽은 아일랜드에서 왔는데, 이렇게 집안의 여러 가족들이 들려주는 이야기가 여러 그림책의 소재가 되었지요. 그래서 그녀의 작품에는 가족의 역사에 대한 이야기가 많고, 러시아의 고유한 무늬와 특징이 살아 있습니다. 작품으로 『고맙습니다, 선생님』 『할머니의 조각보』 『선생님, 우리 선생님』 『천둥 케이크』 『꿀벌 나무』 『한여름 밤의 마법』 등이 있습니다. (표제 그림: 『천둥 케이크』, 시공주니어, 2000)

*Patricia Polacco*

 그림책으로 자서전을 쓰는 사람이 있습니다. 살아온 날을 차곡차곡 갈무리했다가 사십대 초반에 우리 앞에 펼쳐 놓기 시작한 패트리샤 폴라코. 예술을 전공하고, 미술사로 박사 학위를 받아 박물관에서 고대 유물 복원하는 일을 하다가 결혼해서는 두 아이를 낳아 키우다 보니 어느덧 마흔한 살. 아일랜드계 아버지와 유대계 러시아인 어머니 사이에서 태어나 여러 인종과 문화가 공존하는 캘리포니아 주 오클랜드와 미시간 주의 유대계 할머니 사이를 오가며 풍부한 문화적 세례를 받을 수 있었던 그녀에게 사십 대 초반의 나이는 햇살 좋은 초가을이죠. 삶의 소중한 추억을 꺼내 자연스런 색감으로 그려 내는 그녀의 그림책은 가을에 거둬들이는 잘 익은 열매입니다.

*Meteor!*(운석이 쿵!)은 작가가 어렸을 때 지냈던 미시간 주의 시골 농장 앞마당에 운석이 떨어지자 그 동네에서 무슨 사건이 일어났는지 재미있게 그려 낸 책입니다. 동네 사람들 사이에 작가의 할아버지네 운석이 떨어졌다는 소문이 점점 커지면서 한 바퀴 돌고, 구경꾼들이 몰려듭니다. 이때를 겨냥해서 한 몫 벌어 보려는 사람들과 조사를 하러 온 인근 대학교의 과학자들까지 합세하고, 운석에 손가락이라도 한 번 대 본 사람들은 자기에게 신기한 능력이 생겨 하던 일이 잘 된다고 좋아하지요. 실화를 바탕으로 한 이 이야기에서 작가는 섬세하면서도 밝고 경쾌한 그림을 보여 줍니다. 빠알간 열과 빛을 아울러 내뿜는 운석의 색, 서로서로 전화로 소문내는 사람들의 얼굴 표정이 재미있는 책입니다.

『꿀벌 나무』, 국민서관, 2003

『꿀벌 나무』(The Bee Tree)에서는, 책 읽기를 싫어하고 마냥 밖에 나가 달리기를 하며 놀고 싶어 하는 손녀딸에게 할아버지는 벌이 사는 나무를 함께 찾아 가자고 합니다. 꽃가루를 이 꽃 저 꽃으로 옮기고 있는 벌 몇 마리를 잡아 유리병 속에 넣고 한 마리씩 놓아 주면 그 벌은 자기 집을 향해 날아가고, 손녀와 할아버지는 그 벌을 따라 뛰어갑니다. 그 뒤를 마을 사람들도 줄줄이 따라가서 벌집이 있는 나무를 찾고 연기를 피워 벌들을 쫓아 낸 뒤 꿀벌을 듬뿍 꺼내와 함께 작은 잔치를 벌이지요. (저런저런, 벌아, 미안! 인간이 원래 먹는 걸 밝힌단다.) 자, 아이는 한껏 뜀박질을 하고 논 셈이죠? 이제 놀만큼 논 아이를 위해 유대인의 둥근 모자를 쓴 할아버지는 조상으로부터 물려받은 의식을 진지하게 올립니다. 바로 아이가 들고 있는 책 표지에 꿀을 한 순갈 얹고 아이에게 달콤한 꿀을 맛보게 하는 거지요.

할아버지의 입을 빌려 작가는 우리에게 책을 말합니다.

"책 속에도 바로 그렇게 달콤한 게 있단다. 모험, 지식, 지혜…… 그런 것들 말이야. 하지만 그건 저절로 얻을 수 있는 게 아니야. 네가 직접 찾아야 한단다. 우리가 꿀벌 나무를 찾기 위해 벌을 뒤쫓아 가듯, 너는 책장을 넘기면서 그것들을 찾아 가야 하는 거란다!"

그런데 이런 의식을 통과했어도 책을 읽지 못하는 아이가 있습니다. 『고맙습니다, 선생님』(Thank You, Mr. Falker)에서는 난독증(독서 장애) 때문에 5학년이 되도록 글을 읽지 못했던 작가 자신의 이야기가 절절하게 그려집니다. 책을 읽지 못해 아이들에게 놀림 받고, 감옥에 갇힌 듯한 괴로움을 느끼며 살아가는 어린 소녀의 예술적 재능을 알아보고, 반 아이들 앞에서 소녀의 그림을 칭찬해서 자긍심을 북돋워 주고 읽기를 가르쳐서 오늘날의 패트리샤 폴라코가 될 수 있도록 귀한 디딤돌을 마련해 준 분이 바로 포커 선생님이지요. 실제로 이 선생님은 자기 주머니를 털어서 패트리샤를 독서 전문가에게 따로 수업 받게 해 주었다고 합니다. 이 책에서 소녀는 책을 읽을 수 있게 되자 스스로 꿀을 떠서 책 표지에 얹고 꿀과 앞으로 알게 될 지식과 지혜의 달콤함을 함께 맛봅니다. 과슈와 연필로 그린 작가 특유의 섬세한 그림이 글자를 못 읽는 아이의 얼굴 표정을 잘 표현하고 있습니다.

가정적으로 힘든 상황에 반발해서 또래들을 괴롭히는 아이에게 관심을 갖고 보호해 주며 아이의 시선을 밝고 긍정적인 방향으로 돌려주는 교장 선생님의 이야기를 그린 『선생님, 우리 선생님』(Mr. Lincoln's Way)에서도 드러나지만, 패트리샤 폴라코는 자기에게 가장 영향을 준 사람이 누구냐는 말에 망설이지 않고 "선생님!"이라고 말할 정도로 선생님과의 유대감이 대단합니다.

그런데 이 작가의 그림책에 선생님보다 더 많이 등장하는 인물들은 할아버지 할머니. 『꿀벌 나무』에서 손녀에게 꿀과 달콤한 책 읽기라는 매력적인 전통을 전해 주는 이는 할아버지입니다. 『천둥 케이크』(Thunder Cake)에서 천둥 번개를 두려워하며 침대 밑으로 숨어 들어가는 손녀에게 폭풍이 오기 전에 케이크를 구워 내면 그게 바로 진짜 천둥 케이크라며 빗속을 뚫고 외양간에서 달걀을 가져오고 젖소에게서 우유를 짜오는 등 재료를 모아 아이와 함께 천둥 케이크를 구워 두려움을 없애 주는 이는 할머니죠. 『한여름 밤의 마법』(When Lightning Comes in a Jar) 에서 가족 모임 때 번갯불과 별빛을 잡아내는 사람도 할머니입니다.

하지만 이렇게 빛나는 마술을 가진 할머니도 때로는 외롭고 슬프지요. 바바야가는 러시아 설화에서 아이들을 잡아먹는다는 마녀이지만, 『바바야가 할머니』(Babushka Baba Yaga)에 나오는 바바야가는 사랑을 줄 손자 손녀를 갖고 싶어 하는 외로운 할머니일 뿐이지요. 남의 집 빨래를 훔쳐서 자기도 보통 할머니처럼 변장하고 마을로 들어가 돌보는 이 없는 아이의 진짜 할머니 노릇을 하는 바바야가의 모습은 애절하기까지 합니다.

『레첸카의 알』(Rechenka's Eggs)에서도 할머니는 쓸쓸합니다. 달걀에 아름다운 무늬를 입혀 나가면서 기나긴 겨울밤을 보내는 할머니에게 어느 날 선물처럼 찾아온 기러기 레첸카. 레첸카에게 제일 따뜻한 퀼트를 깔아 줄 때 액자에서는 아기 예수를 안은 성모 마리아가 이들을 정겹게 보고 있지요. 그런데 할머니 덕분에 나날이 건강해진 레첸카가 그만 달걀이 든 바구니를 뒤집어 버립니다. 그 바람에 할머니가 예쁘게 장식한 달걀들을 산산조각 나고, 할머니는 어쩔 수 없이 부활절 봄 축제에 달걀 내는 것을 포기하고 말지요. 그런데 그 다음 날부터 레첸카가 아름답게 채색된 달걀을 매일 낳는 게 아니겠어요! 그것을 소중히 모으는 할머니. 그로부터

12일이 지난 축제날 아침, 할머니는 레첸카와 함께 부활절 빵과 차를 나누어 먹습니다. 그리고 그들 뒤편의 액자에서는 가브리엘 대천사가 이 모든 일을 눈여겨보고 있지요. 부활절 봄 축제의 달걀 장식 콘테스트에서 할머니가 1등 상(거위 털이 들어 있는 퀼트)을 받을 때도 그림에서 미소 짓고 있는 이는 바로 성모 마리아와 가브리엘 대천사!

할머니들은 조각보도 만듭니다. 저 역시 아직 할머니는 아니지만 쓰다 남은 천 조각을 모아 인형을 덮어 줄 조각 이불을 만든 적이 있습니다. 그 이불의 한 조각 한 조각을 가리키면서 딸아이는 말했지요.
"이건 내 바지." "요건 1학년 때 입던 치마천이야."
『할머니의 조각보』(The Keeping Quilt)에서 패트리샤 폴라코는 러시아에서 미국으로 이민 온 가족의 역사가 낡았지만 예쁜 조각보에 담겨 전해지는 이야기를 목탄 그림으로 아름답게 묘사하고 있습니다. 증조할머니 안나의 어린 시절 옷과 머리에 쓰는 바부슈카, 블라디미르 삼촌의 셔츠와 하바라 숙모의 잠옷, 나타샤 숙모의 앞치마, 할머니가 쓰던 바부슈카로 할머니는 이웃들과 힘을 합쳐 조각보를 만들지요. 그 조각보는 안식일의 식탁보로, 사랑에 빠진 안나와 사샤의 피크닉 깔

『할머니의 조각보』, 미래아이, 2003

개로, 결혼식 차양으로, 갓 태어난 아기를 감싸안아 주는 담요로, 다시 결혼식 차양으로, 이렇게 차례로 4대를 이어 가며 생명과 전통을 함께 물려줍니다. 모든 인물과 배경은 목탄으로 그려졌지만, 조각보의 일부가 될 옷이나 완성된 조각보만큼은 예쁜 색이 입혀져 있는 아름다운 그림을 보며, 우리 집의 인형 이불도 그렇게 대를 물려 가며 아이들이 갖고 놀면서 사람의 삶은 흑백으로 남고, 가족의 전통은 다채로운 색깔로 남았으면 좋겠다는 생각을 합니다.

 모든 일에 우연은 없고, 우리 인간관계의 한올 한올이 다 인연(여기서는 하나님의 섭리이지만)으로 엮여 있다는 이야기를 담은 『크리스마스 벽걸이』(*Christmas Tapestry*)를 읽으면서 저는 패트리샤 폴라코와 어떤 인연이 닿아 이 글을 쓰고 있는지 문득 궁금해집니다. 밝고 화사한 꽃무늬로 부풀어 오르는 할머니의 옷이나 소녀들의 머리 수건, 치마를 보면서, 그림 하나로 퍼져 나가는 인연이 그렇게 밝고 화사하게 부풀었으면 좋겠습니다. 그리고 우리도 조금씩 자서전을 '만들어' 나가면 좋겠습니다. 그림으로, 글로, 맛있는 음식으로, 다정한 마음으로, 아주 작은 선한 행동으로……

# 백짓장보다 무거워, 같이 들어 줘

## 리오와 다이앤 딜런

미국의 일러스트레이터 부부입니다. 남편인 리오 딜런은 1933년 미국 뉴욕에서, 아내인 다이앤 딜런은 같은 해 미국 캘리포니아에서 태어났습니다. 두 사람은 파슨스 미술학교에서 처음 만나 졸업한 다음 해인 1957년에 결혼했습니다. 이들은 결혼한 후, 사십여 년간 수천 장의 그림과 수백 권의 책을 만들었지요. 이들 부부의 작품은 스타일이 없다고 할 정도로 다채로운 소재와 다양한 기법으로 표현하고 있습니다. 두 사람은 자신들이 내놓은 작품들은 부부의 어느 한 사람이 아니라 힘을 합친 '제 3의 예술가'의 작품이라고 말합니다. 작품으로 1976년 칼데콧상을 받은 『모기는 왜 귓가에서 앵앵거릴까?』와 1977년 칼데콧상을 수상한 Ashanti to Zulu를 비롯하여 『작은 기차』 『무슨 일이든 다 때가 있다』 『북쪽 나라 자장가』 『한겨울 밤의 탄생』 등이 있습니다. (표제 그림: 『북쪽 나라 자장가』, 보림, 2003)

*Leo & Diane Dillon*

　　어렸을 때 사색적으로 생긴 한자와 나실나실한 일본어가 어깨를 맞대고 있는 책들을 본 적이 있었습니다. 책꽂이 가득한 책들 중 질 좋은 빳빳한 종이에 칼라 사진들이 들어가 있는 작은 미술 관련 책 몇 권, 그중에서 화려한 이집트 유물들이 나온 책이 눈에 확 들어왔지요. 투탕카멘 왕의 황금 가면, 네페르티티 두상과 같은 신기한 컬러 사진을 보면서 그 밑에 오글오글 몰려 있는 남의 나라 글자가 무슨 뜻인지는 몰랐지만, 내가 '알 수 없다는 것'조차 이집트의 신비를 그대로 간직하고 있는 듯해서 묘한 만족감을 느꼈던 게 생각납니다. 표지에 갓난아기, 아이, 청소년, 어른, 노년으로 이어지는 인간의 삶이 고스란히 담겨 있는 『무슨 일이든 다 때가 있다』(*To Every Thing, There Is a Season*)를 요즘 어린이들이 보면 어떤 생각이 들까요?

　　탄생의 경이로움부터 죽음의 심오함을 다룬 『구약성서』의 「전도서」 가운데 한 부분을 글로 삼은 이 책은 세계 여러 문화에서 비롯된 미술 양식들을 표현 도구로 삼고 있습니다. 한 구절 한 구절마다 그에 어울리는 그림을 아일랜드의 채색 필사본, 이집트 신왕조 시대 무덤 벽화, 일본의 목판화, 북아메리카 푸에블로 인디언의 벽화, 에티오피아의 채색 필사본, 태국의 그림자 연극, 이란의 세밀화 등의 양식을 따라 그렸지요. 이렇게 페이지마다 다른 미술 기법을 쓰니 보는 이의 눈이 호강하는 것은 당연지사. 여느 미술책에서 보기 힘든 오스트레일리아 원주민의 나무껍질 그림에, 북극 지방 이누이트 족의 돌판 판화까지 보여 주어 더욱 즐겁습니다.

　　그런데 "무슨 일이든 다 때가 있다. / 무릇 하늘 아래서 벌어지는 모든 일에는 때가 있나니", "죽일 때가 있으면 살릴 때가 있고 / 허물 때가 있으면 세울 때도 있다.", " 무릇 한 세대가 가면 또 한 세대가 오지만, 이 땅은 영원히 변치 않으리라." 라는 글들은 어린이 독자가 이해하기에는 너무 심오해서, 제가 어렸을 때 그랬던 것처럼, 꼬마 독자들도 모르니까 오히려 신비감을 느낄 것만 같군요.

이렇게 다양한 미술 기법을 써서 그림책을 만들자는 생각이 누구 머리에서 나왔을까요? 오, 이 그림은 한 명이 그린 게 아니군요. 바로 리오 딜런과 다이앤 딜런이라는 부부의 공동 작품이네요.

캘리포니아에서 교사이자 발명가인 아버지와 피아노와 오르간 연주자인 어머니 사이에서 1933년에 태어난 다이앤에게는 매우 괜찮은 역할 모델이 있었지요. 어느 신문에 나온 패션 일러스트레이션을 아주 좋아했는데, 그것을 그린 도로시 후드라는 여성이었어요. 여성 일러스트레이션 작가란 당시에는 드문 일이었지요. 그림을 좋아하고 이 여자를 좋아하다 보니, 다이앤도 그림쟁이 길을 걷게 됩니다. 다이앤은 파슨스 미술학교에서 뉴욕 출신의 흑인 리오를 만납니다. 이들은 처음에는 불꽃 튀는 경쟁자였으나 오호라, 그만 그 불꽃이 다른 쪽으로 튀어 사랑에 빠지게 됩니다. 생일이 11일 차이 나는 동갑내기 예술가들은 1957년에 결혼을 했고, 그때부터는 '다이앤 작품', '리오 작품', 이렇게 구분하지 않고 공동 작업에 들어갑니다. 함께 아이디어를 내고, 그림을 그리는 그 손을 리오는 '제3의 예술가'라고 불러 달라고 하지요. 혼자서는 결코 해낼 수 없는 일—백짓장보다 무거우니 맞들면 훨씬 낫답니다. 처음에는 함께 일하자는 단순한 생각에서 출발했지만, 해를 거듭하며 자기들의 작업이 어우러져 녹아 들어가는 모습을 보고 그들도 놀랐답니다. 서로 그리던 것을 이어받아 그리다가 나중에 보니 '제3의 예술가'가 그리는 것처럼 스스로 생명력이 충만한 독자적인 스타일로 가고 있더란 말이지요.

대담무쌍한 색채와 뛰어난 묘사로 역사물, 과학 소설, 신화, 판타지 할 것 없이 다양한 책에 삽화를 그렸던 이들은 그림책의 세계로 들어와 서아프리카의 옛이야기를 버나 알디마(Verna Aardema)가 다시 쓴 『모기는 왜 귓가에서 앵앵거릴까?』(Why Mosquitoes Buzz in People's Ears)에 그림을 그려 1976년 칼데콧상을, 아프리카의 스물여섯 부족의 전통과 풍습을 알파벳 A~Z로 묘사한 *Ashanti to Zulu*(아샨티 족에서 줄루 족까지)로 1977년에 칼데콧상을 연달아 받게 되지요.

『모기는 왜 귓가에서 앵앵거릴까?』의 글은 아주 재미있습니다. 모기의 '뼁'에 짜증이 난 이구아나가 나뭇가지로 귀를 막고, 뱀이 이구아나의 행동을 오해해서 토끼굴 속에 숨고, 토끼는 뱀이 들어오는 걸 보고 기겁을 해서 까마귀를 놀라게 하고 까마귀는 원숭이를, 원숭이는 올빼미 둥지를 덮치는 바람에 아기 올빼미가 죽고, 자식의 죽음에 깊은 슬픔에 잠긴 어미 올빼미가 해님을 깨우지 않는 바람에 밤만 계속되고……. 긴장이 극도로 고조되다가 사자 왕의 회의에서 칭칭 감겼던 이야기 털실이 풀려 나갑니다. 지은 죄 때문에 동물들 앞에 못나가고 쭈뼛거리며 사람들 귓가를 맴도는 모기. "애애앵! 아직도 다들 나한테 화가 나 있어?"하며 물어보면 기막히게 솔직한 대답이 돌아온답니다. (마지막 페이지를 직접 보세요!)

수채화와 에어 브러쉬를 써서 그린 그림은 큼직하고 시원한데, 외곽선을 흰색으로 둘러 그린, 연한 스테인드글라스 맛이 납니다. 속지 처음부터 그림 이야기가 시작되지요. 농부가 캔 고구마를 보고 모기는 바로 날아가고 그 다음 장부터 왼쪽에는 동물들의 오해─자기가 생각한 대로 상황을 이해하는─가 그려집니다. 오른쪽에는 그 오해가 빚어 낸 실제 상황이 묘사되지요. 이를테면 왼쪽에서는 이구아나가 나뭇가지로 귀를 막고 가는 모습을 본 뱀이 "나한테 나쁜 일이 생기라고 주문을 거는 거 아냐?"하고 오해하는 모습이, 오른쪽에는 그 뱀이 토끼굴로 숨으려고 머리를 들이미는 바람에 놀란 토끼가 뒷문으로 빠져 나가는 장면이 담겨 있지요.

그림에서 낮과 밤의 장면은 매우 뚜렷한 대조를 보입니다. 낮은 하얀색, 밤은 그야말로 100% 까만색이 배경입니다. 동물들은 하얀색에서도 도드라지고 까만색에서도 생생하게 도드라집니다. 이야기에는 전혀 등장하지 않는 빨간 새 한 마리가

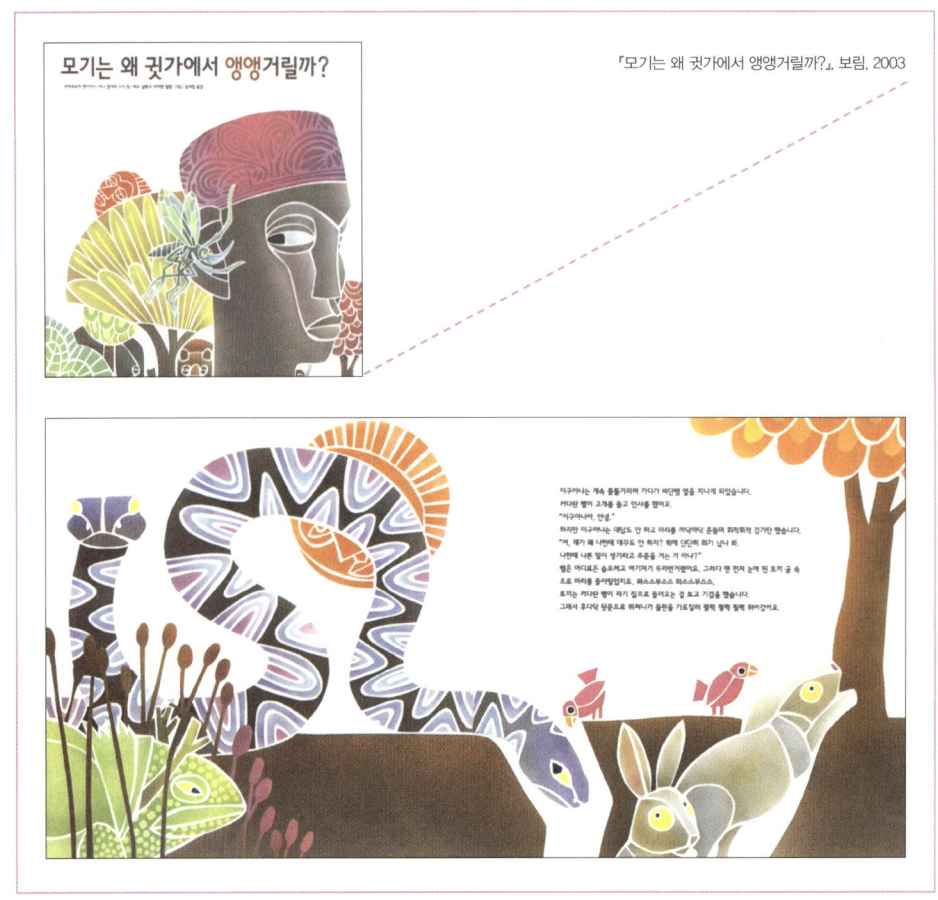

『모기는 왜 귓가에서 앵앵거릴까?』, 보림, 2003

장면 장면마다 나오는 것도 특이합니다. 이를테면 관찰자인 셈인데, 무대에 같이 등장하는 관찰자라고나 할까요? 두 분, 어떻게 이 책을 그리게 되었나요?

"편집자가 우릴 골랐어요. 진에 그린 청소년 소설 표지가 그 사람 마음에 들었대요. 하지만 늘 그랬듯이 우린 이 책을 만들면서 우린 스타일을 완전히 바꿨어요."

스타일이 다양하다는 건 마가렛 와이즈 브라운(Margaret Wise Brown)의 수십 년 전 써 놓은 글에 이들이 그림을 그린 『작은 기차』(*Two Little Trains*)를 보면 알

수 있습니다. 딜런 부부는 오래 전에 쓰인 글만 보고 온갖 상상력을 동원했지요.

 기차 두 대가 있습니다. 한 대는 유선형의 날씬한 기차고, 하나는 작고 낡은 나무 블럭 기차죠. 표지를 보면 여행 가방 위에 올려진 작은 선물 상자 속에 장난감 기차가 있답니다. 이 기차들은 절대 만나지 않고 나란히 여행을 떠납니다. 왼쪽엔 진짜 기차가 여행하는 시골길이 묘사되고, 오른쪽엔 장난감 기차가 떠나는 집 안 곳곳이 보입니다. 이 두 기차는 보기엔 다르지만, 실은 같은 길을 달리지요. 진짜 기차가 달리는 기다란 철길은 튼튼해 보입니다. 하지만 깔개의 술이 철로 역할을 하는 장난감 기차의 길은 구불구불, 심지어는 철로가 겹쳐서 엇갈려 있기도 하지요.

 터널 속에 들어가면 저 멀리 보이는 빛. 장난감 기차의 터널은 텐트처럼 세워진 책입니다. 빛은 노란 오리가 대신하지요. 진짜 기차가 강을 따라 달릴 때 장난감 기차도 물이 찰랑찰랑한 욕조 가장자리를 달립니다. 비를 맞으며 달리는 진짜 기차. 장난감 기차는 샤워기에서 내리는 비를 맞지요. 달님은 진짜 기차의 철길을 은은히 비추며 노래하고, 장난감 기차가 지나가는 곳에서는 라디오에서 흑인의 노래가 나옵니다. 그 그림만으로는 알 수 없지만, 이 장면에서 작은 액자 속의 그림을 보면 첩첩 언덕 위에 달이 떠 있지요. 바로 왼쪽 그림에서 노래하는 그 달입니다.

 마지막 여정은 어디일까요? 해 뜨는 동쪽에서 시작된 여행은 서쪽으로 서쪽으로……. 두 기차는 즐거운 여행을 마치고 고요히 서쪽에 머뭅니다. 해야 제 갈 길 너울너울 넘어갔을 테고, 달님이 아까부터 자기 자리를 차지하고 있었으니 이젠 잠을 자야죠. 왼쪽 그림에서 바닷가에 도착한 기차. 바닷가의 커다란 야자나무는 오른쪽 그림에서는 화분에 턱하니 들어가 있고, 아이는 침대 속에서 잠들어 있습니다. 하루의 여행을 끝낸 장난감 기차를 맞이하는 건 팔 벌려 환영하는 곰 인형.

 그런데 진짜 기차는 크고, 장난감 기차는 작으니 언뜻 제목이 'Two Little Trains'라는 데서 갸우뚱. 어쩌면 하늘과 바람과 해와 달과 별과 비와…… 이 장엄한 대자연이 볼 때는 인간이 만든 진짜 기차도 아주 작은 장난감 기차처럼 보일 거라는 생각에서 이렇게 그림 구성을 잡았을지도 모르겠네요.

『북쪽 나라 자장가』, 보림, 2003

흠…… 제가 초등학교 때 문득 하늘을 올려다보고 이런 생각이 들었거든요. 우리는 수천 년, 수만 년을 살고 있다고 착각하고 있지만, 혹시 외계에서 이 지구를 장난감 삼아 태엽을 돌려 놓은 게 아닐까? 몇 바퀴 돌려 놓은 태엽이 돌아가고 있는 걸 우리는 수만 년이라고 생각하며 살고 있는 게 아닐까……? 그 순간 제가 먼지 한 점만도 못한 존재로 느껴졌다는 사실.—웬 꼬마 철학자?

하지만 그런 장엄한 자연을 보면서 즐기는 아이도 있습니다. 낸시 화이트 칼스트롬(Nancy White Carlstrom)의 글에 딜런 부부가 그림을 그린 『북쪽 나라 자장가』(Northern Lullaby)는 언뜻 마가렛 와이즈 브라운이 글을 쓴 『잘 자요, 달님』(Goodnight Moon)을 연상시키는 책입니다. 그 책에서는 방 안에 있는 모든 것에 아기 토끼가 잘 자라는 인사를 하지요. 『북쪽 나라 자장가』에서는 아이가 별 아빠, 달 엄마, 산 할아버지, 강 할머니, 큰사슴 삼촌, 회색늑대 삼촌, 버드나무 이모, 자작나무 고모, 곰 오빠 등 알래스카의 대자연에서 볼 수 있는 것들에게 인사를 한답니다. 아이가 꿈꾸다 뒤척일 때 춤추며 달려와 주는 쌍둥이 오로라 역시 빼 놓을 수 없지요. 이 모든 위대한 자연이 사람 모습으로 표현되어 있습니다. 눈 덮인 집에서는 노란 불빛이 배어 나오고 굴뚝에서는 하얀 연기가 길게 나오는군요. 대자연의 손길은 작고 아늑한 집을 더욱 평화롭고 다사로이 어루만져 줍니다. 마지막 페이지에 새록새록 자고 있는 아이 옆에는 커다란 눈신발이 벽에 세워져 있지요.

알래스카로 이사해 살면서 신비로운 자연에 친밀감을 느껴 이렇게 멋진 작품을 만들어 낸 작가들을 껴안아 주고 싶어집니다.

딜런 부부는 자기들이 글을 쓸 때보다 다른 사람이 쓴 글에 그림을 그릴 때가 더 좋다고 말합니다.

"아마 자유 때문일 거예요. 너무 자유로우면 일하기가 어려울 때가 있거든요."

그래도 자기 스타일로 그린 그림들이 튀어 나오니, 처음 소개한 「전도서」에 관한 책도 그렇고, 탭 댄스에 관한 책 *Rap a Tap Tap: Here's Bojangles, Think of That!*(탭, 탭, 탭 댄스를 춰 봐요.)도 만들었지요.

아이디어를 얻고 구성을 하고, 자료 조사를 하고, 그림을 그리며…… 지난 사십여 년 동안 기쁨과 고통을 동시에 느끼며 그림을 그려 온 칠십 대의 노부부. 삶과 예술과의 관계를 이 한 마디로 간단히 요약해 주고 있습니다.

"그대의 삶을 예술로 만드세요."

# 나도 그림자가 될래

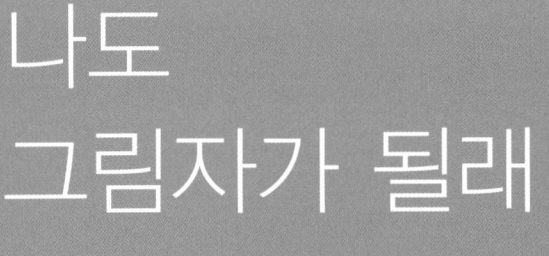

## 마샤 브라운

1918년에 미국에서 태어났습니다. 뉴욕 주립사대에서 문학사로 학위를 받았습니다. 졸업 후, 고등학교에서 영어를 가르치다 1943년 교사를 그만 두고 뉴욕 공립 도서관에서 어린이 책 담당 사서로 일을 했습니다. 이때부터 어린이 책을 만들기 시작했습니다. 첫 책은 1946년 출판된 The Little Carousel입니다. 마샤는 다양한 기법을 구사한 그림 작가로 유명합니다. 이탈리아, 하와이, 서인도, 멕시코 등 여러 나라를 여행하며 예술을 공부했고 세계 여러 곳의 전통적이고 특색 있는 요정담과 민담을 많이 그렸습니다. 칼데콧 상을 여러 번 받았고 로라 잉걸스 와일더 상, 레지나 상 등을 받았으며 한스 크리스찬 안데르센 상의 후보에도 올랐습니다. 작품으로 우리말로 옮겨진 『옛날에 생쥐 한 마리가 있었는데…』 『그림자』 『돌멩이 수프』와 Cinderella, Skipper John's Cook, Henry, Fisherman 등이 있습니다. (표제 그림: 『옛날에생쥐 한 마리가 있었는데…』, 열린어린이, 2004)

*Marcia Brown*

 어렸을 때 『서유기』에서 헤어 나오지 못하고 삼장법사 따라 천축까지 험난하고 신기한 모험 길을 헤매고 다닌 적이 있었습니다. 재롱을 떤답시고 언니, 오빠들을 사오정, 저팔계, 삼장법사라고 놀려 대며 까르륵대곤 했는데, 물론 나는…… 손오공! 그런데 요 손오공은 늘 꾀만 부리고 잘난 척하지만, 결국 늘 부처님 손바닥 안에서 맴돌고 있잖아요?!

마샤 브라운의 『옛날에 생쥐 한 마리가 있었는데…』(Once a Mouse...)에는 손오공만도 못한 생쥐가 한 마리 나옵니다. 인도의 한 은자가 크다는 것과 작다는 것에 대해 명상하고 있다가 문득 생쥐 한 마리를 보게 되지요. 까마귀 한 마리가 생쥐를 낚아채려는 순간, 은자는 급히 생쥐를 구하고, 오두막으로 데려와 먹을거리를 주는데, 이번에는 숲에서 고양이 한 마리가 슬슬 다가오지 않겠어요? 쥐에게 위험이 닥친 것을 보고 은자는 쥐를 튼튼한 고양이로 바꿔 놓지요. 하지만 위험은 언제나 꼬리를 물고 닥치는 법. 개가 나타나니 고양이를 개로 바꿔 주고, 배고픈 호랑이가 나타나니, 그 개를 손짓 한 번으로 당당한 호랑이로 바꿔 줍니다. 어? 그런데, 요 호랑이가 자기가 잘나서 그렇게 된 줄 아는군요. '감추고 싶은 과거는 잊어 줘. 아니, 내 과거를 아는 놈은 없애 주겠어.' 호랑이는 자기가 원래 생쥐였다고 말하는 놈은 죽여 버리겠다고 마음을 먹었죠. 이 어이없는 배신에 기가 막힌 은자는 다시 손짓 한 번에 호랑이를 생쥐로 원위치. 아이구머니, 이 생쥐, 그만 창피해서 얼른 숲 속으로 도망질치는군요. '아…… 나의 본성이란 무어란 말인고?'

『옛날에 생쥐 한 마리가 있었는데…』, 열린어린이, 2004

　목판으로 찍은 그림 한 장 한 장은 작가의 넘치는 아이디어를 아낌없이 보여 줍니다. 까마귀가 막 생쥐를 채려는 순간, 도사가 뛰어가는 누우런 땅은 까마귀가 입을 벌려 쥐를 잡아먹으려는 듯한 모습인데, 은은히 살아 있는 나뭇결을 그대로 살려 땅의 굴곡을 매우 잘 드러내고 있답니다. 내가 쥐가 되어 까마귀나 솔개한테 쫓긴다고 상상해 보세요. 게다가 상대방은 위에서 날 내려다보며 쫓아오는데 나는 기껏해야 땅바닥에서 허겁지겁 살 길을 찾아 도망치고 있다면, 새 그림자가 땅에 깔릴 때 마치 온 땅이 나를 잡으려고 으스스한 손길을 주욱 뻗는 것 같지 않겠어요? 인물의 심리 상태를 땅 그림자로 표현한 장면이 또 있어요. 생쥐가 고양이로 변하는 장면에서도 힘자랑하며 갈갈이 털을 뻗친 고양이의 모습을 땅 그림자가 더욱 더 강조해 주지요. 호랑이가 된 생쥐가 못된 마음을 먹었다가 다시 생쥐로 변하는 장면도 재미납니다. 작가는 여기서 나무 덤불이 호랑이인 듯, 호랑이가 나무 덤불인 듯, 묘하게 무늬를 섞바꿔 놓거든요.

마샤 브라운은 1918년 뉴욕 로체스터에서 태어났습니다. 의사가 되고 싶었지만, 경제 공황기에 목사인 아버지에게 제 주장을 펼치기엔 너무 미안스러워서 뉴욕 주립사대(올버니 소재 뉴욕 주립대학의 전신)에 들어가 영어와 연극을 공부합니다. 이때 학교의 여러 잡지에서 미술 담당 및 공동 편집장 등으로 일했는데, 당시 학교 출판물에 마샤가 쥐, 사자 등 여러 동물을 유머러스하게 표현한 스케치들이 남아 있다네요. 또한 전공 수업들은 앞으로 그녀가 작가이자 아티스트로 평생 일하게 되는 데 귀중한 훈련이 되었습니다. 연출법 시간에 자기 자신의 연기를 스스로 감독하고 제작해 보았다고 하니, 그림책 만드는 데도 상당한 도움이 되었겠지요. 영어 전공 수업 때는 셰익스피어와 창작법을 공부하면서 금요일 오후마다 셰익스피어의 작품에 나오는 노래들과 엘리자베스 시대의 민요들 그리고 영국의 뱃노래들을 부르곤 했다는데, 상상이 가는군요.

오~ 그 발랄한 청춘! 사공의 뱃노래여…….

대학을 졸업하고 삼 년 동안 고등학교에서 아이들을 가르친 마샤는 심호흡을 한 번 크게 하고 그 교사직을 미련 없이 던져 버립니다.

"선 가르치는 게 무척 즐거웠어요. 하지만 글을 쓰고, 그림을 그리고 싶었어요."

1943년, 그녀는 뉴욕 공립 도서관의 어린이실 사서로 새로운 인생을 시작해서 꼬박 6년 간 일하며 밤에는 우드스톡 회화학교 등지에서 그림 공부를 했습니다. 이 시기에 책을 네 권 내는데, 자기가 살던 소란스런 동네를 생생하게 묘사한 첫

『돌멩이 수프』, 시공주니어, 2007

책, *The Little Carousel*(작은 회전 목마)는 평론가들의 관심을 끌었고, 두 번째 책인 『돌멩이 수프』(*Stone Soup*)는 1948년 칼데콧 영예상을 받는 영광을 누립니다. 프랑스의 옛이야기를 그림책으로 꾸민 『돌멩이 수프』에서는 어느 가난한 농촌 마을에 나타난 세 병사와, 그 병사들에게 먹을 것을 빼앗기고 싶지 않은 마을 사람들 간의 이야기를 담고 있습니다. 마을 사람들은 잔뜩 긴장해서 헐레벌떡 우유도 숨기고 달걀도 숨기고 아무튼 먹을 거라면 꼭꼭 숨겨 놓지요. 그러자 병사들은 꾀를 내서 우리가 돌멩이 수프를 여러분께 대접하겠다고 합니다. 그러면서 큰 솥에 물을 잔뜩 붓고 매끈매끈한 조약돌 세 개를 넣고 젓다가 "소금과 후추를 넣어야겠네요." 말하니 돌멩이 수프가 다 되기만을 잔뜩 기다리고 있던 마을 사람 하나가 얼른 집에 가서 소금과 후추를 가져옵니다. 차례차례 홍당무, 양파, 소고기, 감자, 우유, 보리…… 한 마디씩 꺼낼 때마다, 마을 사람들은 얼른얼른 그걸 가져오지요. 이제 돌멩이 수프는 기막힌 냄새를 풍기고, 병사들과 온 마을 사람들이 함께 그 수프를 나누어 먹으며 동네잔치를 벌입니다.

내용이 매우 유쾌하고 선과 색깔이 단순한 이 책은 전체적으로 신나는 분위기를 잘 전달하고 있습니다. 하지만 그 색이 도장 찍을 때 쓰는 '인주'색이어서 좀 맘에 안 드는군요. 이거야 저 개인의 생각이긴 하지만서두 …….

마샤는 여행을 매우 좋아했습니다. 이탈리아, 하와이, 서인도 제도, 멕시코 할 것 없이 돌아다니고, 중국의 항저우에 있는 쩨지앙 아카데미에서 그림 공부를 한 적도 있습니다. 이렇게 세상 구경을 하면서 여러 나라의 다양한 민담과 설화를 모으게 되었고, 이것을 그림책으로 꾸며 내는 경우가 많았지요. 이 작가는 목판을 즐겨 쓰고 목판화 전시회를 열 정도로 그 기법을 사랑했지만, 그림책을 만들면서 단 한 권도 같은 기법을 쓴 게 없다고 평가될 만큼(늘 같은 기법만 쓰는 레오 리오니, 에릭 칼과 엄청난 대조가 되는구만요.) 다양한 방법을 실험해 보았답니다. 그중 하나가 뉴욕 공립 도서관에서 일할 때 발견한 블레즈 상드라르(Blaise Cendrars)의 산문시 「주술사」의 내용에, 케냐와 탄자니아 등 아프리카 여행에서 받은 강렬한 이미지를 담아 낸 『그림자』(Shadow)입니다.

그림자란 무엇일까요? 내 발끝에 달려 있는, 나의 가짜일까요? 가장 무도회에 온 손님일까요? 작가의 글에 따르면 "프랑스 시인 블레즈 상드라르는…… 모닥불 가에서 이야기꾼들의 이야기를 들으며 춤추는 영상" 즉 그림자를 떠올립니다. "이

『그림자』, 보림, 2003

야기꾼의 이야기와 불빛에 어른거리는 그림자의 영상 속에는 과거가" 들어 있습니다. "과거에 대한 믿음, 과거 속의 혼령들"이요. "우리의 현재는 그렇게 과거를 안고 미래로 뻗어 갑니다."

이 어려운 그림자를 작가는 어떻게 표현해 내고 있을까요? 바로 실루엣을 이용

했지요. 풍경화나 정물화보다는 추상화에 상상할 여지가 더 많은 것처럼 실루엣은 참으로 많은 이야기를 담고 있습니다. 그림꾼의 실루엣을 통해 그림자는 이야기꾼이 못다 한 생명을 얻고 삶으로 드러납니다. 처음에 작가는 목판화를 통해 이 내용을 표현하고 싶었다고 합니다. 하지만 그만 세월의 무게가 가져다 준 관절염 때문에 목판화를 포기하고 대신 종이를 오려 붙이고 물감의 번짐 효과 등을 이용해서 이 책을 만들었다고 하는군요.

그녀는 코네티컷의 작은 마을에 오랫동안 살며 *Cinderella*(신데렐라), *Dick Whittington and His Cat*(딕 휘팅턴과 고양이), *Skipper John's Cook*(존 선장의 요리사), *Henry, Fisherman*(어부 헨리) 등 수많은 책을 펴내 칼데콧 상과 영예상을 수차례 받지요. 이제 그녀는 자기가 그동안 해 온 자료들을 모두 올버니에 있는 뉴욕 주립대학에 기증하고 캘리포니아로 이사했습니다. 육십여 년이 넘게 어린이 책에 몰두했던 그녀가 남긴 자료는 그곳의 웹사이트에서 찾아볼 수 있습니다. 이제 작가는 은퇴했을까요? 아니죠. 마샤는 이렇게 말합니다.

"나는 예술가가 은퇴했다는 얘기를 들어 본 적이 없습니다."

아마도 지금쯤 지팡이에 물감을 묻혀 가며 새로운 실험을 하고 있을지도 모릅니다. 그리고 세상을 떠날 때, 낡은 옷을 벗고 그림자로, 과거가 스며 있는 혼령으로 두둥실 하늘로 떠올라가겠지요.

# 마음속 화산이 쾅!

## 몰리 뱅

1943년에 미국 뉴저지 주의 프린스턴에서 태어났습니다. 어렸을 때 일본, 인도, 말리 등지에서 살았고 일러스트레이터, 작가, 번역가 등의 다양한 일을 했습니다. 여러 문화권의 민담이나 우화에 관심을 갖고 있고, 이것들을 그림책으로 다시 쓰고 그리는 일을 즐겨 했지요. 1981년에 칼데콧 영예상을 받은 The Grey Lady and the Strawberry Snatcher에서 그녀는 수채화, 콜라주, 삼차원 투시도 등 여러 기법의 그림들을 보여 주었습니다. 이 밖의 그림책에서도 아이들의 심리, 세계의 민화, 과학에 이르기까지 폭넓은 주제들을 풀어 놓고 있습니다. 작품으로 『소피가 화나면, 정말 정말 화나면』, 『종이학』, 『기러기』, Ten, Nine, Eight, Common Ground, Tye May and the Magic Brush, Chattanooga Sludge 등이 있습니다. (표제 그림: 『소피가 화나면, 정말 정말 화나면』, 책읽는곰, 2013)

*Molly Bang*

몇 년 전, 한 책방에서 노란색 바탕에 오렌지색 액자 화면, 그리고 그 안에 가지런히 짧게 자른 앞머리를 드리우고, 분노로 가득 찬 눈에서 파란 불꽃을 이글이글 내뿜는 꼬마 여자아이가 표지에 나온 『소피가 화나면, 정말 정말 화나면』(When Sophie Gets Angry—Really, Really, Angry…)를 보고 하하, 웃을 수밖에 없었어요. 책 제목과 표지 그림과 심지어 작가 이름, '몰리 뱅'(Molly Bang)까지 절묘하게 맞아 떨어졌으니까요.

무슨 말이냐고요? 'Bang'은 '가지런히 자른 앞머리'라는 뜻도 있고, 문을 세게 닫을 때 내는 '쾅'소리라는 뜻도 있거든요. 앞머리 내린 아이가 불같이 화를 내고 있으니 곧 문을 '쾅'닫고 나가 버릴 것만 같은 긴장감이 절로 감도는 표지였죠.

이 책은 상당히 독특합니다. 아이의 '화'를 다룬 것도 그렇지만, 그 화가 어른이 달래서 풀어지거나 꾸중을 듣고 사그라지는 게 아니라 스스로 마음을 가라앉히는 과정을 담고 있기 때문이죠. 장난감 때문에 언니와 다투게 된 소피는 너무 억울해서 화가 솟구치지요. 눈에 파란 불을 켜고 있는 아이의 모습을 보세요. 곧 터져 나올 듯한 분노를 누르고 있느라 콧구멍은 벌름거리고 입은 앙다문 데다 땋은 머리카락마저 화기에 솟구쳐 양옆으로 뻗쳐 있군요. 게다가 바탕색은 순도 높은 빨강!

그림을 보면 사물이나 사람에 다 바깥 선을 입혔는데, 소피의 경우 그 선이 처음에는 주황색이었다가 점차 빨간색으로 변합니다. (나중에 화가 풀려서 집으로 돌아왔을 때는 따스한 노란색으로 바뀌어 있지요.) 그런데 미친 듯이 화를 내는 소

『소피가 화나면, 정말 정말 화나면』, 책읽는곰, 2013

피의 모습과 벽에 비친 빨간 그림자는 같은 자세를 취하고 있지 않습니다. 오히려, 소피가 화가 나서 하고 싶어 하는 행동을 그림자가 대신 묘사해 줍니다. 용처럼 입에서 시뻘건 불을 내뿜는 소피, 화산처럼 폭발해 버린 아이는 밖으로 튀어 나가 무작정 달립니다.

바깥 풍경 역시 아이의 마음 상태에 따라 색깔이 변한답니다. 아직 화가 솟구쳐 달리고 있을 때는 나무들 역시 빨간색 테두리 선. 하지만 아이가 달릴 만큼 달린 뒤 고개를 숙이고 울 때 나무들의 테두리 선은 보라색과 주황색으로, 그리고 정신이 든 아이가 비로소 나무와 고사리, 바위들을 쳐다볼 때는 주변 사물은 연보라색 테두리 선이 둘러쳐 있지요. 그리고 작은 새 한 마리가 지저귀는데, 이 새는 평정을 되찾으라는 듯, 노란색 테두리 선으로 되어 있답니다.

소피가 연파랑 테두리 선을 한 하얀 너도밤나무에 올라가 산들바람을 느끼면서 너른 바다의 물결을 보며 평온을 되찾는 광경은 참으로 인상적입니다. 아이는 너른 세상을 통해 위안을 얻지요. 제가 가끔 눈을 감고 단전호흡을 할 때, 방 안에서 하는 것과 뒷산의 나무 밑에서 하는 것은 그 느낌상 천지차이인데(나무 밑에서는 맑은 세상이 고요히 제 안으로 들어오는 느낌이랄까요?) 소피 역시 그런 것을 느끼고 있을 듯싶습니다. 이제 마음을 가라앉히고 환한 표정으로 집으로 되돌아오는 소피. 아까 자기의 감정에 따라 광폭하게 휘몰아쳤던 나무들은 지금 평온을 되찾은 소피의 마음처럼 밝은 연두빛, 노랑빛으로 환하고 다정하게 서 있습니다. 현관문을 여니 온 식구들이 반갑게 맞아 주는군요. 이제 노란색 테두리 선을 두른 온 식구들은 즐겁고 따스한 분위기 속에서 퍼즐을 맞춥니다. 그 뒤에 걸린 액자가 시선을 끄는군요. 꼭대기에 하얀 눈이 덮인 '휴화산'이랍니다. (소피의 마음을 표현한 것이라면, 사화산은 아니겠지요? 사실 언제 또 소피가 폭발할지 모르니까.)

작가인 몰리 뱅은 처음에는 자기 딸을 모델로 해서 소피를 그렸다고 해요. 그러자 딸이 항의하길, "엄마, 제 기억으론 우리 식구 중에서 화내던 사람이 저뿐이 아니었을 텐데요?"

엄마는 그만 가슴이 뜨끔해서 모델을 어린 시절의 자기 자신으로 바꿨다네요. 작가들이 글을 쓸 때 무당처럼 신이 들려 저절로 써진다고 하던데, 이 작가도 예외는 아닙니다. 화난 상태의 소피를 빨간색과 주황색으로 묘사할 때는 자기 감정도 격앙되어 분노에 가득 차 있었고, 평온을 되찾아가는 소피의 마음을 파란색과 녹색 계열로 그릴 때는 작가 자신도 마음이 차분하게 가라앉는 경험을 했다고 하니까요. 게다가 과슈를 쓴 덕에 선도 굵고 색도 진하게 나와 열정적인 감정이 잘 표현되어 만족스러웠다고 하는군요.

　어릴 때 소피처럼 짧은 앞머리에 화도 잘 냈던 몰리 뱅은 미국에서 태어나 일본, 인도, 말리 등지에서 살았습니다. 그러면서 여러 다양한 문화 속의 민담과 설화에 관심을 갖게 되었지요. 노르웨이의 설화를 바탕으로 그린 그림들로 포트폴리오를 만들어 출판사 문을 두드리다가 그 그림으로 스스로 이야기를 만들어 보라는 편집자의 말을 듣게 되지요. 그래서 산책을 하다 이야기 구조를 만든 책이 글자 없는 그림책, *The Grey Lady and the Strawberry Snatcher*(할머니와 딸기 도둑)입니다.
　표지를 보면 앵두와 복숭아를 좌우에 거느린 딸기 상자가 나무 탁자 위에 놓여 있는데, 나뭇결이 음습하게 모여 무언가의 눈처럼 보이는 걸 알 수 있습니다. 바로 딸기 도둑의 눈이죠. 딸기를 사 가는 할머니를 좇는 딸기 도둑의 발걸음마다 버섯들이 무리지어 피어나고, 장면이 바뀔 때마다 할머니를 노리는 딸기 도둑을 바라보는 또 다른 시선(아이, 문손잡이, 작은 동자상 등)이 있습니다. 할머니는 교묘하게 딸기 도둑을 따돌리고 집으로 가서 식구들과 함께 딸기를 먹는 데 성공하고, 딸기 도둑은 도둑대로 할머니를 놓치긴 하지만 숲에서 블랙베리를 발견해서 그걸 먹지요. 이렇게 마무리가 흐뭇한 책이긴 합니다만, 색조가 낮고 전체적으로 음울하고 으스스해서 독자들이 선뜻 집게 되는 책은 아닙니다.
　만드는 데도 몇 년 걸리고, 출판하는 데도 고생스러웠던 이 책을 내고 몰리 뱅은 신랄한 비평에 맞닥뜨리게 되지요.『뉴욕 타임즈』는 기괴하게 생긴 인물들이나 섬광처럼 지나가는 색깔들을 쓴 걸 보면 작가가 마리화나와 관계가 있을지도 모른다는 서평을 낼 정도였습니다. (몰리 뱅은 실제로 '딱 한 번' 피워 봤지만 정말 싫었다는데요?) 책도 거의 팔리지 않아 한숨 쉬고 있는데, 뜻밖에도 칼데콧 영예상을 받게 되었다는 희소식을 듣자 작가는 심사 위원에게 묻습니다.
　"제 책 서평을 안 읽어 보셨나요?"
　그러자 심사위원 대답하지요.

"우리는 다른 이들의 서평에 좌우지되지 않습니다. 우리 스스로 결정하지요."

상을 받고 나니까 갑자기 모두들 이 책이 매우 창의적이고 그림도 독특하다고 칭찬을 해서 작가는 쓴 웃음을 머금게 되지요. 책도 불티나게 팔렸고요.

같은 분위기의 그림을 그리는 작가들이 많기 때문에 이 그림을 보면, '아, 누구 거구나.'하고 금방 알아맞히게 되는데 몰리 뱅은 책마다 분위기가 무척 다르답니다. 사실 참 힘든 일인데 말이죠.

『종이학』(The Paper Crane)은 긴장감이 전혀 없는 매우 조용한 책입니다. 사건은 그저 가을 단풍이 그림자진 강물처럼 조용히, 하지만 아름답게 흘러가지요. 그럭저럭 번창하던 길가 식당을 꾸려나가는 아버지와 아들이 있었습니다. 그런데 고속도로가 생기면서 식당에는 사람들의 발길이 끊어지지요. 그러던 어느 날, 식당을 찾은 허름한 노인에게 정성을 다해 식사를 대접하니, 이 노인은 냅킨으로 종이학을 만들어 주고 떠납니다. 이 종이학은 아이의 손뼉을 치는 소리에 맞춰 춤을 추었지요. 신기한 종이학을 보러 손님들이 몰려들어 식당은 번창합니다. 후에 그 노인이 다시 나타나 피리를 부니 학은 원래 주인을 따라 떠난다는 줄거리입니다.

몰리 뱅은 중국의 민담을 모아 놓은 책에서 'Dancing Yellow Crane'(춤추는 노란 학)이라는 이야기를 읽었지요. 그리고 후에 체코슬로바키아 출신의 예술가인 에바 베드나로바(Eva Bednarova)가 그림을 그린 중국 민담집에서 비슷한 이야기를 또 읽고 나름대로 새로운 방법으로 표현했다고 합니다. 즉, 그냥 학이 아니라 '종이학'으로 설정하고, 제목과 어울리게 종이를 오려 붙여 그림을 완성한 거지요. 전체적으로 갈색 계열을 주조로 해서 섬세하고 입체감 있게 접어 낸 의자나 빵, 사람들의 머리카락, 춤추는 아이들의 구겨진 바지 주름 등이 인상적입니다. 학만을 직접 그렸다는데, 학을 관찰하러 동물원에 들락날락하면서 애를 먹었다는군요. 학이 쉴 새 없이 움직이는 바람에 그랬다니 고상하고 우아해 보이는 학도 번잡스런 꼬맹이들과 다를 바 없나 봅니다.

『종이학』, 미래아이, 2000

그림책에서 학이 떠난 뒤 이 식당은 어떻게 되는 걸까……. 저는 현실 속의 아줌마답게 잠시 걱정을 했는데, 마지막 장을 보고 곧 안심했습니다. 사람들은 맛난 음식과 춤추는 종이학에 대한 이야기를 들으러 계속 식당을 찾고, 주인집의 아이는 홀로 악보를 펴 놓고 피리를 연습한답니다. 아이의 음악은 나중에 새로운 전설이 되겠지요.

위의 책에서 아시아 사람들을 등장인물로 삼은 몰리 뱅은 *Ten, Nine, Eight*(열, 아홉, 여덟)에서는 흑인 아이와 아빠를 주인공으로 그렸습니다. 백인 작가로서는 드문 일이지요. 원래 이 책은 몰리 뱅이 두 살짜리 딸과 처음으로 헤어져 여행을 하게 되었을 때, 그 딸을 생각하며 쓴 시에 그림을 덧붙여 만든 책입니다. 처음에는 자기 남편이 딸에게 그림책을 읽어 주는 모습을 상상하면서 썼는데, 아이 유아원의 벽을 칠하는 일을 하러 갔다가 흑인 아빠가 아이들에게 그림책을 읽어 주는 모습을 보고 등장인물을 흑인으로 그리게 되었다는군요. 그러자 편집자들은 판매량이 반은 줄어들 거라고 반대했대요. 그래도 몰리 뱅은 이미 백인 가정과 어린이들을 위한 책은 충분할 정도로 많이 나왔다며 자기 의견을 밀고 나갔답니다. 이 책에 흑인 아빠의 긍정적인 역할이 나와 반갑다는 아마존 독자 서평을 보니, 사회의 고정관념을 반증하고 있다는 게 느껴져 기분이 씁쓸하더군요.

보통 1~10까지 숫자를 세는 책들이 많은데 비해 이 책은 일단 거꾸로 숫자를 세고, 각 문장은 꼬리운이 맞는 시 형식으로 되어 있습니다.

10 small toes all washed and warm
9 soft friends in a quiet room
8 square windowpanes with falling snow
7 empty shoes in a short straight row

이런 구절에 어울리게 그린 그림은 앞쪽에 나온 그림이 뒤쪽에 어떤 식으로든 조금씩 들어가 있기 때문에 앞뒤 장이 부드럽게 연결되지요. 그리고 10~1까지 해서 끝날 것 같지만, 하얀 곰 인형을 안고 잠들어 있는 아기를 그린 마지막 쪽에서 '0'이 보인답니다. 안 보인다구요? 잘 찾아보세요. 수학자들이 보면 숫자 중의 숫자, '0'을 무시하지 않았다고 몰리 뱅을 좋아할 것 같은데요?

환경에도 관심이 많아 *Chattanooga Sludge*(채터누가의 쓰레기), 과학 그림책 *Common Ground*(맞아요) 등을 낸 몰리 뱅. 앞으로 화산처럼 뜨거운 작품을 많이 내길 기대합니다.

# 야성의 냄새를 맡다

## 에드 영

1931년 중국 텐진에서 태어나 상하이에서 자랐고 후에는 홍콩에서 살기도 했습니다. 커서는 미국으로 갔고, 1957년 로스앤젤리스 미술대학을 졸업했습니다. 뉴욕에서 광고 일을 하다 좀 더 풍부하게 표현하고자 하는 욕구가 생겼고, 어린이 책에서 자신의 재능을 풀어 놓게 됩니다. 에드 영은 중국의 사상과 예술 작품에서 많은 영감을 받은 작가로, 중국의 회화 작품에서 그림과 글은 서로 나타낼 수 없는 부분들을 보완하며 표현한다고 말하지요. 또한 그의 그림은 환상적인 이야기든, 민담이든 그 이야기가 갖는 핵심적인 부분을 전달하고자 합니다. 1990년에는 『늑대 할머니』로 칼데콧상을 수상했으며, 『일곱 마리 눈먼 생쥐』와 The Emperor and the Kite로 칼데콧 영예상을 받았습니다. (표제 그림: 『늑대 할머니』, 길벗어린이, 2016)

*Ed Young*

*Lon Po Po*(론 포 포).

표지에서 확, 늑대 냄새가 끼치는 것 같지 않나요? 음…… 무섭군요.『늑대 할머니』라는 제목의 이 책은 우리나라의 설화「해와 달이 된 오누이」와 비슷한 내용을 담고 있는데, 서양에서는 이 줄거리를 중국판「빨간 모자 아가씨」라고 부르지요. 그래서 이야기 자체는 새로울 것이 전혀 없습니다. 너무 뻔히 알아서 왜 이런 이야기로 또 책을 만들었나 싶을 정도.

하지만 그림이 무척 특이합니다. 파스텔을 써서 부드럽고 환상적인 이미지를 만드는 것 같지만 한편으론 흐릿한 색깔 속에 두려움이, 그리고 그 두려움에서 비롯된 잔인한 행동이 숨어 있습니다.

할머니 생신을 맞아 엄마는 딸 셋을 집에 남겨 두고 떠나지요. 주황색 해 덩어리는 얌전한 새벽을 불러올 것 같지만, 어찌 보면 곧 어둠에 먹혀 버릴, 지는 해 같기도 합니다. 다음 장에서는 곧 어스름 저녁나절이 되고, 할머니로 변장한 늑대의 얼굴에 촛불을 비춰 보는 세 여자아이에게서는 공포와 의심이 번져 나갑니다. 그리고 눈빛과 눈빛의 싸움. 늑대의 눈은 꼭 저승사자의 눈 같고, 아이들의 눈동자 여섯 개는 두려움으로 거의 제 정신을 잃은 듯 보이는군요. 하지만 책장을 넘길수록 아이들의 눈빛은 점점 기묘해집니다. 자기 안의 두려움을 못 이긴 공포와 넘치는 방어 의식이 휘몰아쳐 함께 소용돌이치며 올라갑니다.

처음에 아이들은 늑대의 눈을 보는 게 무서웠습니다. 하지만 양편의 눈빛은 점차 달라집니다. 살기를 품었던 늑대의 눈은 은행을 따 먹어 보겠다고 바구니에 거

『늑대 할머니』, 길벗어린이, 2016

듭 올라타고 떨어지면서 도리어 양순하게 변합니다. 이에 비해 늑대에게 벗어나려고 은행나무에 기어 올라간 아이들의 눈에는 점점 광기가 차오르지요. 너 죽고 나 살기!

　이야기의 결말은 누구나 알기에 생략. 작가는 이 세상의 모든 늑대들에게 이 책을 바친다는군요. 우리 안의 어두움을 늑대라는 이름을 빌려서 확실한 상징으로 삼았으므로. 늑대는 음습한 인간의 내부를 감추기 위한 희생양이었을 테지요.

너도 알고 나도 아는 이 흔한 이야기를 이토록 섬뜩하게, 그것도 아이들을 위한 그림책으로 만들어 낸 에드 영이라는 작가도 놀랍지만, 이 책에 칼데콧 상을 준 위원회의 용기가 더 놀랍습니다.

처음 이 책을 봤을 때 표지에서 끼친 늑대 냄새는 우연이 아니었어요. 작가는 이렇게 말합니다.

"저는 동물들을 연구하고, 그들의 환경과 분위기에 대한 감을 잡기 위해 여행을 합니다. 그런 것들을 책이나 비디오에서는 얻을 수 없지요. 소리와 냄새가 아주 중요합니다. 사람과 동물들이 내는 소리……. 이런 모든 것들이 책에 녹아듭니다."

이 책에서는 그림마다 두려움이 소용돌이치며 비릿한 냄새를 뿜어내고 소리마저 죽여 버린 침묵이 팽팽한데, 『일곱 마리 눈먼 생쥐』(Seven Blind Mice)에서는 단정한 교훈이 깔끔한 분위기의 그림들에 차분하게 배열되어 있군요.

색색가지 눈먼 쥐들이 연못가에서 무언가 이상한 물체를 발견하고 후다닥 집으로 도망가는 첫 장면. 쥐들은 보이지 않습니다. 가늘고 긴 꼬리─녹색, 보라, 노랑, 주황, 하양, 빨강, 파란색 긴 꼬리들만 날렵하게 솟구쳐 있지요. 쥐가 도망갈 때 꼬리를 바짝 치켜 올리는지 어쩐지 모르겠지만, 머리와 몸은 도망가더라도 호기심만큼은 끝자락에 남아 있는 듯합니다.

자, 월요일엔 첫 번째로 빨간 쥐가 그 물체가 뭔지 알아보러 가서 다리 부분만 만져 보고 기둥이라고 주장하고, 화요일엔 두 번째로 녹색 쥐가 코 부분을 만져 보고 뱀이라고 우깁니다. 이렇게 색깔과 요일, 그리고 서수가 차례로 나오는 데다, 전체 구성이 수수께끼 형태로 되어 있어 매력적인 이 책에서, 다른 쥐들이 부분만 느끼고 판단한 데 비해 마지막 쥐는 전체를 다 아우르고 코끼리라는 결론을 내리지요. 나무만 보지 말고 숲을 보라는 교훈을 강조한 책이지요.

그런데 이 책의 글과 그림을 자세히 보면, 늑대 이야기를 그렇게 으스스하게 그

『일곱 마리 눈먼 생쥐』, 시공주니어, 2000

려 낸 바로 그 작가의 책이라는 생각을 전혀 못할 정도로 유머가 넘칩니다. 쥐들의 눈은 전부 공허한 하얀색. 눈을 달고 있으되 청맹과니란 뜻이겠죠? 하지만 마지막에 간 하얀 쥐의 눈은 회색이랍니다. 그러니 눈 작다고 슬퍼 말고, 눈 크다고 자랑 말자. 제대로 볼 수 있는 눈이 좋은 눈이니라. (이건 제가 딸아이에게 늘 하는 얘기랍니다.)

또 하나. 다른 쥐들은 다 'he'로 되어 있는데, 마지막에 간 쥐는 'she'라는 사실!

(어떤 여자는 어떤 남자들보다 숲을 잘 본다. 물론 반대의 경우도 성립!) 우리나라 번역본에서는 이 마지막 생쥐의 성별이 드러나지 않았지요. 다른 나라 번역본들에서는 이 부분이 어떻게 되어 있는지 궁금하군요.

작가인 에드 영은 중국 톈진에서 태어나 상하이에서 자랐습니다. 대학교 때 미국으로 와서 일리노이 주립대학에서 공부했죠. 처음에는 건축가가 되려고 공부를 하다가 대학에서 광고에 대한 과목을 몇 개 듣고 그 쪽으로 쏠려 버립니다. 이제는 광고 공부를 해야지, 생각하고 광고 때문에 미술 과목을 듣다 보니까 자기가 그림에 엄청나게 관심이 많고 좋아한다는 것을 알게 되었다는군요. 광고쟁이 하다가 그림책으로 방향을 살짝 바꾼 사람들이 에릭 칼을 비롯해서 꽤 여럿 되지요?

그는 중국의 철학이 자기 그림에 큰 영향을 미쳤다고 말합니다. 우리가 동양화(명절 때 하는 것 말고!)라고 뭉뚱그려 부르기 좋아하는 중국화에는 글(주로 시)이 곁들여지는 경우가 많지요. 이런 글과 그림은 서로 보완적이라는 점에서 그림책과 비슷하군요. 글로 표현 못하는 것을 그림이 표현하고, 그림만으로 드러내기 힘든 부분을 글이 말해 주기도 하니까요.

이 작가는 창작보다는 이미 있는 내용을 재해석하는 데 탁월한 재주가 있는 듯합니다. 예전에 에드 영이 그린 카를로 콜로디(Carlo Collodi)의 책 *Pinocchio*(피노키오)를 보면서 '피노키오를 이렇게 연극적으로 그려 내다니.' 하는 생각을 했으니까요. *I Wish I Were a Butterfly*(내가 나비가 될 수 있다면)에서는 정체성의 문제를 추상화 분위기로 표현한 에드 영. 하지만 왠지 그는 어린이를 독자로 삼은 게 아니라 자기 자신에게 보여 주려고 그림을 그린다는 생각이 듭니다. 그만큼 *Lon Po Po*의 섬뜩한 충격이 제게 오랫동안 남아 있습니다.

# 완전주의자 혹은 섬세한 아버지

## 피터 시스

1949년 체코슬로바키아 브르노에서 태어났습니다. 프라하 실용 미술학교와 영국 런던의 왕립 예술대학에서 그림과 영화를 공부했습니다. 1980년에는 서베를린 영화제에서 황금곰상을 받으며 영화에도 재능을 보였지요. 1982년, 동계 올림픽을 위한 영화 제작 때문에 미국을 방문했다가 미국으로 망명을 하고, 모리스 센닥의 도움으로 어린이 책을 만들게 되었습니다. 여러 책에서 정교하고 독창적인 기법으로 환상적인 세계를 펼쳐 놓았습니다. 그가 그림을 그린 책 『왕자와 매맞는 아이』가 1986년 뉴베리 상을 받으며, 뛰어난 어린이 책 작가로 주목받게 되었습니다. 작품으로 『갈릴레오 갈릴레이』, 『마들렌카』, 『마들렌카의 개』, 『세 개의 황금 열쇠』와 Tibet through the Red Box, A Small Tall Tale from the Far Far North, The Tree of Life: Charles Darwin, The Train of States 등이 있습니다. (표제 그림: 『마들렌카』, 베틀북, 2002)

*Peter Sis*

그는 망명자. 조국 체코슬로바키아가 철의 장막에 가려져 있을 때 자유를 꿈꾸었네. 재주 많은 아버지를 뒤이어 촬영 기사로 일하며 1980년 서베를린 영화제에서 황금곰상을 수상했지. 당은 1984년에 열릴 LA 올림픽을 위해 만화 영화를 찍으라고 미국으로 그를 보냈지. 그리곤 구소련과 동유럽의 올림픽 보이콧. 자유를 원하는 새는 떠나온 곳으로 되돌아가지 않았다.

유유상종. 그림책 작가 모리스 센닥(Maurice Sendak)은 피터 시스가 어린이 그림책을 만들 수 있게 도와주었지. 그는 『왕자와 매맞는 아이』(The Whipping Boy)에 그림을 그려 글을 쓴 시드 플레이쉬만(Sid Fleischman)과 함께 1987년 뉴베리 상을 받았네. 그리곤 『뉴욕 타임즈』에서 뛰어난 삽화에 주는 상을 다섯 번이나 받고, 『갈릴레오 갈릴레이』(Starry Messenger)와 Tibet Through the Red Box(붉은 상자로 본 티베트)는 1997년과 1999년에 각각 칼데콧 영예상을 받았지.

그는 완전주의자. 책을 만들 때 아주 세밀하게 묘사하려 애쓰지. 사람들은 그의 기법을 'Pointillism'이라고 하네. 점묘법과 비슷하다는 얘기. 남들은 그가 '글은 적게, 그림은 아주 자세히 그리는 타입'이라고 하지만, 사실 그는 글도 길게 쓰곤 하지. 하지만 장면을 세부적으로 묘사하는 것을 더 좋아할 따름.

그는 아티스트. 어린이 책도 만들고 삽화도 그리고, 발레 무대도 디자인했지. 워싱턴과 발티모어 공항에 혹 들르실 일 있으면 그의 벽화를 유심히 보시라. 아, 그리고 유명한 영화 「아마데우스」의 포스터도 그가 만든 것.

그는 또한 섬세한 아버지. 유화는 독한 냄새가 많이 나지. 결혼해서 아이들이 생

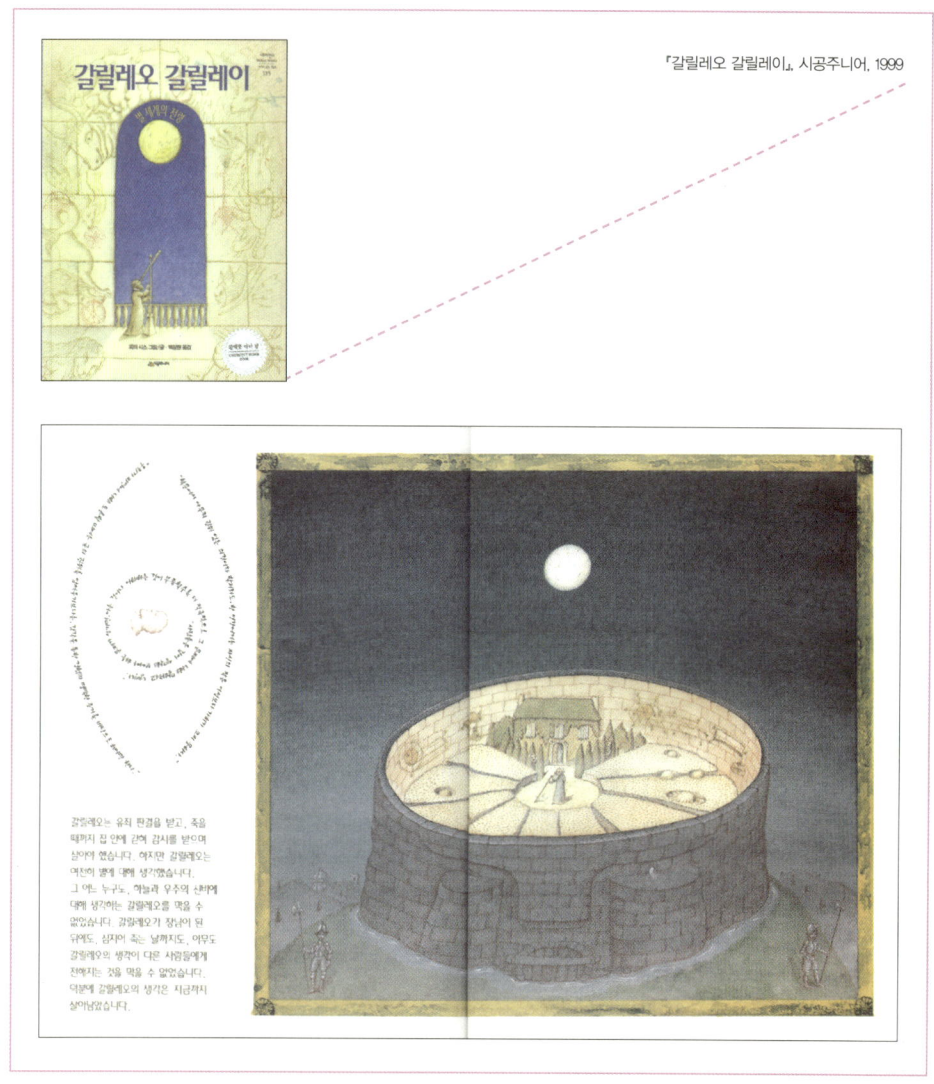

『갈릴레오 갈릴레이』, 시공주니어, 1999

기고, 그 아이들이 집 안을 기어 다니며 굳어진 유화 물감을 만지자 아이들을 염려해 유화 대신 잉크를 즐겨 쓰고 고무도장을 찍네. 밝고 생생한 그림을 만들어 내기 위해 수채화 물감으로 다채로운 색깔을 실험해 보기도 하며. 수채화 물감은 마르는 데 시간이 꽤 걸리지. 그래서 그는 오븐 앞에 수채화 그림을 펼쳐 놓고 요리를 하곤 하네. 그의 그림에선 때론 닭고기 냄새, 쇠고기 냄새.

하지만…….

독창적인 생각으로 인습과 전통의 벽을 깨 보려는 용감한 별쟁이, 갈릴레오 갈릴레이를 그린 『갈릴레오 갈릴레이』(Starry Messenger)를 펼치면 닭고기 냄새와 쇠고기 냄새는 날아가고 애절한 분위기가 스며들어 있습니다. 별이 그려진 포대기에 폭 싸인 갓난아기, 조금 자라서는 다른 아이들이 저마다 땅따먹기, 공놀이, 체조, 굴렁쇠놀이 등을 하며 놀고 있을 때 홀로 막대기로 땅에 별을 그리며 놀고 있는 아이의 모습이 가슴 아프게 와 닿습니다. 남들과 다르게 살아가려면 얼마나 큰 용기가 필요하며, 자신을 전혀 이해해 주지 않는 세상에서 살아가려면 때론 얼마나 큰 슬픔이 치밀어 오를까요.

천동설 대신 지동설을 주장하는 자신을 받아들여 주지 않았던, 당시의 최고 권력인 교회는 갈릴레오를 자그마한 집에 가둬 놓습니다. 죽을 때까지 그곳에서 나가면 안 되는 거지요. 어렸을 때 막대기로 별을 그리며 놀던 갈릴레오는 이제 나이 들어 지팡이를 짚고 좁은 뜰에 서 있군요. 그러나 그의 뒤로 펼쳐지는 광막한 하늘, 그리고 둥근 별 하나.

마침내 수백 년이 지난 후, 교회는 갈릴레오를 용서했고, 그가 '아마' 맞을 거라는 점을 인정했어요. (대단히 외교적인 용어죠? "He was 'probably'—in fact, surely and absolutely—right.")

마지막 장의 그림. 검푸른 밤하늘, 이탈리아 도시의 실루엣이 보이고 무채색의 어느 건물 한 꼭대기에 노랗게 보이는 방. 누군가가 망원경으로 하늘을 보고 있군요. 그는 또 어떤 슬픈 사연을 담게 될 별쟁이인지…….

Tibet Through the Red Box(붉은 상자로 본 티베트)에서 작가는 별만큼이나 아득히 떨어져 있는 티베트라는 나라로 여행을 하지요. 하지만 이 책에서 돋보이는 것은 피터의 여행이 아니라 먼먼 1950년대에 동유럽의 체코슬로바키아에서 북경을 거쳐 티베트로 우연히 가게 되었던 어떤 사진 기사—바로 피터의 아버지 이야기입니다. 이 책은 아버지의 일기와 길 떠난 뒤 한동안 소식이 끊긴 그 아버지를 그리워하는 어린 아들의 몽롱한 꿈이 교차되면서 이야기를 풀어 나갑니다.

뉴욕에 살고 있는 아들은 어느 날 프라하의 아버지로부터 돌아오라는 편지를 한 장 받습니다. 황급히 프라하에 돌아온 아들. 그리운 낡은 옛집, 아버지의 서재 책상 위에는 붉은 상자 하나가 그를 기다리고 있지요. 녹슨 열쇠로 그것을 열어 보니 그 안에 있는 것은 아버지의 일기. 부스러지기 쉬운 낙엽을 만지듯 날강날강한 종이를 조심스럽게 뒤적이며 이제는 색 바랜 아버지의 글씨와 세밀한 그림들과 지도를 보면서 아들은 아버지에 대한 기억을 떠올립니다.

1950년대, 낯선 땅 히말라야(히말라야는 박완서 님의 『모독』에 나온 표현대로라면 '칠성이가 미국 가서 리차드가 된' 이름이고, 티베트에서는 '초모랑마'라고 합니다. 입에서 굴려 보세요. 정말 아름다운 발음이지요? '하얀 베일을 쓴 여신'이라는 뜻입니다.)에서는 중국이 티베트로 가는 길을 내고 있었지요. 그곳에 동원된 머나먼 나라의 사진 기사 아버지. 공사 현장이 무너지면서 길을 잃은 아버지가 'The Dark Mountain'(어두운 산)으로 향하는 길은 마치 꿈길처럼 아련합니다.

그런가 하면, 프라하에 남아 있는 어린 아들은 아버지를 상실한 아이. 가족을 묘사하는 그림에 아버지의 모습은 실루엣으로만 그려집니다. 크리스마스 때까지 돌아올 거라는 아버지는 소식도 없고……. 운동을 잘못하다 갑자기 몸을 움직일 수 없게 된 아이는 침대에만 누워 있는 신세가 됩니다. 아, 그러나 뜻밖에 그는 침대 맡에서 누군가가 조근조근 이야기해 주는 목소리를 듣습니다. 아버지가 돌아와 아들의 손을 잡고 티베트라는 신비한 나라, 그곳의 괴물들, 신비로운 호수 등에 대해 이야기해 주는 것이었지요.

나중에 아버지가 돌아왔을 때 주위 사람들은 그 신비한 곳에 대한 이야기를 믿어 주지 않지요. 붉은 상자 안에 가둬 버린 아버지의 젊은 시절, 꿈, 여행……. 아들도 자기 일상에 함몰되며 어른으로 자라 버립니다. 하지만, 뒤늦게 옛집에서 붉은

『마들렌카』, 베틀북, 2002

상자를 열어 그 시절을 불러 낸 아들. 헤어져 있었던 아버지의 젊은 시절과 아이의 어린 시절이 이제 슬픔의 강을 건너 화해를 하게 됩니다. 아버지와 아들이 함께 산책하는 장면의 하늘에서는 별이 쏟아져 내릴 듯…….

작가는 슬픔의 강을 건너기 이전의 어린 시절, 태어나서 처음으로 이빨이 흔들리는 어마어마한 사건을 통해 세상을 담은 꼬마 여자아이를 그린 『마들렌카』(Madlenka)에서는 아주 경쾌하고 발랄한 내용을 선사합니다. 넓은 우주 속의 행성, 그 행성의 한 대륙, 한 나라…… 이렇게 좁혀 들어가다 보면 어느 집 창가에서 비가 내리는 길을 바라보고 있는 여자아이가 있지요. 회색 벽, 흐린 분위기에서 갑자기 보라색 옷을 입은 밀색 머리의 아이가 환하게 드러납니다. 바로 이 순간, 아이는 앞니가 흔들리는 걸 느꼈지요. 세상을 다 얻은 듯한 기쁨에 터질 듯이 계단을 뛰어 내려가는 아이. 모두에게 이 소식을 알리고 싶었거든요. 노란 우산을 들고 아이가 "내 이가 흔들려요!"라고 신나게 외치는 순간 노란 우산은 뱅뱅 돌아가고 네모난 도시도 둥글게 변해 빙빙 돌아갑니다. 이제 지구를 돌고 돌아 여행을 떠나는 거지요.

아이는 프랑스에서 온 빵 가게 주인 가스통 아저씨를 만나 이 기쁜 소식을 전합니다. 아저씨는 프랑스에 대해 이야기해 주지요. 그림책답게 이 모든 내용은 글 한 마디 없이 그림으로 처리됩니다. 개선문, 어린 왕자, 왕가를 상징하는 태양……. 어둑어둑한 환상의 세계에서 빨간색으로 강렬하게 처리된 것은 바로 실타래에서 풀려 나오는 실……. 바로 이야기의 실타래를 상징하지요. 이제 아이는 인도에서 온 싱 아저씨, 이탈리아에서 온 차오 아저씨, 독일에서 온 그림 아줌마, 라틴 아메리카에서 온 에두아르도 아저씨, 이집트에서 온 학교 친구 클레오파트라, 아시아에서 온 캄 할머니를 차례로 만나 온 세상을 두루 돌아다닙니다. 오른쪽 페이지에는 그 나라 대륙을 나타내는 이웃이 나오고 왼쪽 페이지에는 아이의 눈높이로 본 그 나라에 대한 작은 정보가 귀엽게 그려져 있습니다. 그리고 한 장 다시 넘기면 화려한 상상의 세계……. 상상이란 언젠가는 끝나는 운명을 안고 있지요. 빙빙 돌던 아이의 지구 역시 다시 네모난 도시로 변합니다.

하지만 대개 차가운 현실로 돌아오는 어른들과는 달리, 꼬마 여자아이는 새로운 기쁜 현실을 맞이하는군요. 어디 갔다 왔냐는 엄마 아빠의 물음에 아이가 신나게 말합니다.

"음…… 온 세상을 여행했어요. 그리고 이가 빠졌어요!"

『마들렌카의 개』(*Madlenka's Dog*)에서 깜찍한 이 꼬마 아가씨는 개를 너무나 갖고 싶어 하다가 아예 상상 속의 개를 데리고 동네방네 자랑을 하며 다닙니다. 책을 넘기면 마들렌카가 잡고 있는 끈에는 개가 없지만, 동네 아저씨, 아줌마들은 그 끈에서 저마다 키우고 싶어 했던, 혹은 마음속에서 키우고 있는 개를 보지요. 빵가게 가스통 아저씨는 하얀 복슬이를 보고(크로아상이 나란히 놓여 있는 빵 굽는 판이 바로 플랩!), 드럼을 갖고 가는 스코틀랜드의 맥그레고르 아저씨는 작고 통통한 개 이야기를 합니다. 아프리카에서 온 친구 클레오파트라의 마음속에는 말이 있었나 봐요. 턱하니 말을 데리고 돌아다니는군요.

이 책은 구멍(die-cut)을 엿보고 플랩을 들춰 볼 수 있어 더욱 재미납니다. 마지막 장에 나온 콜리, 퍼그 등 여러 가지 개들을 표지에서 찾아보는 것도 즐겁겠죠.

'마들렌카' 시리즈를 넘길 때마다 작가가 오븐 앞에서 그림을 말리면서 스며들게 했던(본의는 아니었겠지만) 닭고기 냄새, 쇠고기 냄새가 흐뭇하게 풍겨 나오는 듯합니다. 아, 배고파!

# 더 아름다운 세상을 위하여

## 바바라 쿠니

1917년 미국 뉴욕의 브루클린에서 태어났습니다. 아마추어 화가였던 어머니의 영향으로 어렸을 때부터 그림을 그렸습니다. 스미스 대학에서 예술사를 공부하고 뉴욕의 아트 스튜던츠 리그에서 그림을 배웠습니다. 졸업한 다음 해, 버틸 말름버그가 글을 쓴 책 *Ake and His World*에 그림을 그리며 그림책을 만들게 되었습니다. 여러 재료와 기법들을 사용하여 그림을 그립니다. 사물의 세부적인 모습을 묘사한 그림들은 사실적이면서도 소박하고 따뜻한 느낌을 주지요. 2000년에 세상을 떠났습니다. 백 권이 넘는 많은 책에 그림을 그렸는데, 『제프리 초서의 챈티클리어와 여우』, 『달구지를 끌고』, 『바구니 달』, 『미스 럼피우스』, 『에밀리』, 『강물이 흘러가도록』 등 여러 책이 우리말로 옮겨져 있습니다. 이외에도 *Eleanor*, *Island Boy*, *Roxaboxen* 등이 있습니다. (표제 그림: 『미스 럼피우스』, 시공주니어, 2000)

*Barbara Cooney*

　제 아이가 어렸을 때, 우리말로는 '수목원'이라고 번역하면 될 듯한 'Nature Center'에서 하는 '그때 그 시절' 프로그램에 참가한 적이 있었습니다.

　지금 '한국 전쟁 때 경험을 해 보세요.' 하는 프로그램에서 꽁꽁 얼어붙은 주먹밥을 먹어 본다면 참 마음이 아프겠지만, 미국이란 동네는 일본이 진주만 공습을 한 것 외엔 '외적의 침입'을 받은 적이 없어 옛날 생활을 경험해 보는 것도 그저 한가하고 재미날 뿐이지요.

　아이는 손으로 돌려야 하는 '짤순이'에 빨래도 넣어 짜 보고, 옥수수 알을 분리해 내는 기계에 알록달록한 알들이 단단히 박혀 있는 옥수수도 연신 집어넣어 보았습니다. 물론 옆에서는 한 150년 전쯤일 듯한 그때 그 시절 옷을 입은 아줌마와 여자 애가 옥수수를 기계에 넣는 조그만 아시아 아이를 보며 미소 짓고 있었고…….

　바바라 쿠니의 사진을 보면서 그때 그 완벽한 촌아낙네가 생각났습니다. 어쩌면 이렇게 똑같을까? 햇볕에 붉게 탄 동그란 얼굴, 땋아서 한 바퀴 돌린 머리, 일찌감치 하얗게 센 머리칼, 그리고 100% 면임에 틀림없을 질박한 윗도리까지도!

　도날드 홀(Donald Hall)이 글을 쓰고 이 아낙이 그림을 그린 『달구지를 끌고』(Ox-Cart Man)에서 저는 남의 나라 그 시절의 모습을 그대로 상상할 수 있었습니다. 깊어 가는 10월, 한 해 동안 온 식구들이 애써 일해 만들고 거둔 것들을 소가 끄는 달구지에 실어 큰 마을 장터에 내다 팔기 위해 농부는 언덕을 넘고 계곡을 지나 시냇가를 따라 걸어가지요. 운율을 넣어 쓴 시도 뛰어나지만 그림 또한 농

『달구지를 끌고』, 시공주니어, 1997

부의 여행길을 아주 세세하게 그려 냅니다. 가을이 아름답게 내려앉은 첩첩이 겹쳐 있는 둥근 산, 빨간색 외양간, 하얀 교회, 노랗고 하얀 집들, 돌담, 단풍 든 나무, 하늘색이 그대로 비치는 호수, 그리고 좁다란 노란 길……. 열흘 만에 도착한 포츠머스 마을의 장터는 산 속 시골집 풍경과는 달리 길이 널찍널찍하군요. 그곳에서 농부는 4월에 깎아 두었던 양털과 아내가 만든 숄과, 딸이 짠 벙어리장갑과, 온 식구가 함께 만든 양초와, 직접 쪼갠 널빤지와, 아들이 부엌칼로 깎아 만든 자작나무 빗자루와, 감자와 사과와 꿀과 단풍나무 설탕과 거위 털 한 자루를 다 팔게 됩니다. 그것만 팔까요? 단풍나무 설탕을 담아 간 나무 상자도 팔고, 사과 통도, 빈 달구지도, 소와 멍에와 고삐도 다 팔지요.

이제 두둑하게 배부른 주머니…… 농부는 장을 봅니다. 딸에게 줄 수예 바늘, 아들에게 줄 주머니칼, 식구들이 함께 나누어 먹을 사탕을 역시 새로 산 무쇠 솥에 넣고 그 솥 손잡이에 막대기를 걸어 어깨에 척 걸칩니다. 남은 돈을 주머니 안에 넣고 농부는 다시 여러 농장들과 마을들을 지나, 언덕을 넘어 마침내 집으로 돌아옵니다. 도합 이십 일은 걸렸을 그 길에 서 있는 나무들은 이제 잎을 다 떨구었습니다. 허연 저녁 서리가 허옇게 내렸는데, 하늘에는 푸른빛, 붉은빛 저녁놀만 화려하군요. 언덕 위에 있는 농부의 집, 노란 불이 켜진 창문은 몇 개일까요? 아빠를 기다리는 아들과 딸, 남편을 기다리는 아내가 켜 놓았을 촛불의 개수만큼 노란 창문을 세 개 그려 넣은 작가의 섬세한 마음에 가슴이 뭉클해집니다. 달구지 끌고 열흘간 돌아오는 길은 조금 더 발길이 가벼웠으려나, 그래도 펜실베니아 산 속은 겨울이 빨리 오니, 가던 길의 단풍은 간데없고, 오는 길에는 이제 잎 다 떨어뜨리고 뼈만 남은 나무들. 서리마저 하얗게 내려앉아 있군요.

겨울이 왔습니다. 농부의 식구들은 어떻게 지낼까요? 농부는 송아지에게 씌울 새 멍에를 깎고 널빤지를 켜고, 아내는 천을 짜고, 딸은 아버지가 사다 준 수예 바늘로 수를 놓고, 아들은 주머니칼로 빗자루를 만들고……. 4월에는 양털을 깎고 (어린 나무에 돋아나는 새순과 벌써 연둣빛 새 잎을 피워 내는 나무들, 가느다란 시냇물마저 연파랑색으로 흐르며 "나도 예쁜 새 생명, 새 물이야."라고 수줍게 속삭이는 듯합니다.), 온 천지에 사과 꽃이 하얗게 피어난 5월에는 감자와 순무와 양배추를 심는데 뒷마당에서는 거위들이 부드러운 깃털을 떨어뜨리지요.

이렇게 뉴잉글랜드에 정착한 농부의 한해살이를 한 바퀴 돌아 그려 낸 작가는 이제 그림의 배경을 매사추세츠 주의 암허스트로 옮깁니다. 「한 줄기 빛이 비스듬히」라는 시의 제목만 겨우 기억하고 있는 제게, 참 오랜만에 에밀리 디킨슨(Emily Dickinson)이란 시인이 그림책을 통해 모습을 보여 주는군요. 마이클 베다드(Michael Bedard)가 글을 쓰고 바바라 쿠니가 그림을 그린 『에밀리』(*Emily*)의 첫 장에는 백합 알뿌리가 보입니다. 봄이 되면 꽃으로 피어날 알뿌리는 죽고 난 뒤, 많은 사람들에게 뛰어난 시인으로 사랑받게 되는 에밀리 디킨슨을 뜻하겠지요.

이 책은 '신비의 여인'과 같은 동네에 사는 꼬마 여자애 이야기로 시작합니다. 파란 겨울 외투를 입고 빨간 장갑을 낀 아이가 눈썰매 줄을 잡은 채 눈 속에 서서 길 건너편 노란 집을 쳐다보고 있지요. 거의 20년 동안 자기 집을 떠난 적이 없어 미친 사람이라는 말까지 듣는 노란 집에 사는 여자는 이 꼬마에게 그 누구도 아닌 '에밀리'입니다.

그런데 어느 날 피아노를 치는 엄마 앞으로 편지가 한 장 들어옵니다. 아파트 현관에 우유 투입구가 있듯이 이 시대에는 현관에 우편물 구멍이 있군요. 그 편지는 바로 그 신비의 여인에게서 온 초대장이었어요. 납작한 마른 꽃이 동봉된 편지에는 "저는 마치 이 꽃과도 같답니다. 당신의 음악으로 저를 소생시켜 주세요. 그 음악이 저에게 봄을 가져다 줄 거예요."라고 씌어 있었지요. 엄마와 아이는 그 집으로 갑니다. 그런데 아이의 호주머니를 자세히 보세요. 불룩한 걸 보니 뭔가 들어있는 것 같지 않나요? 그 집으로 들어가니 동생 아줌마가 접대를 하고 하얀 옷을 입은 언니 아줌마는 바람처럼 2층 계단을 돌아 올라가 버립니다. 엄마가 피아노를 치는 동안 아이는 계단을 올라가 그 위에 앉아 있는 언니 아줌마에게 다가갑니다. 그 아줌마는 눈처럼 하얀 옷을 입고 종이와 연필을 들고 있었지요. 아이는 아줌마에게 봄을 내밉니다. 그게 뭐냐고요? 바로 백합 알뿌리 두 개였지요. 아줌마도 급히 종이에 뭔가 써서 아이에게 내밀지요. "아마 머지않아 둘 다 꽃이 필 게다."하며. 물론 마지막 장에는 새하얀 백합꽃과 에밀리 디킨슨의 자필 시가 나란나란 앉아 살며시 웃고 있습니다.

작가의 그림은 아주 세밀합니다. 노란 불이 따스한 벽난로, 그 위의 촛대 둘, 특이한 모양의 빨간 셰리주 병과 잔, 은쟁반, 레이스, 고색창연한 시계, 섬세한 장식의 의자 등, 묘사가 뛰어나군요.

작가는 말하지요.

"나는 알고 있는 것만 그릴 뿐입니다."

바로 그 이유 때문에 이 아낙은 에밀리 디킨슨이 살던 집과 길 건너 집을 조사하고 스케치하기 위해 암허스트에도 다녀왔다는군요. 그런데 이에 비해 시인의 글씨는 상당한 악필이네요. 천재는 악필이라는 것을 지금은 믿기로 하겠습니다.

자…… 나이 들면 무얼 하고 살고 싶으신가요? 한 치 앞도 알 수 없는 게 사람 일이긴 하지만 그래도 십 년 뒤엔 무얼 하며 살고 있을까? 혹시 이십 년 정도 더 살게 된다면 그땐 어떻게 살고 있을까, 가끔 생각해 보곤 합니다. 음…… 수정 구슬을 돌려 보니 뿌옇구먼요. 하나도 안 보이네.

『미스 럼피우스』(*Miss Rumphius*)의 표지에는 곱게 나이든 할머니가 호숫가에 피어난 들꽃을 어루만지고 있는 그림이 나옵니다. 그 할머니가 어린 소녀였을 때 할아버지한테 앙증맞게 말하지요.

"나도 어른이 되면 아주 먼 곳에 가 볼 거예요. 할머니가 되면 바닷가에 와서 살 거고요."

의자에 앉아 다정하게 아이를 안고 할아버지는 나이든 자의 지혜에서 우러나오는 말을 하지요.

"그런데 네가 해야 할 일이 한 가지 더 있구나. ……세상을 좀 더 아름답게 만드는 일이지."

꼬마는 커서 첫 번째 일, 즉 멀리 떠나는 일을 했습니다. 다른 도시의 도서관에서 일하게 된 거지요. 먼지를 털고, 책을 정리하고……. 그런데 어떤 책들은 이국에 대해 말해 주기도 하지요. 어느 겨울 날 따뜻하고 축축한 공기에 감겨 있는 온실에서 사스민 향을 맡고 미스 럼피우스는 문득 짐을 꾸려 열대의 섬으로 떠났습니다. 정말 'faraway places'(머나먼 곳)로 가게 된 거지요. 흐르는 날을 따라 여행을 하고 나이가 들고 몸은 점점 약해지는 미스 럼피우스.

자, 이제 두 번째 일, 바닷가에 집을 마련해서 살 시간이 되었네요. 미스 럼피우

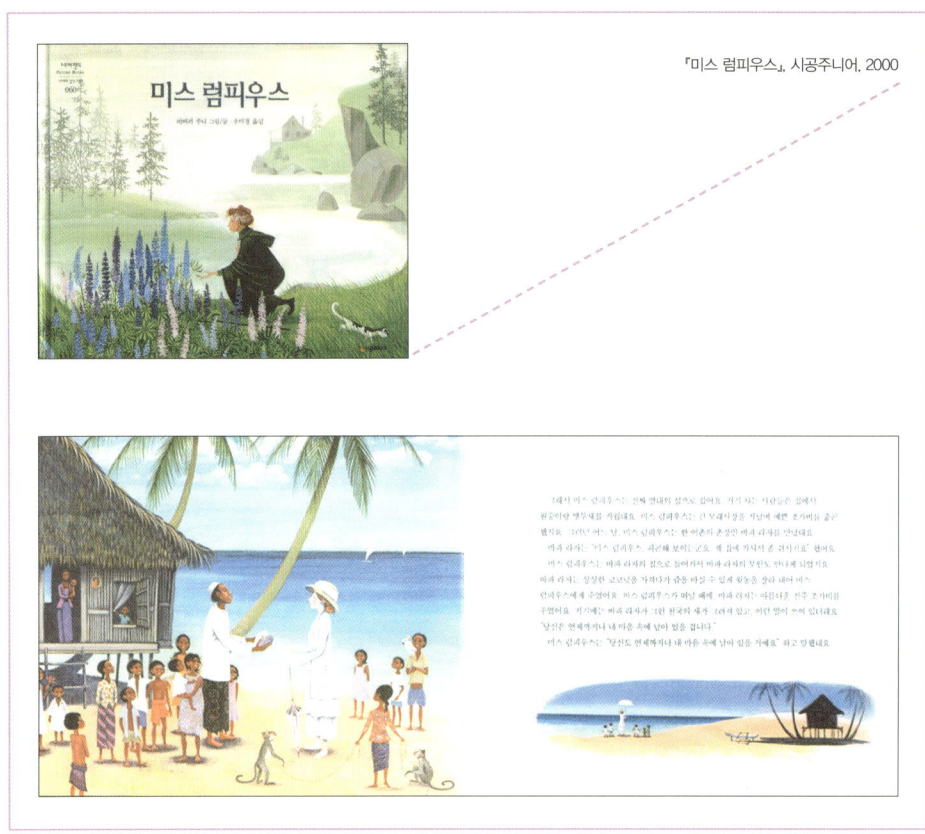

『미스 럼피우스』, 시공주니어, 2000

스는 바윗돌이 촘촘히 박힌 작은 정원이 딸린 바닷가의 집에 자리를 잡습니다.

그럼 이제 세 번째 것, '세상을 좀 더 아름답게 만들 수 있는 일'을 해야 하는데……. 세상은 이미 아름다운 걸 어떻게 하지? 몸이 점점 약해져 가는 미스 럼피우스가 드디어는 침대에 누워 창밖의 바다를 바라보는 일 밖에 못하게 됩니다. 그러다가 창틀 아래 피어난 푸른색, 보라색과 장미색 루핀을 보고, 루핀 씨를 뿌리겠다는 생각이 들지요. 미스 럼피우스는 호주머니에 루핀 씨를 가득 넣고 산책을 하면서 고속도로 주변, 시골길 주변, 공터, 돌담길 주변…… 가리지를 않고 뿌립니다. 그러자 사람들은 그녀를 살짝 맛이 간 할머니(The crazy old lady)라고 부르지요. 하지만 다음 해 봄에 도처에서 루핀이 피어나기 시작했지요. 아이들은 그 꽃을 꺾으며 놀기도 했고, 자전거를 타고 지나가는 미스 럼피우스에게 손을 흔들어 주기도 했어요. 이제 그녀는 'The Lupine Lady'(루핀 부인)로 불리게 되었지요. (흠...... 씨앗을 뿌리러 다니면서 계속 걸었으니 몸은 저절로 건강을 되찾았겠죠?)

이렇게 얘기가 끝나면 심심할 텐데, 생명은 언제나 동그라미를 그리며 지속되는 것. 머리카락이 하얗게 센 아주 아주 늙은 파파 할머니가 된 미스 럼피우스 집에는 아이들이 가득히 앉아 할머니의 먼 나라 여행 이야기를 듣고 있습니다. 먼 친척 아이인 꼬마 앨리스가 말하지요.

"나도 이 다음에 크면 머나먼 세계로 갈 거예요. 그리고 다시 돌아와서 바닷가에 있는 집에 살래요."

할머니가 말합니다.

"아주 좋은 생각이구나, 앨리스야. 하지만 네가 해야 할 일이 한 가지 더 있단다."

"그게 뭔데요?"

"이 세상을 좀 더 아름답게 만드는 일이지."

자, 나이 들면 무엇을 하며 살고 싶으신가요?

작가가 나이 들어 세상을 떠나기 전에 마지막으로 섬세하게 그려 낸 『바구니 달』(*Basket Moon*)은 19세기 뉴욕이 배경입니다. 물론 지금과는 달리 그때 그 시절은 나무가 울울창창하게 우거진 때였지요. 물푸레나무, 단풍나무, 떡갈나무, 호두나무...... 그 나무들을 베어 내 켜켜이 자르고 말려 바구니를 짜는 가족이 있지요. 보름달이 뜨면 언제나 바구니를 팔러 가는 아버지를 보며 아이는 보름달을 '바구니 달'이라고 부릅니다. 아버지를 따라서 장터로 바구니를 팔러 가 보는 게 소원인 아이. 드디어 그 날이 와서 아이는 기쁨에 들떠 따라 나서지만 도시의 아이들에게 '촌놈'이라는 놀림을 받고 상처를 받게 되지요. 하지만 사람의 말보다는 바람의 말이 중요하고, 나무들이 키우는 것은 바로 자기가 나중에 만들게 될 바구니라는 점을 깨닫게 됩니다.

 이 책은 박물관에서 수공예사를 연구한 메리 린 레이(Mary Lyn Ray)가 바구니 만드는 사람들에 대한 이야기를 채집해서 엮어 냈다고 하는데, 벽초 홍명희의 『임꺽정』에 보면 버들가지로 채를 만들어 바구니나 키, 둥구미 등을 만들어 파는 함경도 고리장이 이야기가 나오지요. 이들이 천민 취급을 받으며 따로 모여 살듯이, 미국에서도 바구니 만드는 사람들은 산 속 깊숙이 따로 모여 살면서 도시로 한 번 나올 때마다 놀림을 받았군요. 20세기 초반 바구니장이들의 삶을 따뜻하게 더듬는 메리의 글과, 그 삶을 섬세하게 표현해 내는 바바라의 그림이 참으로 뛰어난 책입니다. 새하얀 보름달이 둥실 떠 있고, 바구니를 대에 걸어 어깨에 메고 가는 아버지가 걷는 좁은 길은 얼마나 애절한지, 그리고 언덕 위 작은 집의 바알간 불빛은 또 얼마나 다사로운지……. 인물 표정은 잘 잡아내는 편이 못되지만, 바바라 쿠니의 풍경 묘사는 애절할 정도로 정겹고 일상에서 정말 아름답다고 느끼는 '바로 그 순간'을 매우 잘 포착합니다.

 사진으로 보면 이 작가는 언뜻 억센 시골 아낙 같지만, 그림은 상당히 섬세하지요? 증권업자인 아버지와 화가 어머니 사이에서 1917년에 태어난 바바라 쿠니는 복 받은 셈입니다. 그 시절에 어머니의 방에는 물감, 붓, 종이 등 그림 재료가 풍부했으니까요. (거의 반세기 이후에 태어난 저도 갱지를 연습장으로 썼고 어쩌다 맨질맨질한 하얀 종이가 생기면 안 쓰고 보물처럼 아껴 두곤 했는데 말이죠.) 바바라 쿠니는 스미스 대학에서 그림 공부를 하고, 후에 뉴욕 대학에서 동판과 에칭을 공부합니다. 색깔을 아주 좋아하면서도 할 수 없이 동판과 에칭에 시간을 쏟게 된 이유는 편집자가 무채색으로 해 보라고 했기 때문이지요. 그러나 좋아하는 것을 해야 그림도 잘 되는 법. 목탄이나 동판, 에칭을 이용한 그림들은 별 조명을 못 받은 반면 자신이 좋아하는 'full colors'로 그린, 오만 방자해 보이는 생생한 닭이 인상적인 『제프리 초서의 챈트클리어와 여우』(Chanticleeer and the Fox)로 1959

년 칼데콧 상을 받았고, 앞서 말한 뉴잉글랜드 농부의 생활을 그린 『달구지를 끌고』로 1980년에 또 칼데콧 상을 받았지요.

바바라 쿠니의 특징은 정확한 세부 묘사와 최대한 자연색에 가까운 색을 쓰는 데 있답니다. 그녀는 『달구지를 끌고』를 최대한 진실성있게 그리기 위해서 머리 스타일이나 의상뿐 아니라 풍경과 건물 세트까지 만들어 보았다고 하네요. 스스로도 "나는 낭만적인 면도 있긴 하지만, 상당히 현실적이다. 나는 오직 내가 알고 있는 것만 그렸다. 실은 난 다른 방법으론 그리지를 못한다. ……나는 사실을 만들어 내거나, 모호한 선으로 무언가를 암시하지도 못한다."라고 말할 정도니까요. 그런데 사실을 사실대로 그릴 수 있는 것도 미국이란 나라의 역사가 짧고, 또 자료와 역사적 유적이 잘 보존되어 있어 가능하다는 생각이 듭니다.

바바라 쿠니는 티롤 지방의 요정이야기를 섬세한 그림으로 나타낸 『신기료 장수 아이들의 멋진 크리스마스』(*The Remarkable Christmas of the Cobbler's Son*), 전원 풍경을 따스하게 그려 낸 *Island Boy*(섬 소년), 인생의 황혼기에 자신의 고향을 그리기 시작한 어느 할머니의 이야기를 담은 『엠마』(*Emma*), 그림에의 열정을 숨길 수 없었던 여자아이의 마음을 묘사한 『해티와 거친 파도』(*Hattie and the Wild Waves*), 저수지를 만드느라 물에 잠긴 고향 마을을 그린 『강물이 흘러가도록』(*Letting Swift River Go*) 등 많은 작품들을 남기고 새 천 년 들어 저 세상으로 일터를 옮겨 갔습니다. 떠나기 전에 55만 달러라는 거금을 보수가 필요한 어느 공립 도서관에 기부하였다지요…….

# 작가별 작품 목록과 참고 사이트

# 작가별 작품 목록과 참고 사이트

## 1_ 빙글빙글 돌아 봐, 통통 뛰어 봐

### 헬렌 옥슨버리

『꽝글왕글의 모자』, 에드워드 리어 지음, 엄혜숙 옮김, 보림, 1996
『커다란 순무』, 알릭세이 톨스토이 글, 박향주 옮김, 시공주니어, 2000
『옛날에 오리 한 마리가 살았는데』, 마틴 워델 글, 임봉경 옮김, 시공주니어, 2001
『아기늑대 삼형제와 못된 돼지』, 에예니오스 글, 조은수 옮김, 웅진주니어, 2001
『곰 사냥을 떠나자』, 마이클 로젠 글, 공경희 옮김, 시공주니어, 2001
'난 할 수 있어요'(전 4권), 비룡소, 2003
『빅 마마, 세상을 만들다』, 필리스 루트 글, 이상희 옮김, 비룡소, 2004
*Friends, Playing*, Working, Little Simon, March 1, 1981
*Clap Hands*, Say Goodnight, Tickle, Tickle, Walker Books, June 11, 1987
*So Much*, Trish Cooke, Helen Oxenbury (Illustrator), Walker Books, 04 Mar 1996
*Alice's Adventures in Wonderland*, Lewis Carroll, Walker Books, 1999

http://www.cilip.org.uk/groups/ylg/ylr/helen.html
http://www.walker.co.uk/contributors/Helen-Oxenbury-3152.aspx

### 헬메 하이네

『세 친구의 즐거운 나들이』, 황윤선 옮김, 시공주니어, 1998
『세상에서 가장 아름다운 달걀』, 김서정 옮김, 시공주니어, 2000
『슈퍼 토끼』, 김서정 옮김, 시공주니어, 2000
『신비한 밤 여행』, 김서정 옮김, 시공주니어, 2000
『세 친구』, 황윤선 옮김, 시공주니어, 2000
『꼬마 악마 디아볼로』, 황영숙 옮김, (주)여명미디어, 2000
『영원한 세 친구』, 황영숙 옮김, 주니어랜덤, 2001
『친구가 필요하니?』, 김서정 옮김, 중앙출판사, 2001
『코끼리 똥』, 이지연 옮김, 베틀북, 2001
*Na warte*, sagte Schwarte, Middelhauve, 1977
*Tante Nudel*, Onkel Ruhe und Herr Schlau, Middelhauve, 1979
*Sieben wilde Schweine*, Middelhauve, 1986
*Zehn freche Mause*, Middelhauve, 1991
*Die Abenteurer*, Diogenes, 1994

http://www.amazon.de/exec/obidos/tg/feature/-/150198/028-1578744-4211738

### 심스 태백

『아빠에게 가는 길』, 김정희 옮김, 베틀북, 2008
『옛날 옛날에 파리 한 마리를 꿀꺽 삼킨 할머니가 살았는데요』, 김정희 옮김, 베틀북, 2000
『요셉의 낡고 작은 오버코트가…?』, 김정희 옮김, 베틀북, 2000
『잭이 지은 집에서 도대체 무슨 일이 일어났을까?』, 조은수 옮김, 베틀북, 2004

http://www.hbook.com/article_tabackprofile.shtml
http://www.creativeparents.com/simmsinterv.html
http://www.ventanamonthly.com/article.php?id=195&IssueNum=17

## 에릭 칼

『퉁명스러운 무당벌레』, 엄혜숙 옮김, (주)MONTESSORI CM, 2005
*Brown Bear, Brown Bear, What Do You See?*, written by Bill Martin Jr., 1967 (본문 그림 : Puffin Books, 1995)
*1, 2, 3 to the Zoo*, Scholastic, 1968
*The Very Hungry Caterpillar*, Hamish Hamilton, 1969 (본문 그림 : Scholastic, 1994)
*Have You Seen My Cat?*, Franklin Watts, 1973
*I see a song*, Crowell, 1973
*The Very Busy Spider*, Philomel Books, 1985
*The Foolish Tortoise*, written by Richard Buckley, Picture Book Studio Ltd., 1985
*Papa, Please Get the Moon for Me!*, Scholastic, 1986
*Polar Bear, Polar Bear, What Do You Hear?*, written by Bill Martin Jr., Henry Holt and Co., 1991
*The Very Quiet Cricket*, Philomel Books, 1990
*Today Is Monday*, Philomel Books, 1993 (본문 그림 : Scholastic, 1993)
*The Very Lonely Firefly*, Philomel Books, 1995
*Little Cloud*, Scholastic, 1996
*From Head to Toe*, Scholastic, 1997 (본문 그림 : Scholastic, 1999)
*Eric Carle*, The Art of Eric Carle. Philomel Books, 1996

The Official Eric Carle Web Site (http://www.eric-carle.com/)
동영상인터뷰: http://www.metacafe.com/watch/1039921/q_a_with_eric_carle_2007/

## 오드리 우드

『낮잠 자는 집』, 돈 우드 그림, 조숙은 옮김, 보림, 2000
『꼬마 돼지』, 돈 우드 그림, 최정선 옮김, 보림, 2000
『생쥐와 딸기와 배고픈 큰 곰』, 돈 우드 그림, 문진미디어, 2001
『그런데 임금님이 꿈쩍도 안 해요!』, 돈 우드 그림, 조은수 옮김, 보림, 2003
*Moonflute*, llustrated by Don Wood, Harcourt Children's Books, 1986
*Silly Sally*, Harcourt Children's Books, 1992
*Rude Giants*, Harcourt Children's Books, March 15, 1993

*The Christmas Adventure of Space Elf Sam*, llustrated by Don Wood·Bruce Robert Wood, Scholastic, 1998

*I'm as Quick as a Cricket*, Child's Play International Ltd., 1998

http://www.audreywood.com/
http://www.bookpage.com/9812bp/audrey_wood.html
http://www.harcourtbooks.com/authorinterviews/bookinterview_Wood.asp

## 로렌 차일드

『사자가 좋아!』, 박상희 옮김, 국민서관, 2000
『난 토마토 절대 안 먹어』, 조은수 옮김, 국민서관, 2001
『난 하나도 안 졸려, 잠자기 싫어!』, 조은수 옮김, 국민서관, 2002
『그림 읽는 꼬마 탐정 단이』, 알렉산더 스터기스 글, 조은수 옮김, 국민서관, 2003
『요런 고얀 놈의 생쥐』, 조은수 옮김, 국민서관, 2003
『난 학교 가기 싫어』, 조은수 옮김, 국민서관, 2003
『나도 내 방이 있으면 좋겠어』, 조은수 옮김, 국민서관, 2004
『클라리스 빈의 우승컵 구출 작전』, 김난령 옮김, 국민서관, 2004
『넌 어느 별에 살고 있니?』, 조은수 옮김, 국민서관, 2004
*My Uncle is a Hunkle says Clarice Bean*, by Lauren Child, Orchard Books, 2000
*My Dream Bed*, Hodder Children's Books, 2001
*Who's Afraid of the Big Bed Book?*, Hodder Children's Books, 2002

http://www.jubileebooks.co.uk/jubilee/magazine/authors/lauren_child/lauren_child_interview.asp
http://magicpencil.britishcouncil.org/artists/child/
http://www.bbc.co.uk/pressoffice/pressreleases/stories/2005/10_october/10/lola_child.shtml
http://www.guardian.co.uk/books/2008/jun/22/culture.features

## 2_ 숨어 있는 마음, 드러나는 마음

**존 버닝햄**

『우리 할아버지』, 박상희 옮김, 비룡소, 1995
『장 바구니』, 김원석 옮김, 보림, 1996
『구름 나라』, 고승희 옮김, 비룡소, 1997
『깃털 없는 기러기 보르카』, 엄혜숙 옮김, 비룡소, 1998
『사계절』, 박철주 옮김, 시공주니어, 2000
『검피 아저씨의 드라이브』, 이주령 옮김, 시공주니어, 2000
『알도』, 이주령 옮김, 시공주니어, 2000
『검피 아저씨의 뱃놀이』, 이주령 옮김, 시공주니어, 2000
『크리스마스 선물』, 이주령 옮김, 시공주니어, 2001
『대포알 심프』, 이상희 옮김, 비룡소, 2001
『내 친구 커트니』, 고승희 옮김, 비룡소, 2001
『야, 우리 기차에서 내려!』, 박상희 옮김, 비룡소, 2001
『지각대장 존』, 박상희 옮김, 비룡소, 2002
『네가 만약……』, 이상희 옮김, 비룡소, 2003

http://www.yourlibrary.ws/childrens_webpage/e-author.htm
http//www.preschoolentertainment.com/html/index.php?name=News&file=article&sid=502
http//www.independent.co.uk/arts-entertainment/books/features/john-burningham-in-2009-being-young-is-terrible-you-cant-run-wild-1668540.html

**토미 웅게러**

『달 사람』, 김정하 옮김, 비룡소, 1996
『제랄다와 거인』, 김경연 옮김, 비룡소, 1996
『납작이가 된 스탠리』, 제프 브라운 글, 지혜연 옮김, 시공주니어, 2000
『모자』, 진정미 옮김, 시공주니어, 2002

『크릭터』, 장미란 옮김, 시공주니어, 2000
『세 강도』, 양희전 옮김, 시공주니어, 2000
『꼬마 구름 파랑이』, 이현정 옮김, 비룡소, 2001
『곰 인형 오토』, 이현정 옮김, 비룡소, 2001
『엄마 뽀뽀는 딱 한 번만!』, 조은수 옮김, 비룡소, 2003
*No Kiss for Mother*, HarperCollins Publishers, 1973
*The Mellops Go Spelunking*, Yearling, 1992

http://www.ricochet-jeunes.org/eng/biblio/author/ungerer.html
http://www.childbook.org/data/picture/picture2-6.htm
http://www.studio-international.co.uk/reports/Ungerer_human_comedy.asp
http://www.amazon.com/Otto-Tomi-Ungerer/dp/2211055435
http://www.frankreich-sued.de/regionen-server/elsass/prominente/tomi-ungerer/tomi-ungerer-01.jpg
『세강도』 만화 동영상 : http://www.youtube.com/watch?v=1CbjFJaap5s
『달사람』 만화 동영상 : http://www.youtube.com/watch?v=zhcvLc7WPs8
『모자』 만화 동영상 : http://www.youtube.com/watch?v=uLmQyZqdCR4

## 앤서니 브라운

『고릴라』, 장은수 옮김, 비룡소, 1998
『미술관에 간 윌리』, 장미란 옮김, 웅진주니어, 2000
『돼지책』, 허은미 옮김, 웅진주니어, 2001
『동물원』, 장미란 옮김, 논장, 2002
『터널』, 장미란 옮김, 논장, 2002
『윌리와 악당 벌렁코』, 허은미 옮김, 웅진주니어, 2003
『축구 선수 윌리』, 허은미 옮김, 웅진주니어, 2003
『윌리와 휴』, 허은미 옮김, 웅진주니어, 2003
『달라질 거야』, 허은미 옮김, 아이세움, 2003
『꿈꾸는 윌리』, 허은미 옮김, 웅진주니어, 2004
*Through the Magic Mirror*, Hamish Hamilton Children's Books, 1976
*Hansel and Gretel*, written by The Brothers Grimm, Walker Books, 1981
*Willy the Wimp*, Walker Books, 1984

http://www.randomhouse.co.uk/catalog/interviewcb.htm?command=search&db=main.txt&eqisbndata=0552546682
http://www.carnegiegreenaway.org.uk/shadowingsite/video/anthony08.html
http://www.education.wisc.edu/ccbc/authors/experts/browne.asp
http://www.bigpicture.org.uk/show/feature/Interview-with-Anthony-Browne
월간 『열린어린이』인터뷰: http://www.openkid.co.kr/webzine/view.aspx?year=2009&month=06&atseq=1237

## 모리스 센닥

『괴물들이 사는 나라』, 강무홍 옮김, 시공주니어, 2000
『깊은 밤 부엌에서』, 강무홍 옮김, 시공주니어, 2000
*Atomics for the millions*, written by Maxwell Leigh Eidinoff, McGraw-Hill, 1947
*A Hole Is to Dig*, written by Ruth Krauss, HarperCollins Publisher, 1952
*Charlotte and the White Horse*, written by Ruth Kraus, Harper, 1955
*Kenny's Window*, HarperCollins Publishers, 1956
*Chicken Soup with Rice*, Scholastic, 1962
*Outside Over There*, HarperCollins Publishers, 1981

http://www.youtube.com/watch?v=mZTQib7G2Hs&hl=ko
http://www.pbs.org/wnet/americanmasters/database/sendak_m.html
http://www.hbook.com/magazine/articles/2003/nov03_sendak_sutton.asp
http://pangaea.org/street_children/world/sendak.htm
http://childrensbooks.about.com/cs/authorsillustrato/a/sendakartistry.htm

## 레오 리오니

『으뜸 헤엄이』, 이명희 옮김, 마루벌, 1997
『아주 신기한 알』, 이명희 옮김, 마루벌, 1997
『새앙쥐와 태엽쥐』, 이명희 옮김, 마루벌, 1999
『물고기는 물고기야!』, 최순희 옮김, 시공주니어, 2000

『프레드릭』, 최순희 옮김, 시공주니어, 2000
『파랑이와 노랑이』, 이경혜 옮김, 파랑새, 2003
『세상에서 가장 큰 집』, 이명희 옮김, 마루벌, 2003
『내 거야!』, 이명희 옮김, 마루벌, 2003
『꿈틀 꿈틀 자벌레』, 이경혜 옮김, 파랑새, 2003
『티코와 황금 날개』, 이명희 옮김, 마루벌, 2004
『서서 걷는 악어 우뚝이』, 엄혜숙 옮김, 마루벌, 2004
『그리미의 꿈』, 김서정 옮김, 마루벌, 2004
『알파벳 나무』, 이명희 옮김, 마루벌, 2005

http://www.randomhouse.com/kids/lionni/
http://redfishcircle.blogspot.com/2008/04/zen-of-leo-lionni.html
http://ils.unc.edu/courses/2008_spring/inls890_087/lionniandwiesner.pdf

## 에즈라 잭 키츠

『눈 오는 날』, 김소희 옮김, 비룡소, 1995
『피터의 편지』, 이진수 옮김, 비룡소, 1996
『휘파람을 불어요』, 김희순 옮김, 시공주니어, 2000
『피터의 의자』, 이진영 옮김, 시공주니어, 2000
『꿈꾸는 아이』, 공경희 옮김, 주니어랜덤, 2001
『내 친구 루이』, 정성원 옮김, 비룡소, 2001
『우리 개를 찾아 주세요!』, 팻 셰어 글, 김경태 옮김, 베틀북, 2002
『상자 속 여행』, 공경희 옮김, 주니어랜덤, 2003
*Jubilant for sure*, written by Elizabeth Carleton Hubbard Lansingm, Crowell, 1954
*Goggles*, MacMillan Publishing Company., September, 1969
*Pet Show!*, MacMillan Publishing Company., April, 1972

http://www.ezra-jack-keats.org/
http://www.lib.usm.edu/~degrum/keats/biography.html
http://www.youtube.com/watch?v=2ytUze3SMIE

## 유리 슐레비츠

『비밀의 방』, 강무홍 옮김, 시공주니어, 2000
『세상에 둘도 없는 바보와 하늘을 나는 배』, 아서 랜섬 글, 우미경 옮김, 시공주니어, 2000
『새벽』, 강무홍 옮김, 시공주니어, 2000
『비 오는 날』, 강무홍 옮김, 시공주니어, 2000
*The Moon in My Room*, 1963
*One Monday morning*, Scribner, 1967
*The Treasure*, Scholastic, 1978
*Snow*, Farrar, Straus and Giroux, 1998

http://www.hbook.com/history/radio/shulevitz.asp
http://www.parents-choice.org/full_abstract.cfm?art_id=39&the_page=reading_list
http://us.macmillan.com/author/urishulevitz

## 로버트 맥클로스키

『아기 오리들에게 길을 비켜 주세요』, 이수연 옮김, 시공주니어, 2000
『기적의 시간』, 김서정 옮김, 문학과지성사, 2002
『어느 날 아침』, 장미란 옮김, 논장, 2004
『딸기 따는 샐』, 김서정 옮김, 한국프뢰벨주식회사

http://www.hbook.com/history/radio/mccloskey.asp
http://childrensbooks.about.com/cs/picturebooks/a/mccloskey.htm

## 3_ 접힌 날개, 활짝 편 날개

### 윌리엄 스타이그

『치과 의사 드소토 선생님』, 여인호 옮김, 다산기획, 1994
『생쥐와 고래』, 이상경 옮김, 다산기획, 1994
『부루퉁한 스핑키』, 조은수 옮김, 비룡소, 1995
『멋진 뼈다귀』, 조은수 옮김, 비룡소, 1995
『당나귀 실베스터와 요술 조약돌』, 이상경 옮김, 다산기획, 1996
『아빠랑 함께 피자 놀이를』, 박찬순 옮김, 보림, 2000
『녹슨 못이 된 솔로몬』, 박향주 옮김, 시공주니어, 2000
『용감한 아이린』, 김서정 옮김, 웅진주니어, 2000
『자바자바 정글』, 조은수 옮김, 웅진주니어, 2001
『슈렉!』, 조은수 옮김, 비룡소, 2001
『아벨의 섬』, 송영인 옮김, 다산기획, 2001
『진짜 도둑』, 홍연미 옮김, 베틀북, 2002
『장난감 형』, 이경임 옮김, 시공주니어, 2002
『엉망진창 섬』, 조은수 옮김, 비룡소, 2002
『도미니크』, 서애경 옮김, 아이세움, 2003
*C D B!*, Windmill Books, 1968
*Roland the Minstrel Pig*, Windmill Books, 1968

http://www.williamsteig.com
http://www.globe.com/globe/magazine/6-22/interview/
http://www.kidsreads.com/authors/au-steig-william.asp
http://www.jpost.com/servlet/Satellite?pagename=JPost%2FJPArticle%2FShowFull&c id=1195546758781

## 데이비드 위스너

『구름 공항』, 중앙출판사, 2002
『이상한 화요일』, 비룡소, 2002
『아기돼지 세 마리』, 이옥용 옮김, 마루벌, 2002
『1999년 6월 29일』, 이지유 옮김, 미래아이, 2004
『허리케인』, 이지유 옮김, 미래아이, 2005
『시간 상자』, 베틀북, 2007
*Free Fall*, HarperCollins Publishers, 1988

http://www.houghtonmifflinbooks.com/authors/wiesner/interviews/inter.shtml
http://www.bookpage.com/9909bp/david_wiesner.html
http://blip.tv/file/310666
http://www.carolhurst.com/titles/tuesday.html

## 에릭 로만

『이상한 자연사 박물관』, 이지유 해설, 미래아이, 2001
『열 개의 눈동자』, 이지유 옮김, 미래아이, 2003
『클라라의 환상 여행』, 허은실 옮김, 뜨인돌어린이, 2008
『날마다 말썽 하나』, 이상희 옮김, 뜨인돌어린이, 2014

http://www.hbook.com/magazine/articles/2003/jul03_pullman.asp
http://www.bookpage.com/0508bp/meet_eric_rohmann.html
http://blaine.org/sevenimpossiblethings/?p=1115
http://www.nancypolette.com/LitGuidesText/myfriendrabbit.htm
http://www.readingrockets.org/books/interviews/rohmann/transcript

## 콜린 톰슨

*The Paperbag Prince*, Random House UK, 1992
*How To Live Forever*, Random House UK, 1995 (본문 그림 : Knopf Books, 1996)

*Pictures of Home*, Random House UK, 1992 (본문 그림 : Simon & Schuster Children's Publishing, 1993)
*Looking For Atlantis*, Random House UK, 1993 (본문 그림 : Knopf Books, 1994)
*The Tower to the Sun*, Random House UK, 1996 (본문 그림 : Knopf Books, 1997)
*The Paradise Garden*, Random House UK, 1998 (본문 그림 : Knopf Books, 1998)
*The Last Alchemist*, Random House UK, 1999 (본문 그림 : Knopf Books, 1999)
*Falling Angels*, Random House UK, 2001
*The Violin Man*, Hodder Headline Australia, 2003

http://www.colinthompson.com/
http://www.kanemiller.com/biography.asp?sku=186


## 얀 피엔콥스키

The Kingdom Under the Sea, written by Joan Aiken, Jonathan Cape Children's Books, 1971
Meg & Mog, written by Helen Nicoll, Puffin Books, 1972 (본문 그림 : Viking Childrens Books, 1976)
Meg's Car, written by Helen Nicoll, Heinemann Young Books, 1975
Meg's Eggs, written by Helen Nicoll, Puffin Books, 1975
Haunted House, Dutton Books, 1979
Dinnertime, Price Stern Sloan, 1981
Robot, Bantam Doubleday Dell Pub, 1992
Good Night, Candlewick Press, 1999

http://www.janpienkowski.com
http://www.guardian.co.uk/books/2008/dec/22/pienkowski-nutcracker-illustrations-meg-mog

## 4_나의 이야기, 세상 이야기

**패트리샤 폴라코**

『천둥 케이크』, 임봉경 옮김, 시공주니어, 2000
『고맙습니다, 선생님』, 서애경 옮김, 아이세움, 2001
『선생님, 우리 선생님』, 최순희 옮김, 시공주니어, 2002
『바바야가 할머니』, 최순희 옮김, 시공주니어, 2003
『할머니의 조각보』, 이지유 옮김, 미래아이, 2003
『한여름밤의 마법』, 서애경 옮김, 아이세움, 2003
『꿀벌 나무』, 서남희 옮김, 국민서관, 2003
『크리스마스 벽걸이』, 장미란 옮김, 행복한 아이들, 2003
『레첸카의 알』, 이혜선 옮김, 행복한 아이들, 2004
Meteor!, Putnam Publishing Group, 1987

http://www.patriciapolacco.com/
http://www.eduplace.com/kids/hmr/mtai/polacco.html
http://www.ipl.org/div/kidspace/askauthor/polaccobio.html

**리오와 다이앤 딜런**

『작은 기차』, 마거릿 와이즈 브라운 글, 이상희 옮김, 웅진주니어, 2001
『모기는 왜 귓가에서 앵앵거릴까?』, 서아프리카 옛이야기, 버나 알디마 다시 씀, 김서정 옮김, 보림, 2003
『북쪽 나라 자장가』, 낸시 화이트 칼스트롬 글, 이상희 옮김, 보림, 2003
『무슨 일이든 다 때가 있다』, 강무홍 옮김, 논장, 2004
Ashanti to Zulu, Dial Books, 1977
Rap A Tap Tap: Here's Bojangles, Think of That!, Blue Sky Press, 2002

http://www.carolhurst.com/titles/whymosquitoes.html
http://www.bpib.com/l&dillon.htm

http://www.locusmag.com/2000/Issues/04/Dillons.html
http://www.embracingthechild.org/adillon.htm


## 마샤 브라운

『그림자』, 블레즈 상드라르 원작, 김서정 옮김, 보림, 2003
『옛날에 생쥐 한 마리가 있었는데…』, 엄혜숙 옮김, 열린어린이, 2004
『돌멩이 수프』, 고정아 옮김, 시공주니어, 2007
*The Little Carousel*, Scribner, 1946
*Henry, Fisherman*, Scribners, 1949
*Skipper John's Cook*, Scribner, 1951
*Dick Whittington and His Cat*, Scribner, 1950
*Cinderella*, Charles Perault, Scribner, 1954

http://www.albany.edu/feature/marcia_brown/
http://www.lib.usm.edu/%7Edegrum/html/research/findaids/brownmar.htm
http://blog.moonshadowecommerce.com/WEBLOG-NAME/Featured_Author/2008/08/marcia_brown.html


## 몰리 뱅

『종이학』, 정태선 옮김, 미래아이, 2000
『소피가 화나면, 정말 정말 화나면』, 박수현 옮김, 책읽는곰, 2013
*The Grey Lady and the Strawberry Snatcher*, Simon & Shuster Books, 1980
*Ten, Nine, Eight*, Green Willow Books, 1983
*Chattanooga Sludge*, Harcourt, 1996
*Common Ground*, Blue Sky Press, 1997

http://www.mollybang.com
http://www.amazon.com/exec/obidos/tg/detail/-/0590189794/qid=1061131397/sr=1-1/ref=sr_1_1/102-1052112-0113740?v=glance&s=books

사진 출처: http://www.harcourtbooks.com/authorinterviews/bookinterview_Bang.asp
(photo credit: Alan Stewart)

## 에드 영

『일곱 마리 눈먼 생쥐』, 최순희 옮김, 시공주니어, 2000
『늑대 할머니』, 여을환 옮김, 길벗어린이, 2016
*I Wish I Were a Butterfly*, written by James Howe, Voyager Books, 1987
*Pinocchio*, written by Carlo Collodi, Philomel Books, 1996

http://www.nccil.org/experience/artists/younge/index.htm
동영상인터뷰: http://www.leeandlow.com/p/young_interview.mhtml

## 피터 시스

『갈릴레오 갈릴레이』, 백상현 옮김, 시공주니어, 1999
『마들렌카』, 베틀북, 2002
『마들렌카의 개』, 임정은 옮김, 베틀북, 2002
『왕자와 매맞는 아이』, 시드 플라이슈만 글, 박향주 옮김, 아이세움, 2004
*Tibet Through The Red Box*, Farrar, Straus and Giroux, 1998

http://www.petersistibet.com/
http://www.zuzu.org/sisinterview.html
동영상인터뷰: http://video.google.com/videoplay?docid=-1396541272152202065
음성인터뷰: http://media.barnesandnoble.com/?fr_story=8a9b3c8ad08561994e529e940
377d2cab59d3a56&rf=sitemap

## 바바라 쿠니

『달구지를 끌고』, 도날드 홀 글, 주영아 옮김, 비룡소, 1997
『에밀리』, 마이클 베다드 글, 김명수 옮김, 비룡소, 1998

『미스 럼피우스』, 우미경 옮김, 시공주니어, 2000
『제프리 초서의 챈티클리어와 여우』, 박향주 옮김, 시공주니어, 2000
『신기료 장수 아이들의 멋진 크리스마스』, 루스 소여 글, 이진영 옮김, 시공주니어, 2000
『바구니 달』, 메리 린 레이 글, 이상희 옮김, 베틀북, 2000
『엠마』, 웬디 케셀만 글, 강연숙 옮김, 느림보, 2004
『강물이 흘러가도록』, 제인 욜런 글, 이상희 옮김, 시공주니어, 2004
『해티와 거친 파도』, 이상희 옮김, 비룡소, 2004
*Island Boy*, Viking Penguin Inc., 1988

http://www.hbook.com/magazine/articles/1998/mar98_cooney.asp
http://www.ortakales.com/illustrators/Cooney.html
http://www.womenillustrators.com/Cooney.html
http://www.carolhurst.com/authors/bcooney.html

서남희

서강대학교에서 역사와 영문학을, 대학원에서 서양사를, 미국 UCLA Extension에서 영어 교수법을 공부했습니다. 월간 『열린어린이』에 외국 그림책 작가에 대한 글을 썼습니다. 지은 책으로 『신들이 만든 영단어책』, 『아이와 함께 만드는 꼬마 영어그림책』이 있고, 옮긴 책으로 『페페 가로등을 켜는 아이』, 『마녀에게 가족이 생겼어요』, 『왕의 그림자』, 『꿀벌 나무』, 『악마는 프라다를 입는다』 등이 있습니다.

열린어린이 책 마을 01

볕 드는 마루에서 만난
### 그림책과 작가 이야기

서남희 지음

초판 1쇄 발행 | 2005년 5월 30일
개정판 2쇄 발행 | 2016년 7월 20일
펴낸이 | 김덕균
편　집 | 편은정
디자인 | 이은주
관　리 | 권문혁, 김미연
펴낸곳 | 오픈키드(주)열린어린이
출판신고 | 제 2014-000075호
주소 | 서울시 마포구 동교로 221 2층
전화 | 02) 326-1284
전송 | 02) 325-9941
ⓒ 서남희, 2009
ISBN | 978-89-90396-90-7 03810

값 15,000원